Le financement des PME et des entrepreneurs 2020 (version abrégée)

TABLEAU DE BORD

OCDE
DES POLITIQUES MEILLEURES POUR UNE VIE MEILLEURE

Merci de citer cet ouvrage comme suit :
OCDE (2020), *Le financement des PME et des entrepreneurs 2020 (version abrégée) : Tableau de bord*, Éditions OCDE, Paris, *https://doi.org/10.1787/1e7beb64-fr*.

ISBN 978-92-64-61018-7 (imprimé)
ISBN 978-92-64-31405-4 (pdf)

Le financement des PME et des entrepreneurs
ISSN 2306-5273 (imprimé)
ISSN 2306-5281 (en ligne)

This french version is an abridged version which means that only the francophones countries (5) will be dessminated and sent to production.

Crédits photo : Couverture © Shutterstock/Roman Gorielov.

Les corrigenda des publications sont disponibles sur : *www.oecd.org/about/publishing/corrigenda.htm*.

Préface

Dans notre économie mondialisée, les PME et les entrepreneurs sont au cœur des efforts déployés à l'appui de la croissance inclusive. Pour assurer le développement et la croissance des petites entreprises, il est indispensable de leur donner les moyens d'accéder au financement sous des formes adéquates et en quantité suffisante. C'est même essentiel à leur survie en temps de crise. Or, le monde traverse actuellement une crise, née de l'épidémie de COVID-19, qui frappe de plein fouet et en profondeur les PME.

Les petites entreprises et les travailleurs indépendants sont extrêmement sensibles aux bouleversements provoqués par la crise sanitaire et les mesures de confinement qui l'accompagnent, qu'il s'agisse de la désorganisation des marchés locaux, des réseaux professionnels et des chaînes locales ou mondiales d'approvisionnement. À court terme, la perte de revenus conjuguée aux problèmes de liquidité risque d'amener un grand nombre de PME à mettre la clé sous la porte. Il est également probable que les PME soient durement touchées par une récession économique et financière à plus long terme, dès lors que la crise sanitaire sera derrière nous. Autant d'éléments qui pèseront ultérieurement sur bon nombre des indicateurs clés du financement des PME.

L'idée d'un rapport intitulé « *Le financement des PME et des entrepreneurs 2020 : Tableau de bord de l'OCDE* » est née au lendemain de la crise financière de 2008, qui a mis en évidence la nécessité de disposer de données actualisées à l'appui de l'action publique. Dans les années qui ont suivi cette crise mondiale, l'accès des PME au financement s'est amélioré. Les taux d'intérêt ont atteint des niveaux historiquement bas, l'activité de crédit des banques s'est redressée et les conditions de crédit des PME se sont considérablement assouplies.

Il ressort de l'édition 2020 du Tableau de bord de l'OCDE que les PME optent plus que jamais pour des instruments alternatifs de financement, et que la croissance des volumes de prêts classiques est en berne. Cette avancée sur la voie de la diversification financière est en phase avec les Principes de haut niveau du G20 et de l'OCDE sur le financement des PME.

Les activités de financement alternatif en ligne ont affiché des taux de croissance remarquables dans la quasi-totalité des pays participant au Tableau de bord.

Si ces tendances se confirment, elles pourraient permettre aux PME de gagner en résilience et d'être moins vulnérables à l'évolution des conditions du marché du crédit. Ces événements s'accompagnent toutefois de risques et de défis pour les décideurs et les autorités de réglementation partout dans le monde, à qui il revient d'assurer un niveau adapté de protection des investisseurs et de promouvoir l'équité des règles entre les différents instruments de financement.

Le Tableau de bord livre des données sur l'évolution de l'action publique depuis la crise financière. Le bilan que l'on peut en tirer peut s'avérer fort utile aux décideurs d'aujourd'hui, amenés à prendre des mesures d'urgence afin d'atténuer les graves problèmes de liquidité provoqués par l'épidémie de COVID-19 et d'organiser la riposte face aux conséquences à moyen terme d'une récession mondiale.

Il ne faut pas relâcher les efforts. Telles qu'elles se dessinent, les retombées économiques de la pandémie de COVID-19 modifient les perspectives de croissance mondiale, perturbent l'activité des PME partout dans le monde, ainsi que leur capacité à accéder au financement nécessaire pour couvrir leurs besoins de trésorerie et d'investissements à long terme. Qui plus est, la morosité des flux d'échanges et d'investissements et la réorganisation des chaînes d'approvisionnement pourraient peser sur la disponibilité du crédit et des autres formes de financement des PME au cours des prochaines années.

Dans cet environnement complexe, l'OCDE continuera de suivre de près les tendances du financement des PME et de l'entrepreneuriat. Ce rapport continuera d'évoluer et de s'étoffer, à la faveur de l'intégration de nouveaux pays dans notre analyse et du recueil de données ventilées plus finement sur les segments spécifiques de la population des PME. Ainsi, l'OCDE continuera à aider les pays à faire en sorte que leurs politiques publiques restent en phase avec l'évolution rapide du paysage du financement des PME.

Angel Gurría
Secrétaire général de l'OCDE

Avant-propos

Le financement des PME des entrepreneurs 2020 : Tableau de bord de l'OCDE propose un cadre complet permettant aux décideurs et à d'autres parties prenantes de suivre l'accès des PME et des entrepreneurs au financement. Le présent rapport constitue aussi un outil précieux pour concevoir et évaluer les interventions publiques, pour observer les implications des réformes financières sur l'accès au financement et les conditions de financement des PME en général. Cette édition 2020 livre des informations sur l'accès des PME et des entrepreneurs au financement au cours de la décennie 2007-18. Fondé sur les données recueillies aux fins de l'élaboration des notes par pays et sur les renseignements issus d'enquêtes concernant la demande, ce rapport présente des indicateurs relatifs au financement par la dette, par apport de capitaux propres et par nantissement d'actifs, ainsi qu'aux conditions-cadres du financement, auxquels s'ajoutent des informations sur les récentes initiatives publiques et privées visant à soutenir l'accès des PME au financement.

Le rapport 2020 constitue la neuvième édition de cette publication annuelle. Il présente des données concernant 48 pays : Afrique du Sud, Australie, Autriche, Belarus, Belgique, Brésil, Canada, Chili, République populaire de Chine, Colombie, Corée, Danemark, Espagne, Estonie, États-Unis, Finlande, France, Géorgie, Grèce, Hongrie, Indonésie, Irlande, Israël, Italie, Japon, Kazakhstan, Lettonie, Lituanie, Luxembourg, Malaisie, Mexique, Norvège, Nouvelle-Zélande, Pays-Bas, Pérou, Pologne, Portugal, République tchèque, Fédération de Russie, République slovaque, Royaume-Uni, Serbie, Slovénie, Suède, Suisse, Thaïlande, Turquie et Ukraine.

Le premier chapitre de cette publication décrit les tendances récentes du financement des PME et de l'entrepreneuriat, en s'appuyant sur les données fournies par les experts des pays participants, et sur des sources externes. Il offre également un tableau général des principales évolutions de l'action publique dans les pays couverts par le Tableau de bord. Le deuxième chapitre donne un coup de projecteur sur une question thématique présentant un intérêt particulier, à savoir, pour cette édition, l'évolution des politiques de financement des PME depuis la crise financière de 2008. En l'occurrence, il apporte des renseignements sur le changement de cap opéré par les pays, qui se détournent des mesures immédiates prises dans un contexte de crise, pour s'atteler à des questions plus structurelles et mettre en place l'environnement réglementaire adapté à l'appui des technologies financières (*fintech*). Le troisième chapitre se compose de notes par pays présentant les évolutions touchant les PME et l'entrepreneuriat, ainsi que les mesures publiques s'y rapportant, dans les pays francophones (dans cette version en français). La version en anglais contient les profils de la totalité des 48 pays participants ; ils sont présentés sous forme de fiches reprenant les principaux faits et chiffres dans la publication imprimée, les profils pays étant disponibles dans leur intégralité en ligne.

Cette publication a été élaborée par la Division des PME et de l'entrepreneuriat du Centre de l'OCDE pour l'entrepreneuriat, les PME, les régions et les villes (CFE/SMEE), sous la direction du Groupe de travail de l'OCDE sur les PME et l'entrepreneuriat (GTPMEE) et de son Groupe informel de pilotage sur le financement des PME et de l'entrepreneuriat. Les premières conclusions ont été examinées à la réunion de ce Groupe informel de pilotage tenue les 10 et 11 septembre 2019, et une version plus aboutie du rapport a été présentée à la 56e réunion du GTPMEE, les 16 et 17 octobre 2019. Le rapport final a été approuvé selon la procédure écrite le 17 janvier 2020 [CFE/SME(2019)11/CHAP1/FINAL, CFE/SME(2019)11/CHAP2/FINAL et CFE/SME(2019)11/CHAP3/ADD/FINAL].

Remerciements

Ce rapport a été élaboré par le Centre pour l'entrepreneuriat, les PME, les régions et les villes (CFE), dont Lamia Kamal-Chaoui est Directrice, dans le cadre du programme de travail du Groupe de travail sur les PME et l'entrepreneuriat. Il n'aurait pas été possible de rédiger *Le financement des PME et des entrepreneurs 2019 : Tableau de bord de l'OCDE* sans les experts des pays Membres et des économies non Membres de l'OCDE participant au projet, qui ont fourni les informations utiles à l'établissement des notes par pays (voir ci-après).

Le Tableau de bord a bénéficié pour son élaboration des contributions des délégués au Groupe de travail de l'OCDE sur les petites et moyennes entreprises et l'entrepreneuriat (GTPMEE), présidé par Martin Godel (Secrétariat d'État à l'économie, Suisse), et des membres de son Groupe informel de pilotage sur le financement des PME et de l'entrepreneuriat, présidé par le Pr. Salvatore Zecchini (Italie).

Nous remercions vivement Wiebke Bartz-Zuccala (CFE/SMEE), Jurgita Bucyte (LeasEurope), Felix Haas (Association européenne du cautionnement mutuel), Helmut Kraemer-Eis (Fonds européen d'investissement), Kenix Lee (Fédération mondiale des bourses de valeurs), Gianluca Riccio (Comité consultatif économique et industriel de l'OCDE) et Tania Ziegler (Cambridge Centre for Alternative Finance) pour les données et les éclairages qu'ils ont apportés. Les informations sur les politiques relatives aux PME et à l'entrepreneuriat en Allemagne ont été fournies par Stefanie Fröhling et Tanja Wulf (ministère fédéral de l'Économie et de l'Énergie).

Ce rapport a été élaboré par Kris Boschmans, analyste des politiques (CFE/SMEE), sous la direction de Miriam Koreen (Conseillère principale, CFE/SMEE) et de Lucia Cusmano (Chef de division par intérim, CFE/SMEE). Jules Beley, Erika Soki et Maria Zamyatina (Stagiaires, CFE) y ont apporté leur concours. Heather Mortimer-Charoy (Assistante, CFE/SMEE) a assuré un appui technique et François Iglesias a contribué aux activités de communication.

Équipe des experts nationaux

Australie	Evan Holley	Département de l'Emploi, des Compétences, des Petites entreprises et Entreprises familiales
	Elizabeth Yoo	Département de l'Emploi, des Compétences, des Petites entreprises et Entreprises familiales
Autriche	Florian Eichberger	Ministère fédéral de l'Économie et du Numérique
Belarus	Irina Babachenok	Ministère de l'Économie
Belgique	Johan Westra	Ministère fédéral de l'Économie, des PME, des Indépendants et de l'Énergie
	Christophe Herinckx	Ministère fédéral de l'Économie, des PME, des Indépendants et de l'Énergie
Brésil	Alfredo Gonçalves Nascimento	Secrétariat spécial aux Micro-entreprises et Petites entreprises (SEMPE)
Canada	Richard Archambault	Innovation, Sciences et Développement économique Canada
Chili	Manuel López Bugueño	Ministère de l'Économie, du Développement et du Tourisme
	David Alejandro Calderón Mora	Ministère de l'Économie, du Développement et du Tourisme
Chine	Wu Bao	Institut chinois pour les petites et moyennes entreprises
	Renyong Chi	Institut chinois pour les petites et moyennes entreprises
	Chenfei Jin	Institut chinois pour les petites et moyennes entreprises
Colombie	Jose David Quintero Nieto	Ministère du Commerce, de l'Industrie et du Tourisme
Corée	Meeroo Kim	Institut coréen de développement
	Suhan Kim	Institut coréen de développement
	Juyeon Seo	Institut coréen de développement
Danemark	Anna Guldborg Ølgaard	Ministère de l'Industrie, du Commerce et des Finances

	Rasmus Borup Nielsen	Ministère de l'Industrie, du Commerce et des Finances
Espagne	Víctor García-Vaquero	Banque d'Espagne
Estonie	Karel Lember	Ministères des Affaires économiques et des Communications
États-Unis	Giuseppe Gramigna	Administration des petites entreprises (SBA)
	Henry Childs	Agence pour le développement des entreprises détenues par des représentants des minorités
	Ryan Sun	Agence pour le développement des entreprises détenues par des représentants des minorités
Finlande	Eeva Alho	Ministère des Affaires économiques de l'Emploi
France	Jean-Pierre Villetelle	Banque de France
	Simon Verna	Direction générale de la compétitivité, de l'industrie et des services
Géorgie	Tinatin Khulordava	*Enterprise Georgia*
Grèce	Timotheos Rekkas	Ministère de l'Économie et du Développement
	Athanasios Argyriou	Ministère de l'Économie et du Développement
Hongrie	Péter Pogácsás	Ministère de l'Innovation et de la Technologie
Indonésie	Yonas Dian Hermanu	Ministère des Coopératives et des PME
Irlande	Leona Cantillon	Ministère des Finances, Division de la politique bancaire
	Eric Gargan	Ministère des Finances, Division de la politique bancaire
Israël	Nir Ben-Aharon	Ministère de l'Économie, Agence pour les petites et moyennes entreprises
Italie	Sabrina Pastorelli	Banque d'Italie
Japon	Daiji Hotihama	Ministère de l'Économie, du Commerce et de l'Industrie, Agence pour les petites et moyennes entreprises
	Ryota Ochi	Ministère de l'Économie, du Commerce et de l'Industrie, Agence pour les petites et moyennes entreprises
	Megumi Daiki	Ministère de l'Économie, du Commerce et de l'Industrie, Agence pour les petites et moyennes entreprises
Kazakhstan	Anuar Ospanov	Fonds Damu pour l'entrepreneuriat
	Adlet Kerimbekov	Fonds Damu pour l'entrepreneuriat
Lettonie	Liene Bergholde	Ministère de l'Économie
Lituanie	Petras Dubinskas	Banque de Lituanie
Luxembourg	Cesare Riilio	Institut national de la statistique et des Études économiques
Malaisie	Farhana Sheikh Salim Alkhatib	*SME Corporation Malaysia*
Mexique	Octavio Gutiérrez	INADEM
	Luis Manuel Rodríguez Avila	INADEM
	Ivan Ornelas Diaz	INADEM
Norvège	Eirik Knutsen	Office statistique national
	Øystein Jørgensen	Ministère du Commerce, de l'Industrie et de la Pêche
Nouvelle-Zélande	Katie Sadetskaya	Ministère des Entreprises, de l'Innovation et de l'Emploi
	Saskia Berger	Ministère des Entreprises, de l'Innovation et de l'Emploi
Pays-Bas	Liselotte Van Thiel	Ministère de l'Économie
	Pawel Bonilla	Ministère de l'Économie
Pérou	Daniel Jesus Vargas Canchan	Ministère de la Production
Pologne	Martyna Wieczorek	Ministère de l'Entrepreneuriat et de la Technologie
Portugal	António Almeida	Bureau du Secrétaire d'État à l'Économie et au Développement régional
République slovaque	Jakub Lukác	Agence nationale pour le développement des PME
	Tatiana Smoronová	Agence nationale pour le développement des PME
République tchèque	Veronika Reek	Ministère de l'Industrie et du Commerce
	Lukeš Zdenek	Ministère de l'Industrie et du Commerce
Royaume-Uni	Matt Adey	*British Business Bank*
	Anthony Gray	*British Business Bank*
Russie	Evgeny Tcherbakov	*Vnesheconombank* (Banque de développement)
Serbie	Maja Gavrilovic	Banque nationale de Serbie

	Ana Ivkovic	Banque nationale de Serbie
Slovénie	Tine Janžek	Banque de Slovénie
Suède	Andreas Kroksgård	Agence suédoise pour l'analyse des politiques de croissance
Suisse	Samuel Turcati	Secrétariat d'État à l'Économie
Thaïlande	Davina Kunvipusilkul	Banque de Thaïlande
Turquie	Ufuk Acar	KOSGEB
	Utku Macit	Ministère des Sciences, de l'Industrie et de la Technologie
Ukraine	Olena Kravchenko	Bureau chargé du développement des PME
	Andrii Remizov	Ministère du Développement économique, du Commerce et de l'Agriculture

Table des matières

Tableaux

Graphiques

Encadrés

Suivez les publications de l'OCDE sur :

http://twitter.com/OECD_Pubs

http://www.facebook.com/OECDPublications

http://www.linkedin.com/groups/OECD-Publications-4645871

http://www.youtube.com/oecdilibrary

http://www.oecd.org/oecddirect/

Ce livre contient des...

StatLinks

Accédez aux fichiers Excel® à partir des livres imprimés !

En bas des tableaux ou graphiques de cet ouvrage, vous trouverez des *StatLinks*. Pour télécharger le fichier Excel® correspondant, il vous suffit de retranscrire dans votre navigateur internet le lien commençant par : ***https://doi.org***, ou de cliquer sur le lien depuis la version PDF de l'ouvrage.

Guide de lecture

Indicateurs

Le suivi des tendances du financement des PME et des entrepreneurs repose sur des indicateurs de base (énumérés au tableau 1) qui ont été sélectionnés selon des critères de pertinence, de disponibilité, de faisabilité et d'actualité (voir une description détaillée à l'annexe A de la version en anglais). Les indicateurs de base décrivent et suivent les grandes dimensions suivantes :

Tableau 1. Indicateurs de base relatifs au financement des PME et des entrepreneurs, 2020

Indicateurs de base	Unité	Ce qu'ils montrent
Répartition et structure des crédits bancaires aux PME		
Encours des prêts aux PME	Volumes en monnaie nationale	La demande de crédits bancaires des PME et l'accès de ces dernières aux crédits bancaires. Indicateur de stock mesurant la valeur d'un avoir à un moment donné dans le temps, rendant compte ainsi à la fois des nouveaux prêts, des prêts bancaires qui se sont accumulés au fil du temps et des remboursements de prêt.
Encours des prêts aux entreprises, total	Volumes en monnaie nationale	
Part de l'encours des prêts aux PME	% de l'encours total des prêts	
Nouveaux prêts aux entreprises, total	Volumes en monnaie nationale	La demande de crédits bancaires des PME et l'accès de ces dernières aux crédits bancaires. Indicateur de flux, mesuré sur une année, qui tend à réagir plus rapidement aux évolutions à court terme et est donc plus changeant que les indicateurs de stock.
Nouveaux prêts aux PME	Volumes en monnaie nationale	
Part des nouveaux prêts aux PME	% de l'encours total des nouveaux prêts	
Prêts à court terme, PME	Volumes en monnaie nationale	La structure d'endettement des PME, c'est-à-dire la part des crédits en cours assortis d'une échéance initiale respectivement inférieure à un an et supérieure à un an. Peut servir à évaluer la finalité des prêts bancaires aux PME (besoins opérationnels ou d'investissements).
Prêts à long terme, PME	Volumes en monnaie nationale	
Ampleur de l'aide publique au financement des PME		
Garanties de prêts accordées par l'État aux PME	Volumes en monnaie nationale	Ces indicateurs illustrent l'ampleur des programmes et instruments publics visant à soutenir l'accès des PME au financement, et leur utilisation par les PME.
Prêts garantis par l'État, PME	Volumes en monnaie nationale	
Prêts directs de l'État aux PME	Volumes en monnaie nationale	
Coût et conditions du crédit		
Taux d'intérêt, PME	%	Le coût des prêts aux PME, et la comparaison par rapport au coût des prêts consentis aux grandes entreprises.
Taux d'intérêt, grandes entreprises	%	
Écart de taux d'intérêt	Points de pourcentage	
Garanties, PME	% des PME tenues de fournir une garantir pour obtenir un prêt bancaire	Indicateurs supplétifs des conditions auxquelles sont confrontées les PME lorsqu'elles demandent un crédit bancaire.
Pourcentage des demandes d'ouverture	Demande d'ouverture de crédits par des PME/nombre total de PME, en %	Les demandes d'ouverture de crédit (non satisfaites) et l'utilisation des crédits par les PME, ainsi que la propension des banques à accorder des prêts.

de crédits par des PME		
Taux de rejet	1-(prêts aux PME accordés/demandés), en %	
Taux d'utilisation	Prêts aux PME utilisés/accordés, en %	
Source de financement hors secteur bancaire		
Investissements de capital-risque et de capital-développement	Volumes en monnaie et taux de croissance en glissement annuel, en %	Le recours à des instruments financiers hors secteur bancaire et la capacité d'accès à ceux-ci, notamment aux capitaux externes pour financer les phases de démarrage, de développement initial et d'expansion, ainsi qu'au financement adossé à des actifs, comme le crédit-bail, la location-vente, l'affacturage et l'escompte de facture.
Crédit-bail et location–vente	Volumes en monnaie nationale	
Affacturage et escompte de factures	Volumes en monnaie nationale	
Santé financière		
Prêts improductifs, total	% de l'ensemble des prêts aux entreprises	L'incidence des retards de paiement ou des non-paiements pour les prêts aux PME, par rapport à l'ensemble du secteur des entreprises. C'est un indicateur de risque (relatif) des prêts aux PME.
Prêts aux PME improductifs	% de l'ensemble des prêts aux PME	
Retards de paiement interentreprises	Nombre de jours	Les retards de paiement dans le secteur interentreprises, autrement dit la difficulté à payer et être payé — permet de saisir l'ampleur des difficultés de trésorerie.
Faillites, PME	Nombre et taux de croissance en glissement annuel, en %	Indicateur de l'environnement général des entreprises dans lequel les PME opèrent, et la capacité de survie des petites entreprises face aux ralentissements économiques et à la pénurie de crédit.

Recueil des données

Les données du Tableau de bord ont été communiquées par des experts désignés par les pays participants. La plupart des indicateurs se fondent sur des données relatives à l'offre fournies par des établissements financiers, des offices statistiques et d'autres organismes publics. Ces données sont complétées par des enquêtes sur la demande menées à l'échelle nationale et régionale afin de proposer une vue d'ensemble de l'évolution des tendances et des besoins de financement. Les indicateurs rendent compte de l'accès au financement des entreprises exerçant une activité non financière et comptant au moins un salarié. Les données de la présente édition couvrent la période allant de 2007 à 2018, et dégagent des tendances à moyen terme, tant avant la crise financière (2007), que pendant (2008 et 2009) et après celle-ci. L'accent est mis en particulier sur les évolutions observées en 2017, 2018 et au premier semestre de 2019. La publication propose en outre des données, recueillies de manière systématique, sur les politiques publiques visant à faciliter l'accès des PME au financement.

La version imprimée comprend un chapitre sur les tendances qui se font jour en matière de financement des PME et de l'entrepreneuriat, établi à partir des informations fournies par les pays participants ; un chapitre thématique axé, pour cette édition, sur évolutions des politiques publiques de financement des PME dix ans après la crise économique et financière mondiale, des annexes, et, pour la version française, une fiche détaillant la situation de chaque pays francophone participant, au regard de l'accès des PME au financement. Les profils complets des autres pays sont disponibles en anglais sur le site internet de l'OCDE.

Comparabilité internationale

Au niveau national, le Tableau de bord dresse un tableau cohérent de l'accès des PME au financement dans le temps et étudie de façon suivie l'évolution des conditions de financement des PME, ainsi que l'effet des mesures prises. Les comparaisons internationales auxquelles il est possible de procéder sont toutefois soumises à certaines limites. Tout d'abord, la définition statistique de ce qu'est une PME varie selon le pays participant : la définition de l'Union européenne est la plus fréquemment utilisée, mais les pays participants extracommunautaires définissent en général les PME différemment, ce qui complique les comparaisons internationales (voir en Annexe A les définitions détaillées des PME selon les pays participants).

Par ailleurs, les différences de définition et de périmètre des indicateurs limitent les possibilités de comparaison avec certains pays dans lesquels il a été impossible de respecter la « définition privilégiée » pour les indicateurs de base. Dans ce cas de figure, une variable de substitution est utilisée. C'est pourquoi toutes les notes par pays comportent un tableau précisant la définition adoptée pour chaque indicateur, et indiquant la source des données. En dépit de ces limites, il reste possible de comparer les grandes tendances d'un pays à l'autre, car les différences observées dans la composition précise d'un indicateur donné s'atténuent lorsqu'on analyse des taux de variation.

Avancées méthodologiques et recommandations pour l'amélioration de la qualité des données

Les récentes éditions de ce rapport comportent d'importantes améliorations méthodologiques et structurelles. Des informations plus détaillées sur les sources et les définitions des indicateurs de base utilisées par les pays participants sont fournies. Depuis juin 2016, les données du Tableau de bord sont disponibles sur le site internet OECD.Stat. On peut y consulter les données des indicateurs de base, et les télécharger pour d'autres usages, ce qui répond à une demande ancienne concernant l'amélioration de l'accessibilité des données, et permet à la publication de toucher un plus large public. De surcroît, des renseignements plus nombreux sont proposés sur le recours aux instruments financiers autres que l'endettement bancaire classique, et d'autres efforts seront déployés dans ce sens dans les futures éditions du Tableau de bord. La version française imprimée comprend une note détaillée sur chaque pays francophone participant, les profils des autres pays étant disponibles en ligne (en anglais). Enfin, nous nous employons constamment à élargir la liste des pays participants et à harmoniser les données des pays déjà présents dans le Tableau de bord.

On trouvera à l'encadré 1 ci-après et dans le chapitre 1 une synthèse des recommandations visant à améliorer le recueil des données et la communication des indicateurs de base (voir de plus amples détails en Annexe A). Ces éléments sont jugés nécessaires pour que les pays progressent dans l'harmonisation des définitions et facilitent l'analyse diachronique et internationale des tendances du financement des PME et des entrepreneurs.

Encadré 1. Recommandations portant sur l'amélioration de la communication des indicateurs de base

1. Améliorer la communication des variables concernant les prêts aux PME :

- Différencier de manière systématique les informations financières selon que l'entreprise a ou non des salariés;
- Fournir des données sur les stocks et les flux de prêts aux PME ;
- Détailler la composition des emprunts, en indiquant les différents produits sous-jacents (découvert, ligne de crédit, crédit-bail, nantissement, carte de crédit, prêt titrisé, etc.) et préciser ces éléments dans la définition du prêt.

2. Combler les manques dans les données disponibles et s'atteler à obtenir des informations plus complètes pour les autres indicateurs de base du Tableau de bord :

- Donner des informations plus complètes sur les programmes publics favorisant l'accès des PME au financement.
- Fournir des données sur les prêts aux PME et aux grandes entreprises devenus improductifs, en utilisant ces dernières comme point de comparaison.
- Fournir des données plus complètes sur les sources alternatives de financement, notamment le financement participatif et le tutorat-investissement.
- Recueillir des informations non seulement sur le taux d'intérêt des prêts aux PME, mais aussi sur les frais afférents.
- Compiler des informations plus complètes sur le recours aux instruments de financement non bancaires, et notamment au nantissement d'actifs et l'usage qui en est fait.
- Donner une définition précise des garanties et améliorer la communication d'informations sur ce point, à l'aide d'enquêtes sur la demande susceptibles de compenser le manque de données sur l'offre.

Acronymes et abréviations

AECM	Association européenne du cautionnement mutuel
AUD	Dollar australien
B2B	Interentreprises
B2C	Entreprise-consommateur
B2G	Entreprise-administration
BAsD	Banque asiatique de développement
BCE	Banque centrale européenne
BEI	Banque européenne d'investissement
BERD	Banque européenne pour la reconstruction et le développement
BLS	*Bank Lending Survey* (enquête sur les prêts aux entreprises)
BM	Banque mondiale
BRI	Banque des règlements internationaux
BRL	Real brésilien
BYN	Rouble bélarusse
CAD	Dollar canadien
CDS	Contrat d'échange sur défaut (CED)
CE	Commission européenne
CGS	Dispositif de garantie de crédit
CHF	Franc suisse
CLO	Obligation structurée adossée à des prêts bancaires
CLP	Peso chilien
CNY	Renminbi chinois
COP	Peso colombien
CZK	Couronne tchèque
DKK	Couronne danoise
EBITDA	Résultat opérationnel avant intérêts, impôts, provisions et amortissements
ERP	Programme européen RescUE
EUR	Euro
EURIBOR	Taux interbancaire offert de la zone euro

EVCA	*European Venture Capital Association*
FCI	*Factors Chain International*
FEI	Fonds européen d'investissement
FMI	Fonds monétaire international
G20	Groupe des Vingt
GBP	Livre britannique
GEL	Lari géorgien
GTPMEE	Groupe de travail sur les petites et moyennes entreprises (PME) et l'entrepreneuriat
HUF	Forint hongrois
IDR	Roupie indonésienne
IMF	Institution de microfinance
JPY	Yen japonais
KRW	Won coréen
KZT	Tenge kazakh
MPME	Micro-, petites et moyennes entreprises
MXN	Peso mexicain
MYR	Ringgit malais
NFIB	Fédération américaine des entreprises indépendantes
NIS	Nouveau shekel israélien
NOK	Couronne norvégienne
NYSE	Bourse de New York
NZD	Dollar néo-zélandais
OCDE	Organisation de coopération et de développement économiques
PCS	Titres préférentiels garantis
PE	Capital-investissement
PEN	Nouveau sol péruvien
PIB	Produit intérieur brut
PLN	Zloty polonais
PME	Petites et moyennes entreprises
PMIF	Partenariat mondial pour l'inclusion financière
R-D	Recherche-développement
RSD	Dinar serbe
RSI	Instrument de partage des risques
RUB	Nouveau rouble russe
SAFE	Enquête sur l'accès des entreprises au financement
SBA	*Small Business Act* (États-Unis)

SEK	Couronne suédoise
SFI	Société financière internationale
THB	Baht thaïlandais
TI	Technologies de l'information
TRY	Lire turque
UAH	Hryvnia ukrainienne
UE	Union européenne
UF	Unidad de Fomento (Chili)
USAID	Agence des États-Unis pour le développement international
USD	Dollar des États-Unis
VC	Capital-risque
ZAR	Rand sud-africain

Abréviations nationales ISO			
AUS	Australie	**JPN**	Japon
AUT	Autriche	**KAZ**	Kazakhstan
BEL	Belgique	**KOR**	Corée
BLR	Belarus	**LTU**	Lituanie
BRA	Brésil	**LUX**	Luxembourg
CAN	Canada	**LVA**	Lettonie
CHE	Suisse	**MYS**	Malaisie
CHN	République populaire de Chine	**MEX**	Mexique
CHL	Chili	**NLD**	Pays-Bas
COL	Colombie	**NZL**	Nouvelle-Zélande
CZE	République tchèque	**NOR**	Norvège
DNK	Danemark	**PER**	Pérou
ESP	Espagne	**POL**	Pologne
EST	Estonie	**PRT**	Portugal
FIN	Finlande	**RUS**	Fédération de Russie
FRA	France	**SRB**	Serbie
GBR	Royaume-Uni	**SVK**	République slovaque
GEO	Géorgie	**SVN**	Slovénie
GRC	Grèce	**SWE**	Suède
HUN	Hongrie	**THA**	Thaïlande
IDN	Indonésie	**TUR**	Turquie
IRL	Irlande	**UKR**	Ukraine
ISR	Israël	**USA**	États-Unis
ITA	Italie	**ZAF**	Afrique du Sud

Résumé

Le rapport « *Le financement des PME et des entrepreneurs 2020 : Tableau de bord de l'OCDE* » livre des informations sur les tendances et les politiques publiques en matière de financement des PME dans 48 pays sur la période comprise entre 2007 et 2018. Il présente des indicateurs relatifs au financement par l'endettement, par apport de fonds propres, par nantissement d'actifs, et aux conditions-cadres du financement des PME et de l'entrepreneuriat, complétés par des informations sur la demande, ainsi que les récentes initiatives publiques et privées en faveur du financement des PME. L'ensemble de ces indicateurs composent un cadre complet permettant aux décideurs et à d'autres parties prenantes d'évaluer les besoins de financement des PME. Le Tableau de bord constitue également un outil précieux à l'appui de la conception et de l'évaluation des interventions publiques, mais aussi de l'observation des retombées des réformes financières sur l'accès au financement et les conditions de financement des PME.

Selon l'édition 2020, il semble que les tendances macroéconomiques conjuguées au resserrement des conditions de crédit commencent à avoir des retombées négatives sur les prêts aux PME dans certains pays. En outre, au moment où nous écrivons ces lignes, la pandémie de coronavirus (COVID-19) produit des effets immédiats et profonds, qui se ressentiront ultérieurement dans un certain nombre d'indicateurs du financement des PME.

Le recours à toute une palette d'instruments alternatifs de financement des PME, y compris des instruments de financement contre nantissement d'actifs, le financement alternatif en ligne et le capital-risque, n'a cessé de croître en 2018.

- Les volumes de crédit-bail et d'affacturage étaient en hausse dans la grande majorité des pays, conformément aux tendances de long terme. La croissance de l'affacturage s'est accélérée en 2018.
- Les activités de financement alternatif en ligne ont connu une croissance médiane de 54 % en 2018 dans les pays participants, sachant qu'elles partaient bien souvent d'un niveau fort bas.
- L'augmentation médiane des investissements de capital-risque entre 2017 et 2018 était de 20.9 %, contre 0.4 % l'année précédente.
- En 2018, le nombre d'introductions de PME en bourse ressort en baisse par rapport à 2017, mais l'activité reste soutenue sur le long terme.

Parallèlement, les nouveaux prêts aux PME et l'encours de prêts aux PME ont connu une croissance modérée en 2018, avec un net repli du taux de croissance médian de ces deux indicateurs. En 2018, la part des prêts aux PME a légèrement reculé dans les pays à revenu intermédiaire et les pays à revenu élevé. Ce constat invite à s'interroger sur un éventuel effet de substitution entre les instruments alternatifs et l'endettement classique, ainsi que sur la demande des PME.

Le glissement progressif des prêts aux PME à court terme vers des prêts à long terme s'est poursuivi en 2018, les échéances longues étant désormais plus nombreuses que les courtes dans la plupart des pays. En valeur médiane, plus de la moitié de la totalité des nouveaux prêts aux PME étaient assortis d'une échéance égale ou supérieure à un an en 2018, contre moins d'un sur cinq en 2008.

Ces évolutions s'inscrivent sur fond de conditions de prêts globalement favorables mais changeantes. Les exigences de garanties et les taux de rejet ont diminué dans majorité des pays pour lesquels on dispose de données Les retards de paiement sont restés globalement stables en 2018, et s'inscrivent en deçà des niveaux d'avant la crise. Parallèlement, le nombre de faillites de PME a baissé dans la majorité des pays participants pour la sixième année consécutive, même si certaines données indiquent que cette baisse se stabilise. Les prêts aux PME devenus improductifs ont augmenté en 2018 dans la majorité des pays participants, alors que les prêts improductifs, toutes entreprises confondues, ont très peu évolué, signe d'une divergence croissante entre les PME et les grandes entreprises.

Si les taux d'intérêt ont baissé dans la plupart des pays à revenu intermédiaire, leur valeur médiane a très légèrement progressé dans les pays à revenu élevé, marquant une rupture par rapport aux années précédentes. Ce constat concorde avec les récentes données d'enquête qui montrent un léger renchérissement du coût du crédit dans certains pays. Les écarts de taux entre les prêts aux grandes entreprises et les prêts aux PME se sont quelque peu resserrés en 2018.

Le chapitre thématique de cette publication propose un gros plan sur l'évolution de l'action publique visant à faciliter l'accès des PME au financement depuis la crise financière. Immédiatement après la crise, les décideurs du monde entier ont renforcé les initiatives destinées à ouvrir plus largement l'accès aux instruments de la dette. Par la suite, l'accent s'est reporté sur le soutien à des sous–groupes précis de la population des PME rencontrant chacun des difficultés spécifiques pour obtenir un financement — l'idée étant d'améliorer la mise en œuvre des mesures en place, de faire évoluer les critères d'admissibilité et de soutenir les marchés du capital-investissement. Un autre changement de cap important a été observé dans le domaine de la réglementation puisque l'encadrement des technologies financières (*fintech*) a pris le pas sur la volonté de garantir la stabilité financière. On trouvera ci-après un récapitulatif des évolutions récentes.

- Les garanties de crédit restent l'instrument le plus couramment utilisé par les pouvoirs publics et les organismes privés de développement des PME pour contrer les défaillances du marché en matière de financement des PME ; le volume des garanties de crédit a continué d'augmenter en 2018.
- Le soutien aux instruments de capitaux propres s'est développé à travers divers canaux, et les décideurs cherchent à améliorer l'accès des PME aux marchés financiers. Il apparaît en outre que les pays sont de plus en plus nombreux à adopter des réglementations visant à encadrer l'innovation financière tout en la stimulant.
- Parmi les évolutions récentes figure la mise en place de protocoles d'ouverture des données bancaires dans plusieurs pays. Ces protocoles obligent les banques à permettre à leurs clients d'ouvrir à des prestataires tiers autorisés l'accès aux informations financières les concernant, réduisant ainsi la mainmise des établissements bancaires sur les données de leurs clients.
- Des mesures de soutien financier destinées à aider les PME à exercer sur les marchés étrangers ont été mises en place ou renforcées ces dernières années. L'idée était en particulier de mieux faire connaître les instruments publics de financement et d'assurance des exportations en vue d'en développer l'usage.
- Les responsables publics sont de plus en plus nombreux à étudier l'usage qui peut être fait des outils en ligne, comme l'intelligence artificielle, pour informer les entrepreneurs et les chefs de petites entreprises sur les dispositifs de soutien publics adaptés aux besoins de leur entreprise.

Au moment où nous écrivons ces lignes, les décideurs partout dans le monde prennent des mesures visant à atténuer les effets de la pandémie d nouveau coronavirus sur les PME. Ces mesures s'inscrivent dans un contexte financier qui était globalement favorable aux PME avant la pandémie, mais pas suffisamment pour leur permettre de faire face à l'ampleur des chocs à l'œuvre sans intervention de la puissance publique. Les mesures prises ont principalement pour objet d'aider les entreprises viables à faire face aux problèmes de liquidité, temporaires mais graves, provoqués par l'épidémie et par les mesures de confinement mises en place pour la contenir. Ces mesures prévoient des reports d'échéances (impôts, charges sociales, loyers, factures de gaz, eau, électricité, et emprunts), l'accélération du paiement des prestations dans le cadre des contrats de la commande publique, ainsi que des garanties de crédit, des prêts directs aux PME, des subventions et d'autres aides financières directes.

Face à des perspectives macroéconomiques de plus en plus sombres, une extrême vigilance reste de mise. L'OCDE continuera de suivre de près les effets à court terme de la pandémie de coronavirus sur la disponibilité du financement, de même que l'efficacité des mesures prises. Elle s'attachera également à en évaluer les implications à long terme afin d'aider les pays à prendre les bonnes mesures pour leurs PME.

1. Tendances récentes du financement des PME et de l'entrepreneuriat

Ce premier chapitre, à l'état de projet, de la publication intitulée *Le financement des PME et des entrepreneurs 2020 : Tableau de bord de l'OCDE*, livre une analyse de l'évolution du financement des PME et de l'entrepreneuriat pendant la période 2007-18, qui est fondée sur les données recueillies aux fins de l'établissement des tableaux de bord par pays et des renseignements tirés des enquêtes sur la demande. Un survol général de l'environnement économique mondial fixe le cadre de l'analyse des tendances et des conditions du financement des PME, qui porte en particulier sur les évolutions observées en 2018 et au premier semestre de 2019. Le chapitre s'achève sur un panorama des mesures adoptées par les pouvoirs publics pour améliorer l'accès des PME au financement compte tenu des évolutions récentes .

Climat des affaires et contexte macroéconomique

En 2019, l'économie mondiale a perdu de son dynamisme sur fond de tensions commerciales, d'incertitudes quant aux politiques menées, et de recul de la confiance des entreprises et des consommateurs dans les pays à revenu élevé comme dans les pays émergents. Début 2020, les taux de croissance s'inscrivaient nettement en deçà des niveaux observés ces trois dernières décennies, alors que les conditions financières s'étaient assouplies et que l'inflation devait rester modérée. La croissance du PIB mondial a ralenti en 2018 pour s'établir à 3,5 % en 2018 et 2.9 % en 2019 et devait passer sous sa trajectoire tendancielle à 2,4 % en 2020, avant la pandémie de coronavirus (COVID-19). Il existe des risques importants de dégradation de la situation économique mondiale, parmi lesquels une intensification des tensions commerciales, des crispations sur le plan géopolitique, des perturbations dans les approvisionnements pétroliers, un affaiblissement plus marqué que prévu en Chine et la sortie du Royaume-Uni de l'Union européenne (OCDE, 2019[1]).

Au moment où nous écrivons ces lignes, l'épidémie de coronavirus (COVID-19) assombrit fortement les perspectives de croissance et augmente la probabilité de voir le ralentissement conjoncturel prendre une tournure plus grave que prévu. Les prévisions de croissance du PIB mondial seront révisées à la baisse, probablement jusqu'à atteindre des zones négatives, sous l'effet des chocs d'offre et de demande qui frapperont les entreprises. Dans ce scénario, les marchés financiers seraient durement touchés. Dans bon nombre de pays, les rendements des obligations d'État ont atteint des taux historiquement bas en raison de l'aversion au risque grandissante des marchés (OECD, 2020).

Échanges internationaux et investissements des entreprises

La croissance du commerce mondial a nettement marqué le pas, passant de 5,5 % en 2017 à 3,9 % en 2018, 1.2 % en 2019 et pourrait devenir négative en 2020 (OCDE, 2019[1]). Les volumes d'échanges ont chuté sous l'effet conjugué de la faiblesse de la demande intérieure et extérieure en Europe et du ralentissement des importations en Chine. Ils pâtissent en outre de la multiplication des droits de douane et des subventions partout dans le monde et d'une imprévisibilité croissante des politiques commerciales. Les chaînes d'approvisionnement mondiales sont par ailleurs soumises à une tension considérable en raison de la pandémie de COVID-19 (OCDE, 2020).

Les prévisions en matière d'échanges sont cohérentes avec les sombres perspectives d'investissement de nombreux pays. La grande incertitude qui entoure en particulier la propagation du nouveau coronavirus, la révision à la baisse des prévisions de croissance du PIB, et l'essoufflement de la dynamique des entreprises dans certains pays se conjuguent pour réduire les incitations à investir. La croissance globale des investissements des pays du G20 (hors Chine) a été ramenée d'un taux annualisé de 5 % au début de l'année 2018 à 1 % au premier semestre de 2019. Tant les investissements des entreprises que les investissements dans les infrastructures devraient demeurer bien en deçà de la moyenne à long terme en 2019 et en 2020. Pour la première fois depuis 2011, le stock d'investissement direct étranger (IDE) a baissé en 2018 et a connu une contraction plus brutale en 2019 (OCDE, 2019[1]).

Conditions financières

Les conditions financières sont restées accommodantes en 2018 et en 2019, ce qui a compensé les effets du ralentissement. Dans les principales économies avancées, les banques centrales ont soit suspendu la normalisation de leur politique monétaire, soit modestement accentué les efforts de relance. Les taux d'intérêt à court terme et à long terme sont en baisse dans de nombreuses régions du monde depuis quelques années. Les taux longs ont atteint des niveaux particulièrement bas d'un point de vue historique ce qui a stimulé l'activité dans différents secteurs de l'économie (voir graphique 1.1).

Sur les marchés de capitaux, la situation s'est améliorée depuis le début de l'année, l'apparition de signaux d'adoption d'une politique monétaire plus favorable ayant contribué à annuler la réévaluation des risques opérée fin 2018. Les marchés d'actions se sont raffermis, les rendements des obligations d'État à long terme ont diminué, et les écarts de rendement entre les obligations d'entreprises et les obligations d'État des marchés émergents se sont resserrés (OCDE, 2019[1]). En revanche, les tensions commerciales ont eu pour effet d'accroître sensiblement la volatilité des actifs. Malgré une demande mondiale en repli, les prix du pétrole se sont redressés en 2018 à la suite des restrictions au niveau de l'offre opérées par les pays de l'OPEP et la Russie, et des sanctions imposées à l'Iran et au Venezuela.

Parallèlement, des fragilités financières apparaissent. Le niveau d'endettement des sociétés non financières est élevé par rapport aux niveaux observés par le passé et leur qualité de crédit se dégrade. Un choc sur les marchés pourrait provoquer des cessions massives d'obligations d'entreprises, en particulier en ce qui concerne la forte proportion de ces titres actuellement notés juste un cran au-dessus de la catégorie spéculative. Le niveau record de titres d'État et d'entreprise se négociant à des taux négatifs, ainsi que le faible écart (parfois même négatif) entre actifs à long terme et à court terme sont révélateurs d'une politique monétaire non conventionnelle et d'une fuite des investisseurs vers des placements plus sûrs.

Les retombées de l'épidémie de COVID-19 sont également financières. Les PME ayant besoin de financement, notamment celles présentant un profil de risque relativement élevé, comme les entreprises innovantes et les start-ups, auront probablement de plus en plus de difficultés à obtenir un financement extérieur. En outre, les problèmes de liquidité devraient se multiplier, en raison de l'interruption des chaînes d'approvisionnement, et des dépenses imprévues auxquelles les entreprises devront faire face alors même que leurs recettes chutent. Ainsi, le FMI prévoit un durcissement des conditions de crédit et un renchérissement du coût des emprunts (FMI, 2020).

Graphique 1.1. Une politique monétaire accommodante

Évolution comparée des taux d'intérêt à court terme et des taux d'intérêt à long terme entre 2009 et 2019

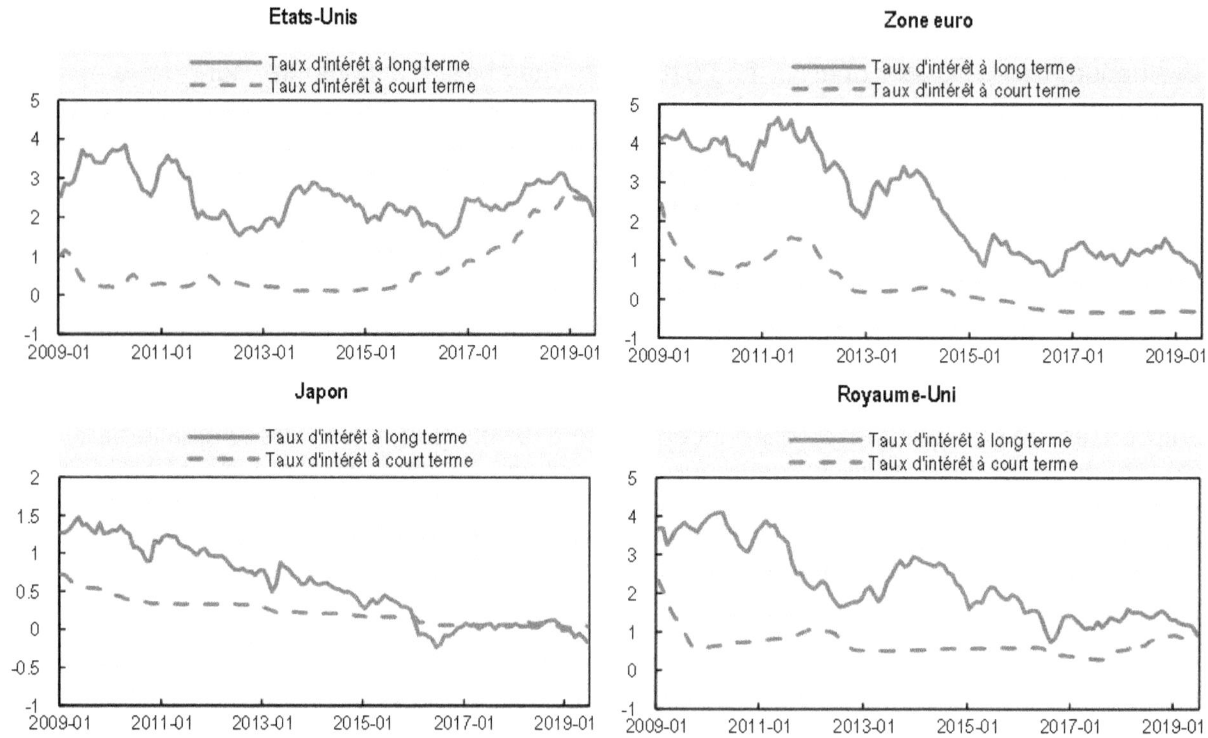

Source : Principaux indicateurs économiques de l'OCDE (Finance).

StatLink https://doi.org/10.1787/888934132374

Prêts aux PME

La croissance des nouveaux prêts aux PME s'est montrée atone dans la plupart des pays participants. Après une hausse modeste en 2017, le taux de croissance médian a reculé en 2018. La croissance de l'encours des prêts aux PME (mesurée à l'aide des valeurs médianes), en repli depuis 2015, est ressortie à 0,77 % en 2018. Dans l'ensemble, la demande de financement s'est maintenue à des niveaux assez faibles, ce qui a ralenti la croissance des prêts, comme le montrent les données d'enquête récentes.

Nouveaux prêts aux PME

La production de nouveaux prêts aux PME a offert un tableau contrasté en 2018. Le taux de croissance médian a reculé, passant à 0,69 % en 2018 contre 3,06 % en 2017 (voir graphique 1.2).

Graphique 1.2. Croissance des nouveaux prêts aux PME

Taux de croissance en glissement annuel, en pourcentage

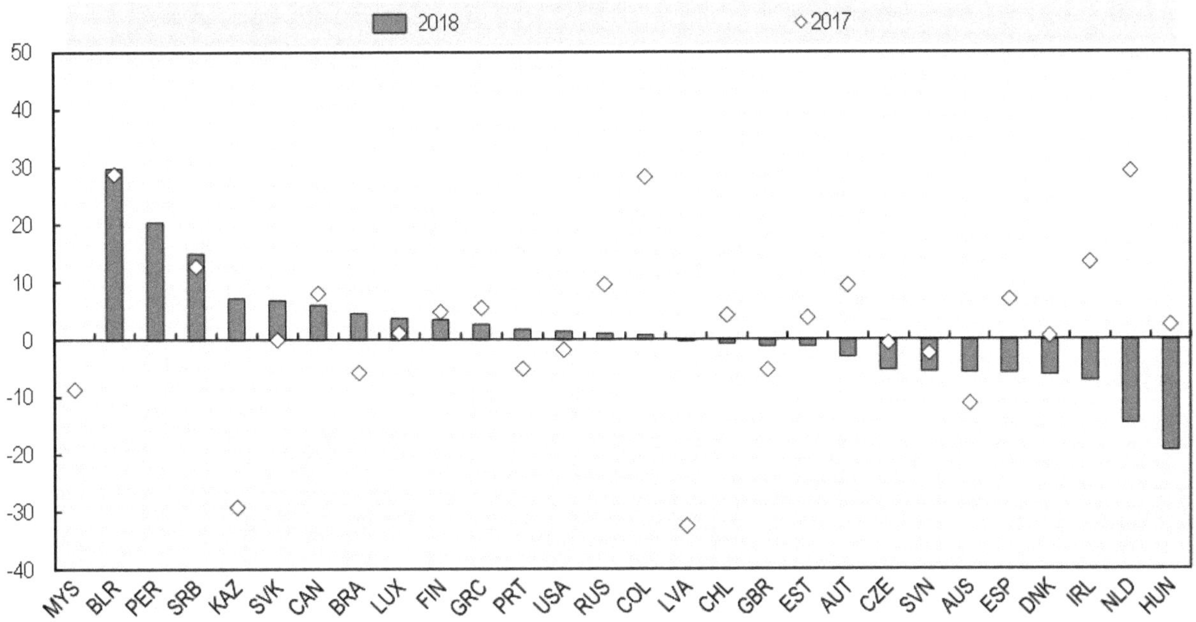

Note : Le taux de croissance du Pérou en 2017 (132,92 %) n'est pas représenté. L'ensemble des données représentées sont corrigées de l'inflation au moyen du déflateur de PIB de l'OCDE. Pour les pays non membres de l'OCDE, les données sont tirées des Indicateurs de développement dans le monde de la Banque mondiale.
Source : Données compilées à partir des notes par pays.

StatLink https://doi.org/10.1787/888934132393

La production de nouveaux prêts a connu une croissance positive dans 14 pays ayant fourni des données au titre de cet indicateur, et négative dans 13 autres. Il est intéressant de noter que les données par pays font souvent apparaître des revirements prononcés d'une année à l'autre. Ainsi, au Chili, au Danemark, en Espagne, en Estonie, en Hongrie, en Irlande et aux Pays-Bas, le taux de croissance est devenu (parfois brutalement) négatif en 2018. En revanche, le Portugal a affiché un taux de croissance positif pour la première fois depuis 2012, puisqu'il est passé de -5,14 % à 1,74 %. Les États-Unis aussi ont vu s'inverser en 2018 la tendance négative observée depuis deux années consécutives.

La totalité des sept pays à revenu intermédiaire pour lesquels on dispose de données au titre de cet indicateur ont enregistré une croissance positive en 2018. Après quatre années consécutives de baisse, la production de nouveaux prêts aux PME au Brésil a augmenté de 4,52 % en 2018. De son côté, le Belarus a connu un rebond spectaculaire des nouveaux prêts, à 29,81 %. On observe une différence flagrante entre les pays à revenu intermédiaire et les pays à revenu élevé sur la période 2015-18, la croissance étant largement plus forte dans les premiers. Cette situation dénote avec la période 2013-15 pour laquelle aucune tendance nette ne se distinguait (voir graphique 1.3).

Graphique 1.3. Croissance des nouveaux prêts aux PME, 2008-18

Taux de croissance médian en glissement annuel, en pourcentage

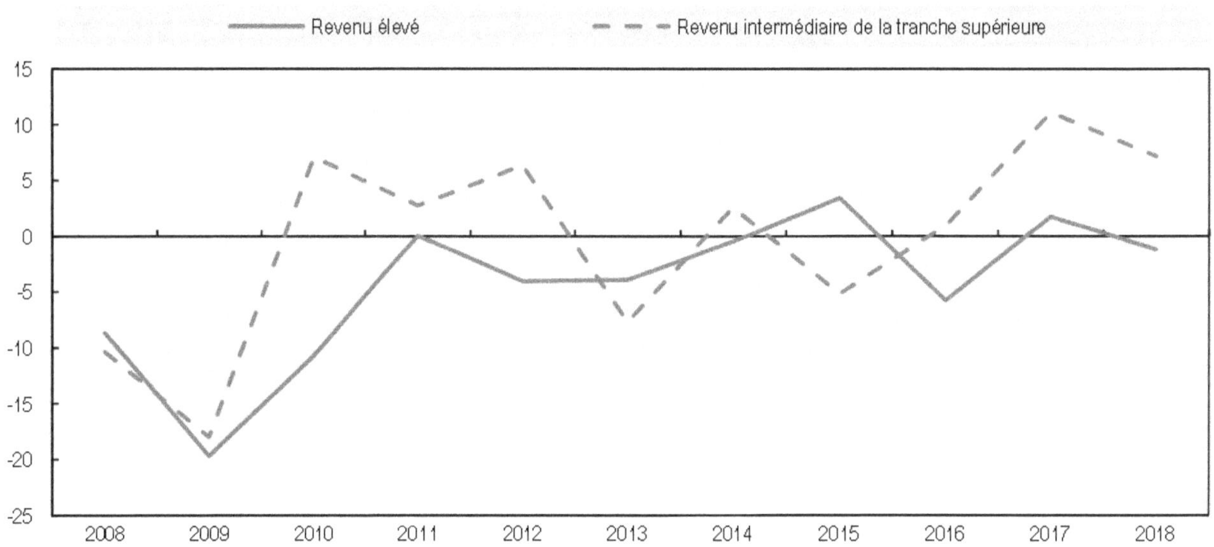

Notes : L'ensemble des données représentées sont corrigées de l'inflation au moyen du déflateur de PIB de l'OCDE. Pour les pays non membres de l'OCDE, les données sont tirées des Indicateurs de développement dans le monde de la Banque mondiale.
Source : Données compilées à partir des notes par pays.

StatLink https://doi.org/10.1787/888934132412

Encours de prêts aux PME

L'encours de prêts aux PME a augmenté dans 20 des 36 pays ayant fourni des données pour cet indicateur (voir graphique 1.4), alors que dans le Tableau de bord, la valeur médiane de la croissance annuelle de l'encours de prêts aux PME est passée de 2,02 % en 2017 à 0,77 % en 2018. Cet indicateur est devenu positif en 2018 en Hongrie et au Pérou, et négatif en Australie, en Espagne, en Estonie et aux Pays-Bas. Au Chili, en Corée du Sud, en Nouvelle-Zélande, en République tchèque, en Serbie et en Suisse, la croissance de l'encours de prêts aux PME s'est accélérée en 2018.

Si deux indicateurs, la production de nouveaux prêts aux PME et l'encours de prêts aux PME, sont utilisés pour décrire l'évolution du marché du crédit, il convient de noter que le second est influencé par plusieurs facteurs (le rythme des remboursements, les modifications de l'échéance des prêts et les fluctuations des prêts improductifs), qui peuvent être à l'origine de la divergence parfois observée entre les deux indicateurs. En République tchèque, par exemple, l'encours de prêts aux PME a augmenté de 1,79 % en 2017 et de 2,95 % en 2018, tandis que les nouveaux prêts étaient en baisse de -0,65 % en 2017 et de -5,30 % en 2018. En Grèce au contraire, l'encours de prêts aux PME a reculé de -8,19 % en 2017 et de -8,50 % en 2018, tandis que les nouveaux prêts étaient en hausse de 5,48 % en 2017 et de 2,65 % en 2018.

En outre, dans de nombreux pays, le nombre de prêts à long terme a augmenté par rapport à celui des prêts à court terme, ce qui explique peut-être en partie les évolutions divergentes des données de flux et de stocks, puisque les prêts à plus long terme apparaissent plus longtemps dans les données sur l'encours de prêts.

Graphique 1.4. Croissance de l'encours de prêts aux PME

Taux de croissance en glissement annuel, en pourcentage

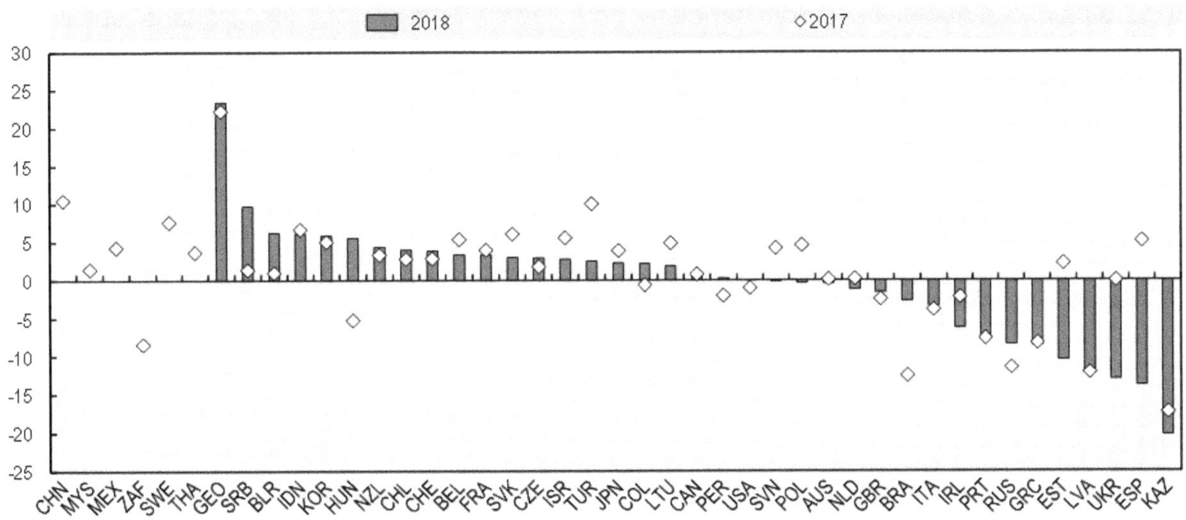

Note : Les données de 2017 ne sont pas disponibles pour l'Ukraine. L'ensemble des données représentées sont corrigées de l'inflation au moyen du déflateur de PIB de l'OCDE. Pour les pays non membres de l'OCDE, les données sont tirées des Indicateurs de développement dans le monde de la Banque mondiale.
Source : Données compilées à partir des notes par pays.

StatLink https://doi.org/10.1787/888934132431

Part des prêts aux PME

La part des prêts aux PME varie considérablement d'un pays à l'autre, que l'on observe les données de stock ou de flux. Elle correspond à la proportion de prêts aux PME dans le total des prêts aux entreprises et sert à situer les indicateurs relatifs aux prêts aux PME dans le contexte de l'évolution générale des prêts aux entreprises. La part de l'encours des prêts aux PME s'échelonne entre environ 20 % ou moins au Canada, au Chili, aux États-Unis, en France, en Indonésie, au Pérou et en Russie, à des niveaux supérieurs à 70 % en Corée, en Lettonie, au Portugal et en Suisse. Elle semble en outre présenter une corrélation négative avec la taille en valeur absolue du pays et de son économie, liée à la présence généralement plus forte de grandes entreprises dans les grandes économies. On observe en revanche une corrélation positive avec le revenu du pays : les pays à revenu élevé tendent à afficher une proportion plus élevée de prêts aux PME.

En 2018, la valeur médiane des prêts aux PME en proportion de la totalité des prêts aux entreprises dans les pays participants à revenu intermédiaire s'est élevée à 30,42 %, contre 52,52 % pour les pays à revenu élevé[1]. Cette situation peut résulter d'une propension plus marquée du secteur bancaire des économies à revenu intermédiaire à prêter aux grandes entreprises. Dans ces économies, le système financier est souvent moins développé et les PME et les entrepreneurs ont moins d'options à leur disposition. Enfin, on peut aussi chercher une explication du côté de la dynamique de la demande, les PME des pays à revenu intermédiaire étant généralement plus susceptibles de s'abstenir de solliciter un crédit même lorsqu'elles en ont besoin (Abraham et Schmukler, 2017[2]). La Chine fait figure d'exception en ce qui concerne tant sa taille que son niveau de revenu, puisque 64,96 % des prêts aux entreprises ont été destinés aux PME en 2017.

La valeur médiane de la part des prêts aux PME donne une idée des tendances globales. Elle est d'abord passée de 41,6 % en 2007 à un point bas de 37,9 % en 2013, signe d'une plus grande difficulté d'accès au crédit bancaire pour les PME que pour les grandes entreprises pendant cette période. Après 2013, la part de l'encours de prêts aux PME est repartie à la hausse à la faveur de la reprise ; elle n'est toutefois ressortie qu'à 40,41 % en 2018, en-deçà de son niveau d'avant la crise et de 2017. La baisse de 2018 a particulièrement concerné les pays à revenu élevé même si elle a aussi été observée dans les pays à revenu intermédiaire.

Graphique 1.5. Part des prêts aux PME

En pourcentage de l'encours total des prêts aux entreprises

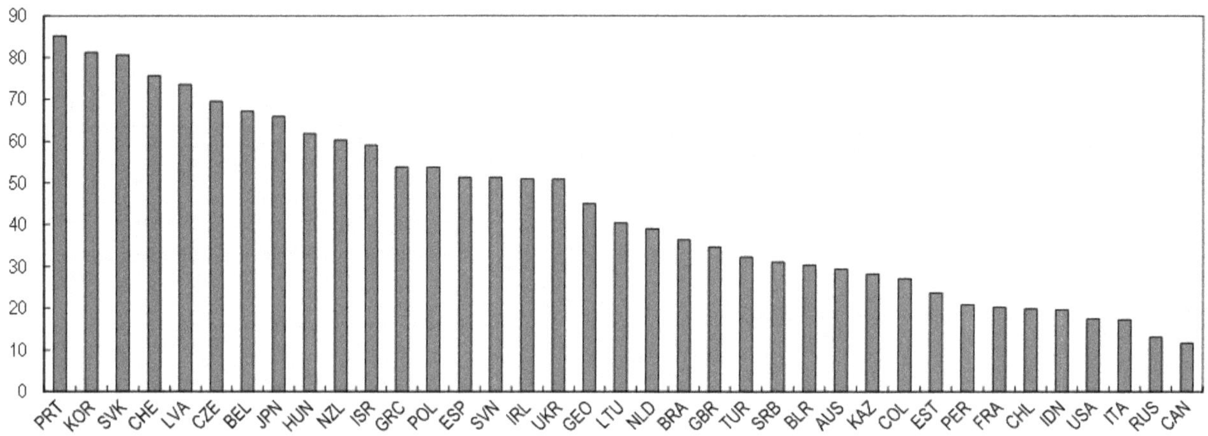

Source : Données compilées à partir des notes par pays

StatLink https://doi.org/10.1787/888934132450

Il convient d'interpréter cet indicateur avec prudence et en contexte. La hausse de la part des prêts aux PME est parfois liée à l'évolution des possibilités et stratégies de financement des grandes entreprises plutôt qu'à l'amélioration de l'accès des PME au financement, surtout si elle se produit dans une phase de contraction du crédit, où les grandes entreprises peuvent avoir tendance à recourir à d'autres formes de financement. En outre, des facteurs du côté de la demande peuvent aussi influer largement sur ces évolutions, de même qu'un meilleur accès des PME à des instruments alternatifs de financement. Il n'en demeure pas moins que l'effondrement de ce ratio entre 2017 et 2018 peut être le signe d'un tournant dans l'accès des PME au financement.

Crédits à court terme et crédits à long terme

De manière générale, les données relatives à la durée des prêts révèlent un allongement progressif des échéances des prêts aux PME au cours de la décennie écoulée, une tendance confirmée par les données de 2018. Les prêts à court terme, c'est-à-dire les prêts dont la période de maturité initiale est inférieure à un an, comme les découverts bancaires et les lignes de crédit, servent généralement de fonds de roulement[2]. Les prêts à long terme sont plus souvent utilisés à des fins d'investissement, mais peuvent aussi relever d'une stratégie adoptée par les PME, visant à « sanctuariser » les taux peu élevés. C'est dans la production de nouveaux prêts que cette tendance est la plus manifeste ; dans la totalité des huit pays pour lesquels on dispose de données, on observe une évolution vers des prêts à plus long terme au cours de la décennie écoulée. Alors qu'entre 2007 et 2009, seul un nouveau prêt sur cinq était assorti d'une échéance longue, la proportion est passée à un sur deux entre 2016 et 2018, même si les chiffres varient d'un pays à l'autre.

Trente pays du Tableau de bord ont fourni des données sur la durée des prêts aux PME, qui, pour 22 d'entre eux, ont trait au stock de prêts. Ces données mettent en évidence un allongement de la durée des prêts au cours de la dernière décennie. Dans ces pays, les prêts en cours sont à long terme dans plus de sept cas sur 10 en moyenne tant dans les pays à revenu intermédiaire que ceux à revenu élevé (voir graphique 1.6.).

Graphique 1.6. Part des prêts à long terme aux PME

Valeurs médianes, en pourcentage de l'ensemble des prêts aux PME

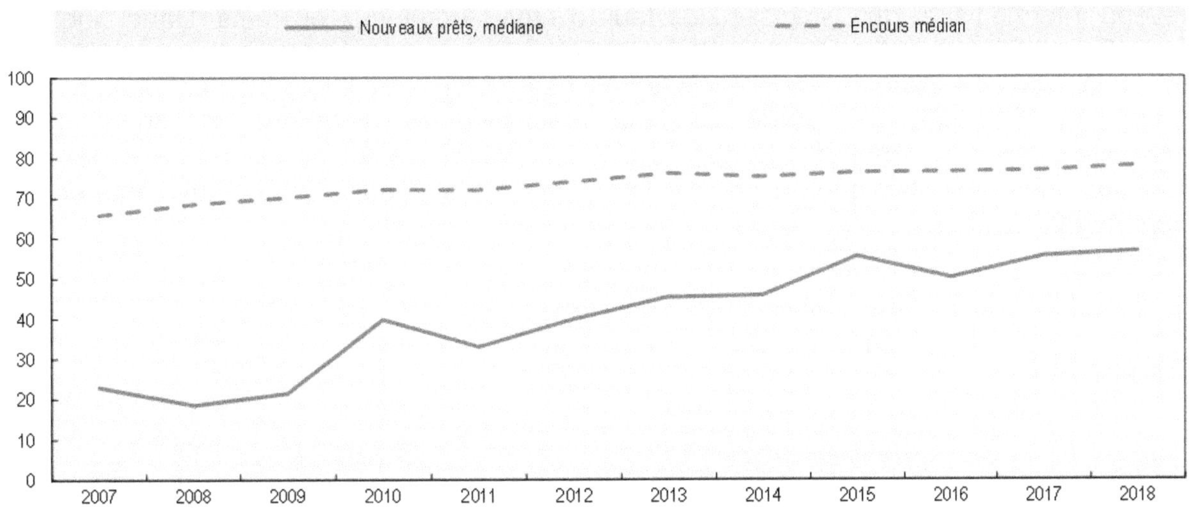

Note : Les indicateurs relatifs à l'encours de prêts ont été calculés à partir de données provenant des pays suivants : Belarus, Belgique, Brésil, Canada, Chine, Colombie, Estonie, France, Grèce, Indonésie, Italie, Kazakhstan, Lettonie, Malaisie, Pays-Bas, Pologne, Portugal, République slovaque, Serbie, Slovénie, Suède et Ukraine. Les variables relatives aux nouveaux prêts ont été calculées à partir de données provenant des pays suivants : Autriche, Chili, Danemark, Espagne, Finlande, Hongrie, Irlande et République tchèque. Les données pour la Corée ne sont pas incluses, car elles concernent l'ensemble des entreprises ; les données du Mexique ne le sont pas non plus, car elles ne concernent que les prêts accordés par l'INADEM. L'ensemble des données représentées sont corrigées de l'inflation au moyen du déflateur de PIB de l'OCDE. Pour les pays non membres de l'OCDE, les données sont tirées des Indicateurs de développement dans le monde de la Banque mondiale.
Source : Données compilées à partir des notes par pays. Le classement des pays par groupe de revenu suit les critères de la Banque mondiale.

StatLink https://doi.org/10.1787/888934132469

Plusieurs facteurs peuvent être à l'origine de cette évolution. Tout d'abord, il est probable que les petites entreprises aient aujourd'hui plus de facilité que par le passé à utiliser d'autres sources de financement comme l'affacturage, les sources en ligne, les bénéfices non distribués, ou encore la trésorerie pour répondre à leurs besoins de financement à court terme, même si elles recourent plus largement à l'endettement classique pour couvrir leurs besoins d'investissement. Ensuite, les prêts à long terme sont devenus plus intéressants dans un contexte de taux bas. Une autre explication possible tient à la reprise des investissements des entreprises, qui avaient atteint un point bas immédiatement après la crise financière.

Conditions de crédit pour les PME

La présente section décrit les conditions du crédit aux PME et aux entrepreneurs en se fondant sur les données relatives au coût du crédit bancaire, aux garanties exigées et aux taux de rejet. Elle s'appuie également sur les conclusions dégagées dans les enquêtes réalisées auprès des bailleurs de fonds et des emprunteurs. Globalement, les données disponibles semblent montrer que la demande de prêts est demeurée à peu près stable au cours des dernières années et que les sûretés exigées et les demandes de crédit refusées restent à des niveaux peu élevés. Les données sur les conditions de crédit divergent selon le niveau de revenu des pays – en particulier les chiffres relatifs aux taux d'intérêt.

Taux d'intérêt

Le coût du crédit bancaire varie considérablement selon les pays du Tableau de bord. Le graphique 1.7 présente les taux d'intérêt, nominaux et réels, corrigés de l'inflation. En 2018, les taux d'intérêt des prêts aux PME étaient les plus élevés au Pérou, suivi de près par d'autres pays à revenu intermédiaire, qu'il s'agisse des taux d'intérêt nominaux ou réels. Dans cinq pays (Pérou, Brésil, Colombie, Mexique et Ukraine), les taux nominaux étaient supérieurs à 17 %. Le Chili et la Nouvelle-Zélande étaient les seuls pays à revenu élevé où les taux d'intérêt approchaient 10 %, nettement au-dessus de la valeur médiane de 4,08 %. Comme les années précédentes, les taux d'intérêt appliqués aux PME étaient les moins élevés dans des pays européens comme la Belgique, la France, la Hongrie et la Suède, où les taux d'intérêt réels étaient négatifs.

Graphique 1.7. Taux d'intérêt appliqués aux PME, 2018

En pourcentage

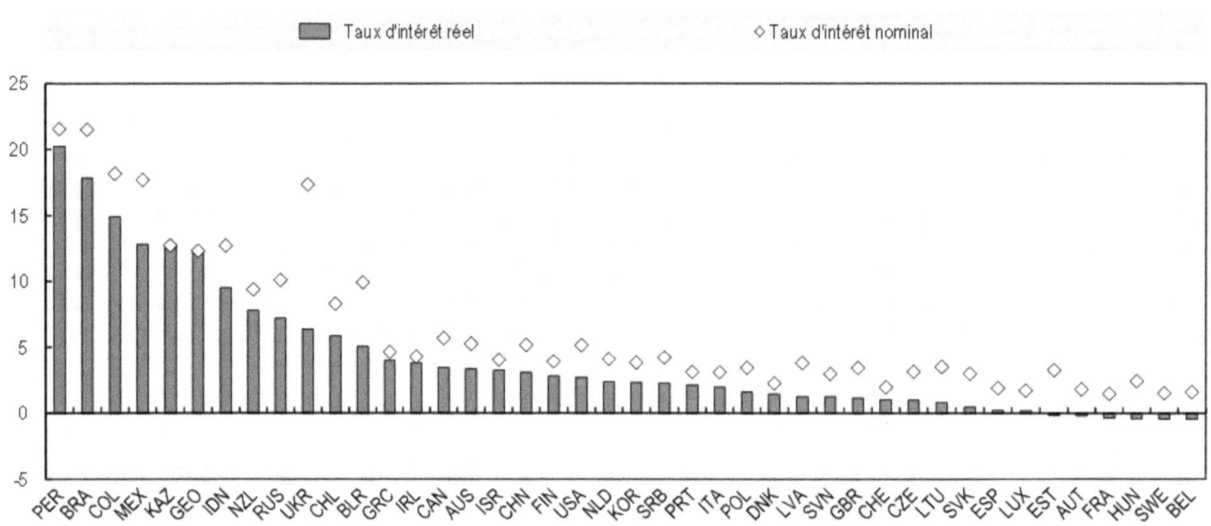

Note : Les définitions varient d'un pays à l'autre. Des informations détaillées sur les sources et les définitions figurent dans les notes par pays complètes. Les taux d'intérêt nominaux sont corrigés à l'aide des données sur l'inflation publiées par la Banque mondiale. Données 2017 indisponibles pour l'Ukraine.

Source : Données compilées à partir des notes par pays.

StatLink https://doi.org/10.1787/888934132488

Pour la première fois en dix ans, le taux de croissance médian des taux d'intérêt nominaux des pays du Tableau de bord est positif, même s'il reste très faible, à 0,02 point de pourcentage. Certains pays ont connu de fortes hausses, comme la Colombie (+2,80 points), la Finlande (+1,17 point) et la Géorgie (+1,94 point), qui constituaient parfois des retournements de tendances par rapport aux années précédentes. Il ressort des données d'enquête relatives à la zone euro que la plupart des PME font état d'une augmentation des taux d'intérêt, pour la première fois depuis 2013-14 (voir ci-après la section sur les données d'enquête). Parallèlement, les baisses ont été les plus marquées dans les pays à revenu intermédiaire, comme le Brésil (-3,60 points), le Kazakhstan (-0,95 point) et le Pérou (-1,50 point), où les taux d'intérêt sont se sont maintenus à des niveaux relativement élevés.

Graphique 1.8. Taux d'intérêt appliqués aux PME, taux de croissance

Taux nominaux, en points de pourcentage

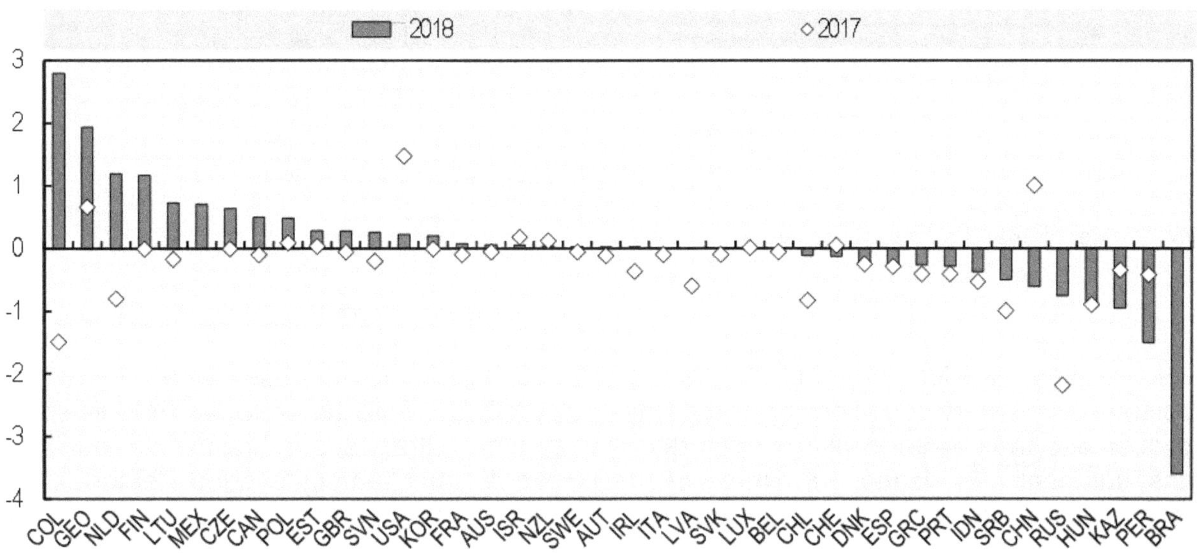

Source : Données compilées à partir des notes par pays.

StatLink https://doi.org/10.1787/888934132507

On constate sur le graphique 1.9 une divergence entre les pays à revenu intermédiaire et les pays à revenu élevé, avec une baisse continue des taux d'intérêt dans les premiers et une stagnation, voire une légère hausse dans les seconds. Cela montre qu'il n'est sans doute plus guère possible de baisser encore sensiblement les taux d'intérêt dans bon nombre de pays à revenu élevé, sachant que les taux des banques centrales ont déjà atteint des niveaux historiquement bas, et que certains pays participants ont entrepris de durcir leur politique monétaire.

Il est probable que de nouvelles baisses pratiquées sur des taux déjà faibles n'inciteraient pas les PME à emprunter davantage. De fait, l'analyse des données actuelles ne montre pas de lien significatif entre les volumes de crédits aux PME et les taux d'intérêt. Un constat cohérent avec les études qui montrent que la politique monétaire est moins (voire plus du tout) efficace pour stimuler le crédit bancaire lorsque les intérêts ont atteint un niveau déjà assez bas. Les microdonnées semblent même indiquer qu'une atonie de l'activité de prêt pourrait provenir de l'impact de la faiblesse des taux d'intérêt sur la rentabilité des banques (Borio et Gambacorta, 2017[3]).

Graphique 1.9. Croissance des taux d'intérêt appliqués aux PME

Valeur médiane, taux nominaux, en pourcentage

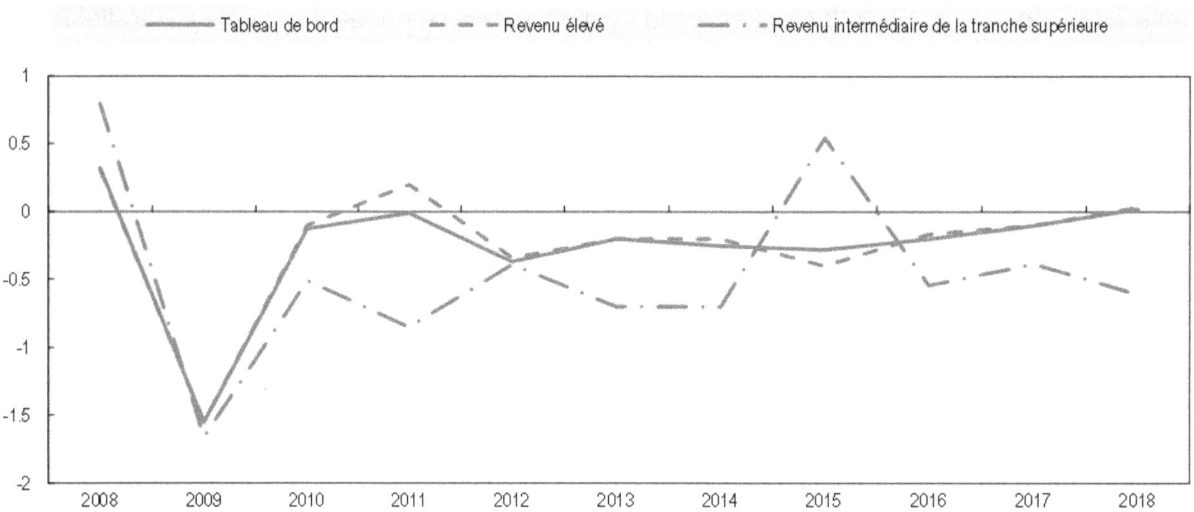

Source : Données compilées à partir des notes par pays.

StatLink https://doi.org/10.1787/888934132526

L'écart de taux entre les prêts aux PME et les prêts aux grandes entreprises offre un éclairage supplémentaire sur les conditions de crédit faites aux PME. En règle générale, les PME se voient appliquer des taux d'intérêt plus élevés que les grandes entreprises en raison de leur profil intrinsèquement plus risqué. La diminution de l'écart de taux témoigne généralement d'une amélioration des conditions de crédit des PME tandis qu'une augmentation de l'écart est le signe d'un durcissement des conditions d'emprunt. Globalement, les écarts de taux se sont réduits en 2018 dans la plupart des pays, contrairement à 2017. Cette tendance a été la plus marquée au Brésil et au Mexique (deux pays où les taux d'intérêt sont élevés), mais était également sensible dans des pays à revenu élevé comme la Lituanie (-1,08 point de pourcentage).

L'écart de taux d'intérêt en 2018 était plus important dans les pays où les taux étaient élevés, s'établissant à plus de 10 points de pourcentage au Brésil et au Pérou. En revanche, dans les pays où les taux d'intérêt des prêts aux PME étaient bas, comme la Belgique et la France, l'écart de taux entre les petites et les grandes entreprises était faible. L'Ukraine est le seul pays où un écart négatif a été observé en 2018.

Graphique 1.10. Écarts de taux d'intérêt entre les prêts aux PME et les prêts aux grandes entreprises

Taux nominaux, en points de pourcentage

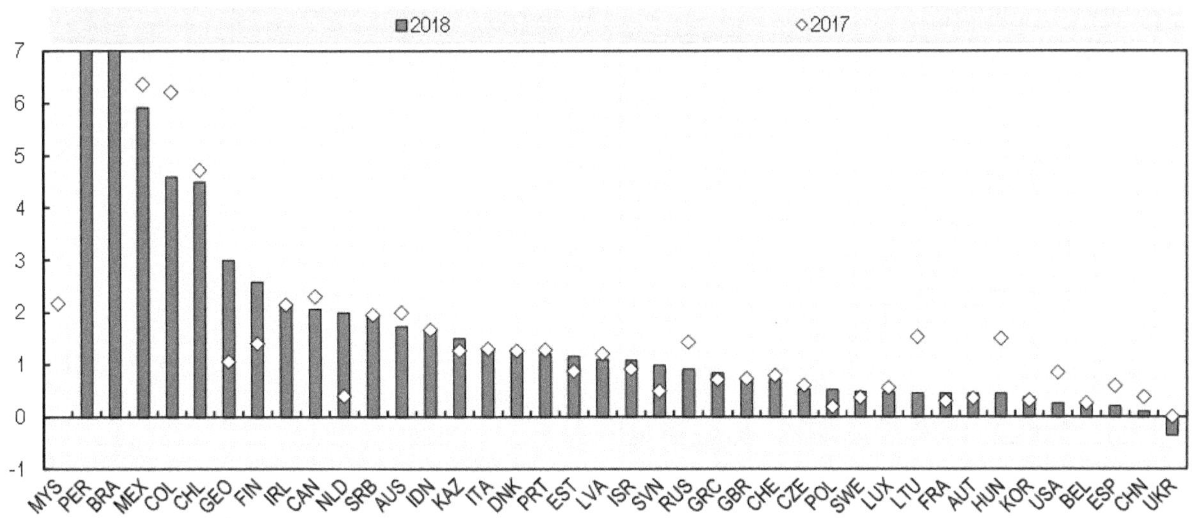

Note : Les données relatives au Brésil et au Pérou ne sont pas représentées pour des raisons d'échelle. Pérou : 2017 : 14,64 points de pourcentage ; 2018 : 13,72 points de pourcentage. Brésil : 2017 : 16,10 points de pourcentage ; 2018 : 12,90 points de pourcentage.
Source : Données compilées à partir des notes par pays.

StatLink https://doi.org/10.1787/888934132545

Garanties exigées

Les données proviennent d'enquêtes réalisées auprès des emprunteurs sachant que la méthodologie, les échantillons et les questionnaires varient d'un pays à l'autre. Il convient donc de faire preuve de prudence dans les comparaisons entre pays et il faudra améliorer la déclaration d'informations pour mieux cerner l'évolution des conditions de financement des PME à cet égard.

En dépit d'une base de données relativement peu étoffée, on observe que les exigences de garanties ont diminué dans la plupart des pays en 2018. Sur les 15 pays ayant fourni des données pour 2017 et 2018, dix ont connu une diminution des exigences de garanties (en pourcentage des PME auxquelles des garanties ont été demandées pour accéder au crédit bancaire), et cinq font état d'une augmentation ou d'une stagnation (voir graphique 1.11). C'est en Finlande et en Grèce que la baisse a été la plus marquée (respectivement -3,00 et -5,05 points de pourcentage). Le recul des garanties exigées a coïncidé avec l'augmentation des taux d'intérêt appliqués aux PME en Finlande, illustrant la corrélation négative bien établie entre les garanties et les taux d'intérêt (Degryse, Karapetyan et Karmakar, 2019[4]). De fait, apporter des garanties permet souvent aux PME d'obtenir de meilleurs taux d'intérêt.

Graphique 1.11. Exigences de garanties

Par pays (à gauche), taux de croissance médian (à droite)

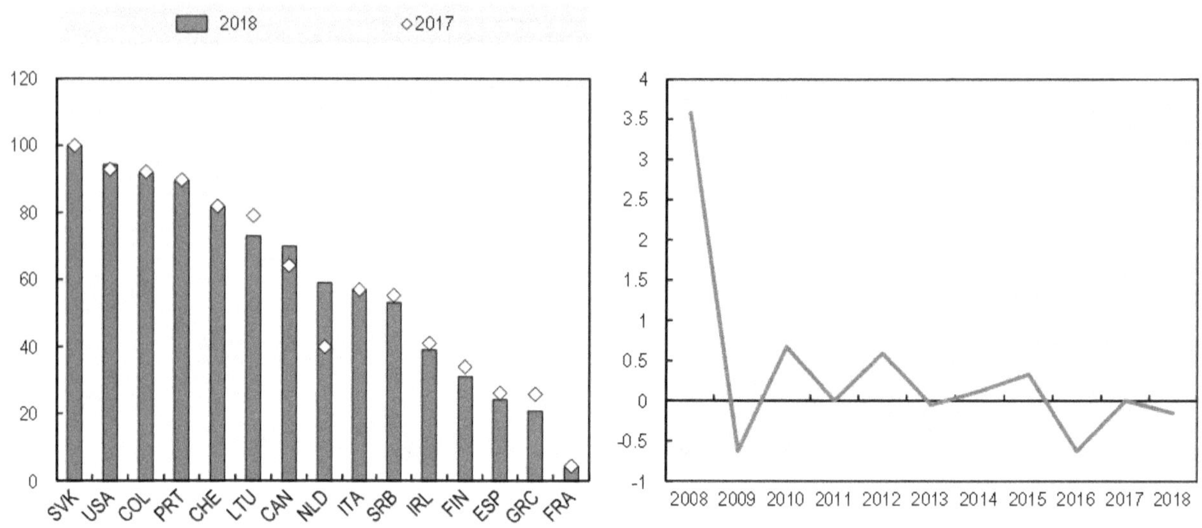

Source : Données compilées à partir des notes par pays.

StatLink https://doi.org/10.1787/888934132564

Demandes de prêts des PME

Les données relatives aux demandes de prêts proviennent d'enquêtes réalisées auprès des emprunteurs. Il conviendra, comme pour les exigences de garanties, de faire preuve de prudence dans les comparaisons entre pays et il faudra améliorer la déclaration d'informations pour mieux évaluer l'évolution des conditions de financement des PME.

Environ un quart des PME ont déposé une demande de crédit au cours des six derniers mois, ce qui atteste du fait que la majorité des PME ne recherchent pas de financement externe. Ce chiffre est stable depuis quatre à cinq ans, ce qui indique que la demande de crédit est demeurée relativement constante sur la période de référence. Cela étant, il existe de fortes disparités entre les pays, les PME chinoises étant nettement plus susceptibles de demander un prêt (58,36 %) que les PME indonésiennes, par exemple (3,35 %). Soulignons également la baisse des demandes de prêts de la part des PME aux Pays-Bas, qui sont passées de 18 % en 2017 à 12,80 % en 2018 (soit -5,20 points de pourcentage).

Graphique 1.12. Demandes de prêts des PME

En pourcentage

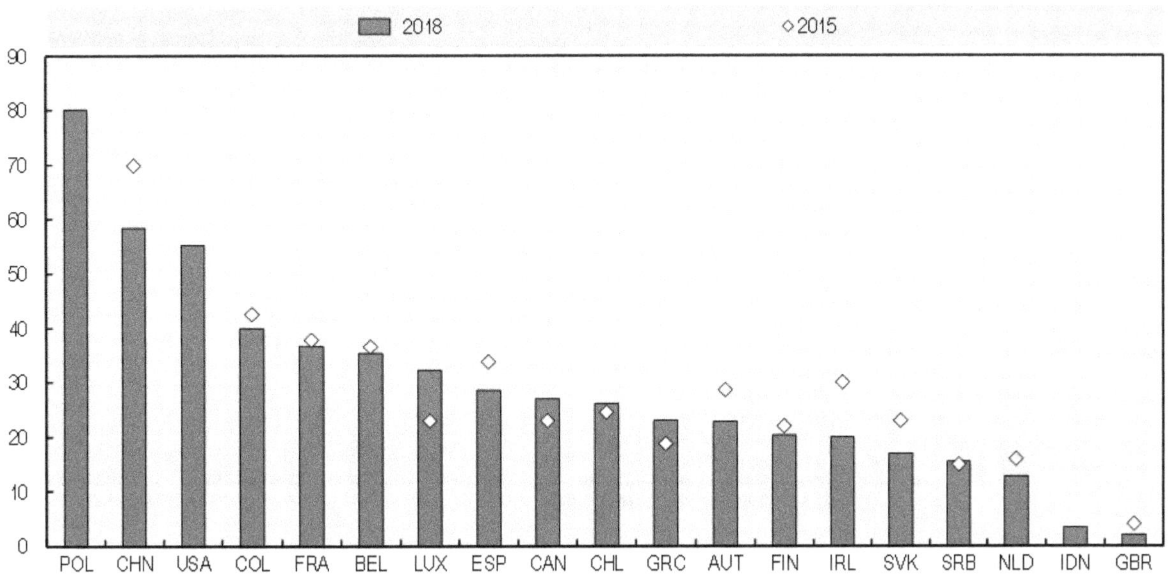

Note : Les définitions varient d'un pays à l'autre. Des informations détaillées sur les sources et les définitions figurent dans les notes par pays complètes. Les données pour le Chili, les États-Unis, la Pologne et le Royaume-Uni correspondent à l'année 2017.
Source : Données compilées à partir des notes par pays.

StatLink https://doi.org/10.1787/888934132583

Taux de rejet

Cet indicateur aide à mieux cerner l'offre de crédit aux PME et à évaluer les conditions financières d'ensemble qui leur sont offertes. Des taux de rejet élevé sont le signe de restrictions dans l'offre de crédit ; la demande de crédit n'est pas satisfaite, soit parce que les modalités et conditions des offres de prêts ne sont pas jugées acceptables, soit parce que la solvabilité des emprunteurs s'est dégradée, soit parce que les banques rationnent délibérément le crédit. Les taux de rejet doivent toutefois être analysés dans le contexte des nouvelles tendances en matière de prêts de façon à avoir un point de vue plus global de l'accès des PME au financement. Les données sur les taux de rejet sont habituellement tirées d'enquêtes sur la demande et les possibilités de comparaisons entre pays sont limitées.

Dans l'ensemble, le taux de rejet a reculé en 2018 dans la majorité des pays du Tableau de bord, ce qui coïncide avec la hausse des nouveaux prêts. Parmi les pays ayant fourni des données pour cet indicateur, 12 font état d'une baisse des taux de rejet, et six d'une augmentation (graphique 1.12). Le taux de rejet a baissé de 3,28 points de pourcentage (sur la base de la valeur médiane des pays ayant fourni des données), ce qui est globalement cohérent avec le léger repli amorcé depuis 2012, mais constitue un revirement de tendance par rapport à 2017. Le taux de rejet demeure élevé dans certains pays comme les États-Unis (32,70 %), malgré un net recul depuis 2017 (-12,10 points de pourcentage). Une tendance analogue peut être observée en Serbie, avec une baisse de 11,47 points de pourcentage en glissement annuel. Dans d'autres pays comme la Lituanie, le taux de rejet a sensiblement augmenté (+11,40 points de pourcentage) pour atteindre 27 %, signe d'un resserrement des conditions de crédit et de changements probables dans les normes d'évaluation des risques.

Graphique 1.13. Taux de rejet

En pourcentage

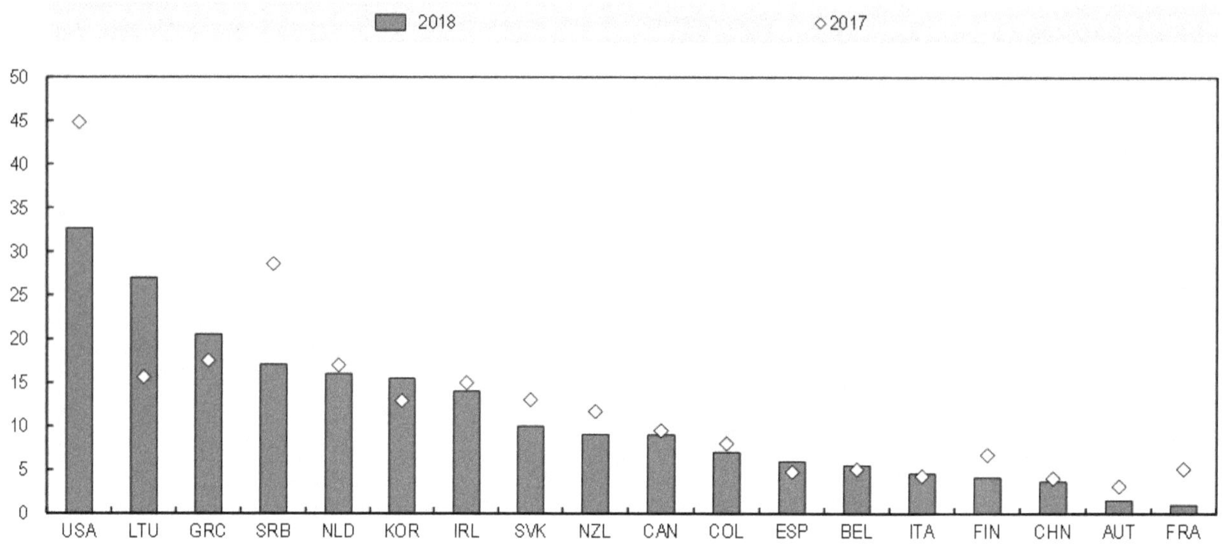

Source : Données compilées à partir des notes par pays.

StatLink https://doi.org/10.1787/888934132602

Données d'enquête complémentaires sur les conditions de crédit

Les données d'enquête indiquent que les conditions de crédit sont restées relativement favorables. D'autre part, il apparaît que les PME continuent de considérer que le financement bancaire est relativement disponible, surtout par comparaison avec la période qui a suivi la crise financière. Ces enquêtes apportent des éclairages précieux, mais la possibilité de comparer les différentes enquêtes est limitée. La section contenant des recommandations concernant l'amélioration des données fournit des orientations en la matière.

Zone euro

L'enquête sur l'accès des PME au financement (SAFE) fournit des informations sur la situation financière des entreprises, les besoins de financement externe et la disponibilité de ces financements. Cette enquête est menée deux fois par an : une fois par la BCE auprès des pays de la zone euro, et une fois en coopération avec la Commission européenne, auprès de toutes les économies de l'UE et de quelques autres pays. Les enquêtes du deuxième semestre de 2018 et du premier semestre de 2019 font apparaître un léger mieux dans la disponibilité du crédit, qui fait suite à un repli prononcé en 2018, ainsi qu'un recul de la proportion d'entreprises signalant une augmentation des taux d'intérêt. De fait, la proportion nette de ces entreprises a reculé pour atteindre -8,93 % au premier semestre de 2019, contre 2,89 % pour la période correspondante de l'année 2018 (graphique 1.14).

Les demandes de prêts bancaires ont été moins nombreuses au premier semestre 2019, alors qu'elles avaient peu évolué sur la période 2011-18. Au premier semestre de 2019, 25,96 % des PME ont sollicité un prêt bancaire (contre 27,12 % au cours de la même période de 2018). Le taux de demandes intégralement satisfaites a atteint 71,88 % (contre 73,93 % au premier semestre de 2018), alors que le taux de rejet a culminé à 6,45 % (contre 4,88 % en 2018). Dans le même temps, 29 % des PME ont fait état d'un renchérissement des autres coûts de financement (frais de dossier, frais bancaires et commissions), un chiffre stable par rapport à 2018 (BCE, 2019[5]).

Les grandes entreprises continuent de bénéficier d'un meilleur accès au financement que les PME. La proportion de grandes entreprises ayant obtenu le prêt demandé reste plus élevée (leur taux de succès était de 87 % au premier trimestre de 2019) et leur taux de rejet est plus faible (1 % au premier semestre 2019) (BCE, 2019[5]). L'écart entre le taux d'intérêt moyen appliqué aux lignes de crédit accordées aux grandes entreprises et celui accordé aux PME est inchangé à 170 points de base en 2019.

De façon générale, les PME tablent sur une légère amélioration de leur accès au financement externe dans les prochains mois. Les perspectives des PME diffèrent toutefois selon les pays : un petit nombre de pays, comme l'Espagne, anticipent un durcissement des conditions de financement, et plusieurs autres pensent qu'elles ne vont pas changer (BCE, 2019[5]).

Graphique 1.14. Enquête de la BCE sur l'accès des PME au financement

Sélection d'indicateurs, en pourcentage de l'ensemble des PME couvertes par l'enquête

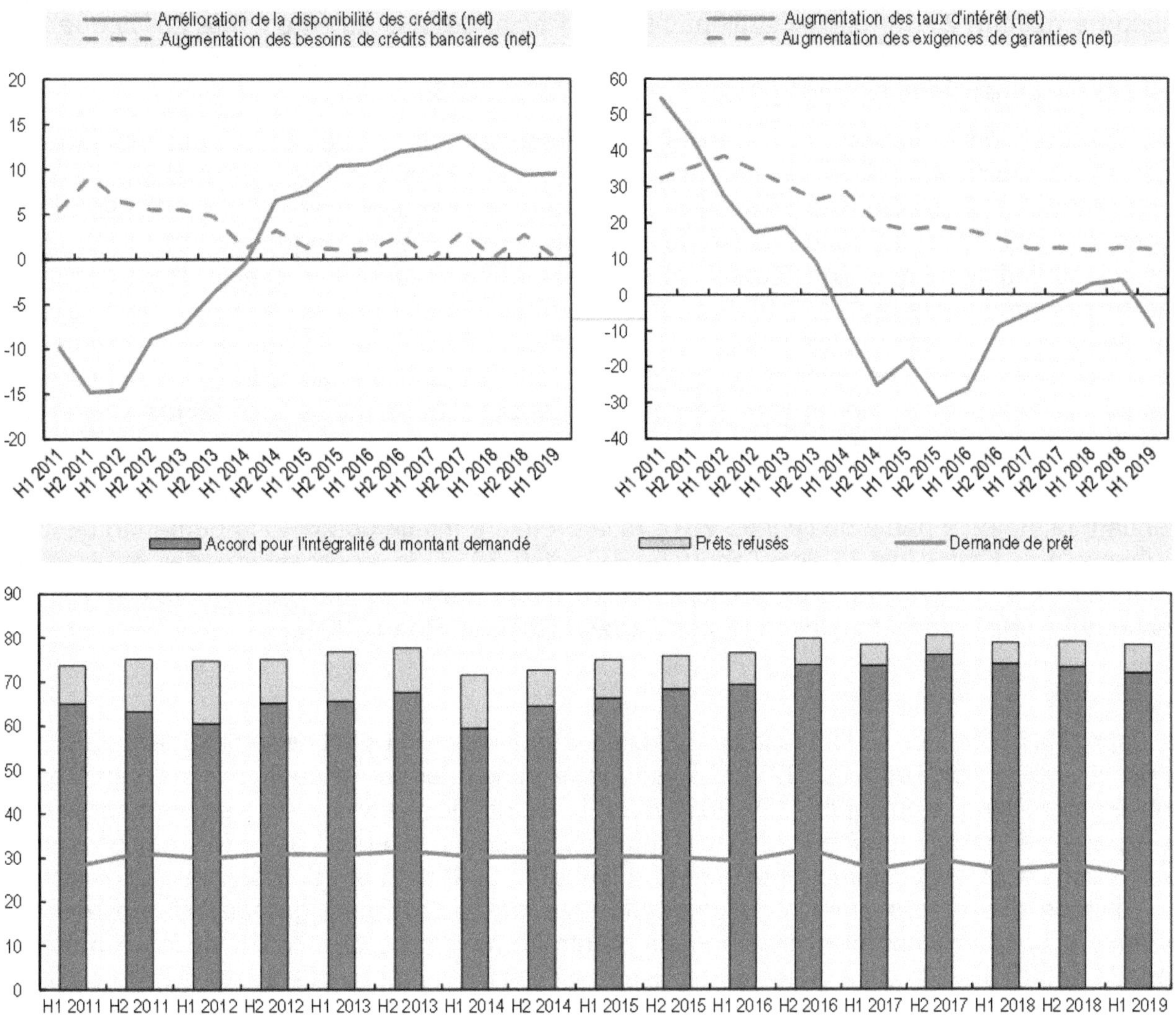

Note : Le pourcentage net correspond soit à l'écart entre le pourcentage d'entreprises faisant état d'une amélioration et le pourcentage d'entreprises faisant état d'une dégradation du facteur pris en compte, soit à la différence entre le pourcentage d'entreprises faisant état d'une augmentation et le pourcentage d'entreprises faisant état d'une diminution. Le premier semestre 2019 correspond au cycle 19 (avril à septembre 2019), publié en novembre 2019. Le deuxième semestre 2018 correspond au cycle 20 (octobre 2018 à mars 2019), publié en mai 2019. Les plages sont les mêmes pour les cycles précédents.
Source : (Banque centrale européenne, 2019[6]).

StatLink https://doi.org/10.1787/888934132621

États-Unis

Aux États-Unis, la *NFIB Research Foundation* collecte tous les mois depuis 1986 des données sur les tendances économiques intéressant les petites entreprises. Les données provenant de cette enquête montrent que la crise financière a produit un impact prononcé sur la disponibilité déclarée du crédit, qui a atteint son point le plus bas en 2007 puis s'est redressée progressivement jusqu'à renouer avec des niveaux comparables à la période d'avant la crise. Entre le début de 2015 et octobre 2018, la disponibilité du crédit est restée à peu près constante.

L'enquête d'octobre 2018 indique que 2 % seulement des petites entreprises américaines interrogées ont déclaré que le financement était leur principale préoccupation (niveau stable par rapport à octobre 2017), et 4 % seulement (soit 1 point de plus qu'en octobre 2017) que leurs besoins de financement n'étaient pas satisfaits, ce qui témoigne de la relative accessibilité technique et financière du crédit (Dunkelberg et Wade, 2018[7]).

Les enquêtes trimestrielles que le Conseil de la Réserve fédérale des États-Unis mène auprès des responsables du crédit des banques à propos de leurs pratiques en matière de crédit comprennent une question sur l'évolution des critères d'attribution des prêts ou d'ouverture de lignes de crédit en ce qui concerne les petites entreprises[3]. Selon l'enquête d'octobre 2018, les répondants indiquent que globalement, ils ont légèrement assoupli les critères et les conditions des crédits commerciaux et industriels pour les grandes et moyennes entreprises, mais qu'ils ont maintenu en l'état les critères appliqués aux petites entreprises ; ils justifient principalement l'assouplissement dont bénéficient les grandes entreprises par l'intensification de la concurrence d'autres prêteurs ainsi que par des perspectives économiques moins incertaines et une plus grande tolérance au risque.

L'enquête comprend également une question sur la demande de prêts émanant des PME[4]. Pendant la majeure partie de l'année 2016 et la première moitié de 2017, la demande de crédit a ralenti aux États-Unis. Selon l'enquête d'octobre 2018, le pourcentage net de banques américaines ayant fait état d'un affaiblissement de la demande de prêts, toutes entreprises confondues, était modeste (United States Federal Reserve Board, 2018[8]).

Japon

Au Japon, la perception de l'attitude des établissements de crédit s'est nettement dégradée entre 2008 et 2009 selon l'enquête TANKAN, sondage trimestriel sur la confiance des entreprises publié par la Banque du Japon [5]. De 2010 à 2015, les conditions financières se sont assouplies, et à partir de 2015, l'attitude des établissements de crédit à l'égard des PME est en général restée constante et accommodante (voir graphique 1.15). Il convient de noter que la perception de l'attitude des établissements de crédit vis-à-vis des entreprises, grandes et moyennes, a largement convergé ces dernières années, contrairement à ce que l'on a observé durant la période antérieure à la crise où les entreprises de taille moyenne faisaient face à des conditions de crédit plus strictes. Toutefois, l'écart entre les petites et les grandes entreprises est resté important (Bank of Japan, 2019[9]).

Graphique 1.15. Attitude des établissements de crédit au Japon

Indice de diffusion, en points de pourcentage

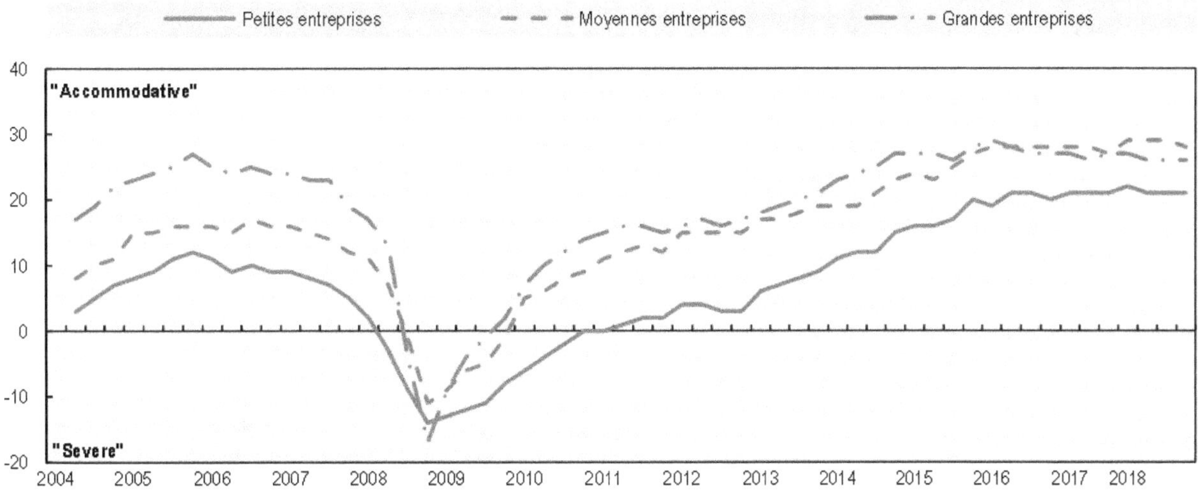

Note : Indice de diffusion « Accommodante » moins « Sévère », en points de pourcentage.
Source : Banque du Japon.

StatLink https://doi.org/10.1787/888934132640

Royaume-Uni

Les réponses apportées à l'enquête de la Banque d'Angleterre sur les conditions de crédit n'indiquent pas de changement dans la disponibilité du crédit au cours des trois premiers trimestres de 2019, après une amélioration en 2018[6]. En revanche, des données plus récentes font apparaître une légère hausse des taux d'intérêt depuis le second semestre de 2017.

Financement contre nantissement d'actifs

Le financement contre nantissement d'actifs désigne tout type de financement fondé sur la valeur d'actifs désignés, et non sur l'analyse de la trésorerie/solvabilité ou de la capacité d'endettement de l'emprunteur ; cette alternative au crédit bancaire est couramment utilisée par de nombreuses PME. Dans cette catégorie, le crédit-bail et la location-vente d'une part, l'affacturage et l'escompte de factures de l'autre, sont les instruments les plus connus et les plus couramment employés dans la plupart des pays étudiés. Dans le cas du crédit-bail et de la location-vente, le propriétaire d'un actif (véhicule, équipement, bien immobilier) donne le droit d'utiliser ce dernier pendant une durée déterminée en échange de versements réguliers. De leur côté, l'affacturage et l'escompte de factures sont des opérations financières dans lesquelles l'entreprise cède à un tiers ses effets à recevoir avec une décote.

Crédit-bail et location-vente

Les données relatives à 2018 font apparaître une hausse notable des activités de crédit-bail et de location-vente, dans la lignée des années précédentes. Dans 24 des 33 pays pour lesquels on dispose de données relatives aux activités de crédit-bail et de location-vente, les volumes corrigés de l'inflation ont augmenté en 2018, dans le prolongement de la tendance observée depuis 2014. Le taux médian de croissance en glissement annuel s'élevait à 3,75 % en 2018, contre 5,79 % l'année précédente. La Colombie, le Kazakhstan, la Lituanie, les Pays-Bas, la Pologne, le Portugal, la Russie et la Slovénie ont affiché des taux de croissance de plus de 10 % en glissement annuel. Au niveau des pays, les chiffres du crédit-bail fluctuent d'une année à l'autre.

Graphique 1.16. Crédit-bail et location-vente, taux de croissance

En pourcentage

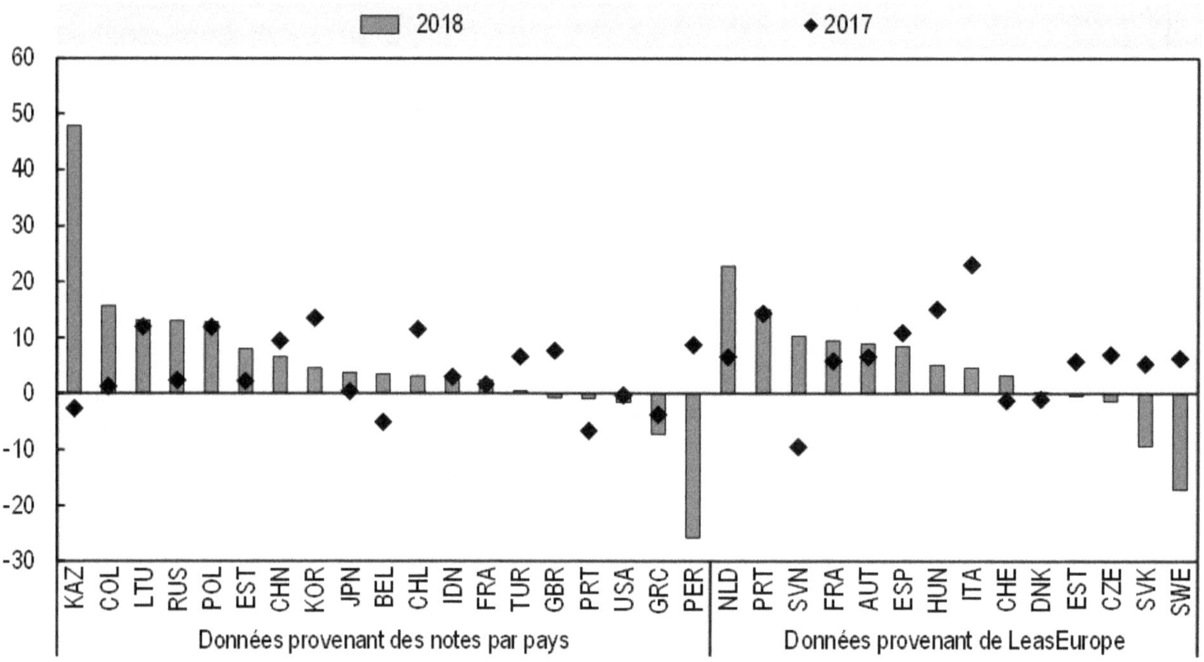

Note : Lorsque plusieurs associations coexistent dans un pays, les chiffres sont additionnés et les taux de croissance recalculés. Les données sont corrigées de l'inflation au moyen du déflateur de PIB de l'OCDE. Pour les pays non membres de l'OCDE, les données sont corrigées de l'inflation au moyen du déflateur tiré des Indicateurs du développement dans le monde de la Banque mondiale.
Source : Données compilées à partir des notes par pays et des enquêtes annuelles de LeasEurope de 2018 et de 2017.

StatLink https://doi.org/10.1787/888934132659

Affacturage[7]

Depuis 2010, les volumes d'affacturage ont augmenté dans la majorité des pays du Tableau de bord. La plus forte croissance médiane a été enregistrée en 2010 et 2011, avec, respectivement, 15,34 % et 13,77 %, ce qui montre que cette source de financement constitue une solution alternative pour les PME qui rencontrent des difficultés de financement dans le sillage de la crise. De 2012 à 2017, le taux médian est resté positif, malgré un ralentissement. Il a légèrement augmenté en 2018, à 8,42 %, avec des volumes en hausse dans 31 pays sur 45. On observe des écarts considérables d'un pays à l'autre, puisque le Canada, la Suisse et la Turquie ont connu de fortes baisses, respectivement de -58,42 %, -84,63 % et -33,03 %, mais que les volumes ont quasiment doublé en Corée en 2018 (voir graphique 1.17).

Graphique 1.17. Taux de croissance de l'affacturage par pays, et médiane du Tableau de bord

Croissance en glissement annuel, en pourcentage

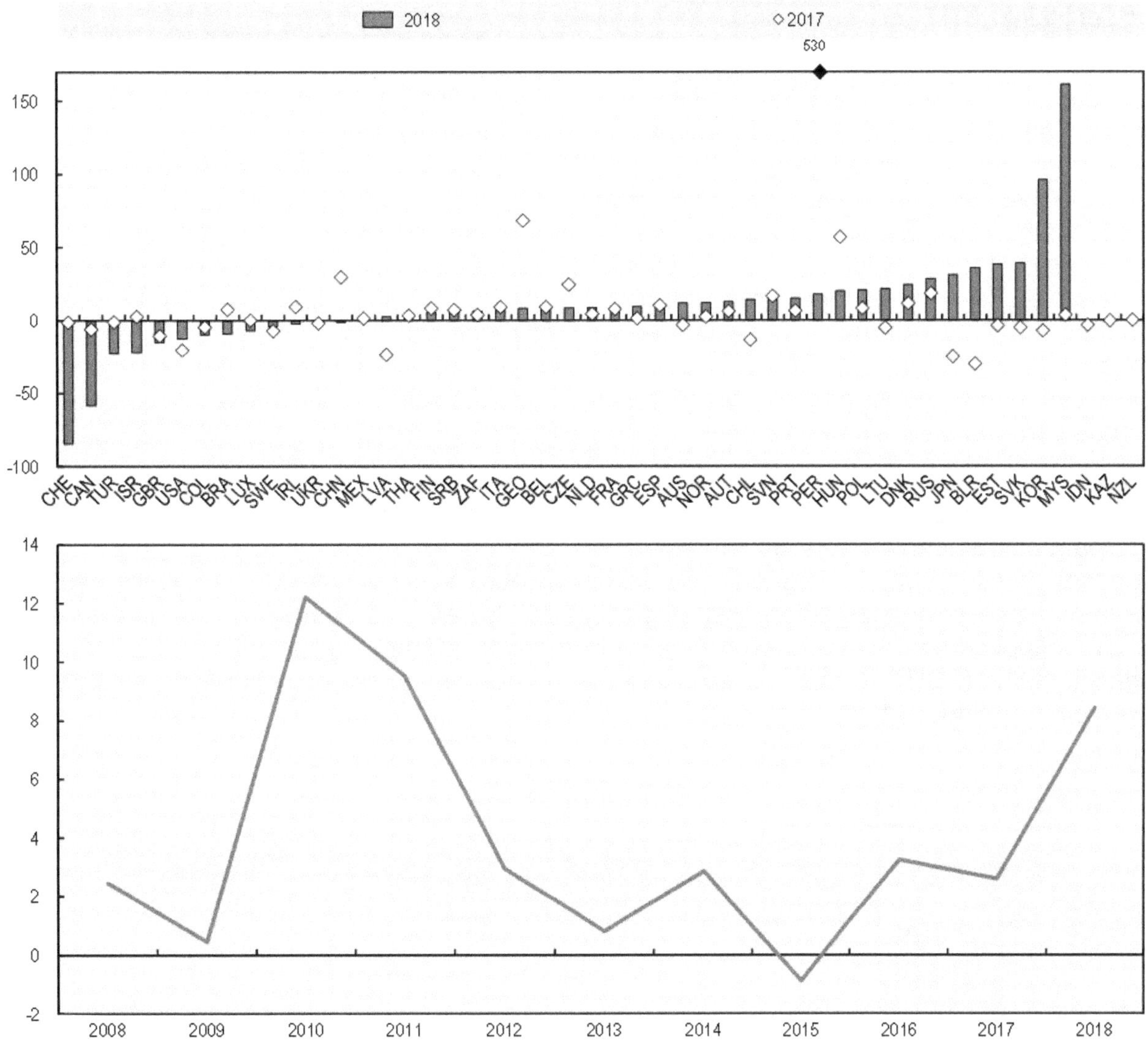

Note : L'ensemble des données représentées sont corrigées de l'inflation au moyen du déflateur de PIB de l'OCDE. Pour les pays non membres de l'OCDE, les données sont tirées des Indicateurs de développement dans le monde de la Banque mondiale. Les données 2018 relatives à la Malaisie (+ 167,87 %) ne sont pas représentées pour des raisons d'échelle.
Source : Factors Chain International (2019).

StatLink https://doi.org/10.1787/888934132678

Autofinancement

L'autofinancement joue un rôle crucial dans le financement des PME même si son importance varie selon les pays, la taille et l'âge des entreprises, ainsi que le type d'activité. En moyenne, les jeunes entreprises ont davantage tendance à puiser dans leurs propres ressources que les entreprises plus mûres, étant donné la faible proportion d'actifs corporels dont elles disposent, leur réputation moins bien établie, et l'absence de relation durable avec un établissement financier et d'historique de performance (P. et Mann, 2010[10]). Des études empiriques ont monté que près d'une PME sur trois dans l'Union européenne utilise uniquement ses ressources financières internes pour assurer son fonctionnement courant et ses investissements (Moritz, Block et Heinz, 2017[11]).

Selon l'enquête de la BCE sur l'accès au financement des entreprises dans la zone euro, un quart des PME européennes interrogées entre octobre 2018 et mars 2019 estiment que les capitaux internes sont une source alternative importante de financement. De même, 18 % considèrent que les fonds provenant de parents, d'amis ou d'entreprises liées comptent beaucoup. Les ressources internes semblent avoir pris une importance croissante ces dernières années, ce qui n'est pas sans conséquence sur la demande de crédit. Ainsi, dans la zone euro, la part des PME arguant du volume suffisant de leurs ressources internes pour ne pas solliciter de prêts n'a cessé d'augmenter, passant de 35 % en 2014 à 43 % en 2019. Parallèlement, la proportion de PME renonçant à demander un prêt parce qu'elles anticipaient un refus a été ramenée de 8.4 % en 2014 à 4.2 % en 2019, ce qui donne à penser que le recours aux ressources internes n'est pas une réaction face à des difficultés croissantes d'accès au crédit (Banque centrale européenne, 2019[6]).

La base de données BACH, hébergée par la Banque de France, fournit des données comparables sur les ratios financiers agrégés des PME dans douze pays de la zone euro participant au Tableau de bord en cours. Des données récentes issues de cette base montrent qu'en moyenne les PME ont gagné en rentabilité au cours de la période 2013-17. Cette évolution peut laisser penser que les entreprises disposent de plus en plus de ressources internes à des fins d'autofinancement, comme en témoigne le résultat opérationnel avant intérêts, impôts et amortissements (EBITDA) rapporté au chiffre d'affaires net, calculé pour la PME médiane d'un pays (voir graphique 1.18.).

Graphique 1.18. Ratios de rentabilité des PME européennes, 2013-17

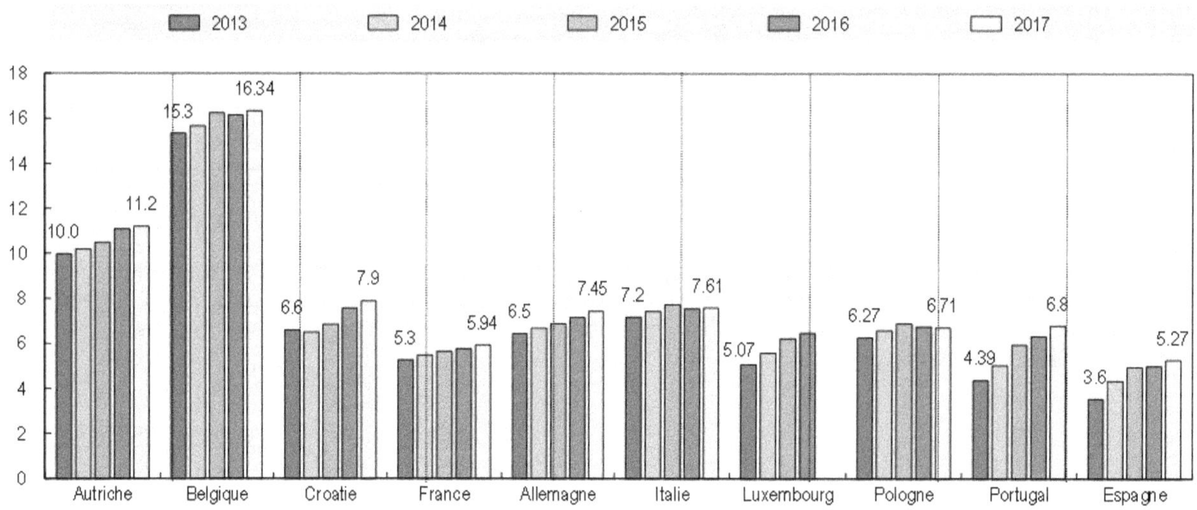

Note : Ce ratio permet d'évaluer la rentabilité d'une entreprise en rapportant son chiffre d'affaires à ses bénéfices, les bénéfices restants étant exprimés en pourcentage, déduction faite des charges d'exploitation.
Source : Bank for the Account of Companies Harmonized (BACH) – Banque de France.

StatLink https://doi.org/10.1787/888934132697

Instruments de capitaux propres et dette privée

Cette section porte sur les investissements de capital-risque, les introductions en bourse, la dette privée et le tutorat-investissement.

Capital-risque

Le taux de croissance médian des investissements de capital-risque est ressorti en hausse en 2018, à 20.86 %, ce qui tranche avec la période 2011-15 au cours de laquelle les volumes médians ont chuté, mais concorde avec l'évolution observée en 2017. Il importe de garder à l'esprit que les données relatives aux apports de capital-risque sont particulièrement sujettes à fluctuations, surtout dans les petits pays où un seul contrat produit parfois des effets considérables sur les volumes (comme en témoignent les données concernant la Lettonie et le Luxembourg, par exemple). Ainsi, aux États-Unis, de loin le premier marché, les volumes ont augmenté de 11 % en 2017 et de 57 % en 2018, après avoir diminué de 6.3 % en 2016.

Graphique 1.19. Investissements de capital-risque

Croissance en glissement annuel, en pourcentage

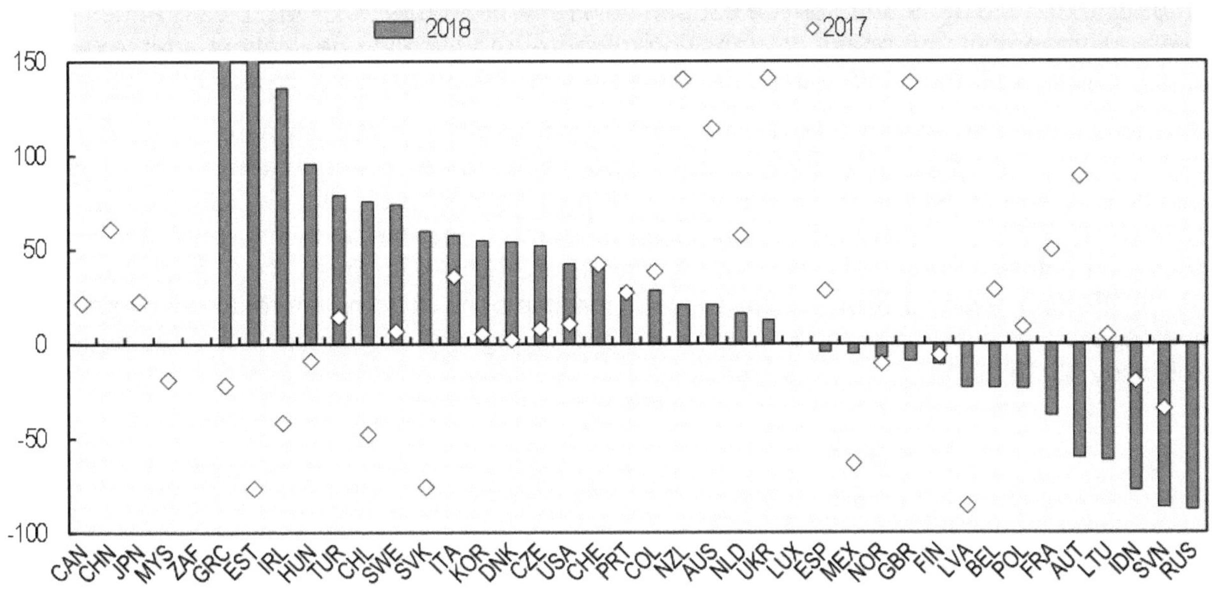

Note : Les données de 2018 ne sont pas disponibles pour l'Afrique du Sud, le Canada, la Chine, le Japon et la Malaisie. Les données correspondent à l'évolution en glissement annuel des volumes en USD courants, sauf pour le Chili, la Chine, la Colombie, l'Indonésie, la Malaisie, le Mexique, la Turquie et l'Ukraine pour lesquels l'indicateur rend compte des variations de volumes en monnaie locale courante.
Source : *Panorama de l'entrepreneuriat de l'OCDE* ; à partir de la base de données sur le financement de l'entrepreneuriat, et de données compilées à partir des notes par pays en l'absence d'autres informations.

StatLink https://doi.org/10.1787/888934132716

Les données au niveau des pays masquent des tendances plus fines au niveau local. De fait, les activités de capital-risque se concentrent davantage au niveau des villes qu'au niveau national, ce qui pose la question de l'unité d'observation la plus pertinente. Si les villes américaines restent prépondérantes dans les opérations de capital-risque mondiales, la part de l'ensemble des opérations réalisées dans ces villes s'amenuise depuis une quinzaine d'années, et d'autres pôles, en particulier dans les pays à revenu intermédiaire de la tranche supérieure, affichent de solides taux de croissance, même si le niveau de départ était faible (Florida et Hathaway, 2018[12]).

Ces dernières années, les interventions de la puissance publique ont joué un rôle décisif dans la relance des investissements de capital-risque. En Europe en particulier, les organismes publics sont une source importante de fonds de capital-risque (Bpifrance et al., 2016[13]), comme on peut l'observer, entre autres, au Danemark (Rogers, 2016[14]) et au Royaume-Uni (UK Finance, 2018[15]).

Dette privée

La dette privée (*private debt*) est un instrument relativement récent qui a pris de l'ampleur depuis la crise financière mondiale, à la suite du resserrement de la réglementation sur les banques commerciales et de la faiblesse persistante des taux d'intérêt. À l'aide d'un initiateur, habituellement sans lien avec une institution bancaire, des fonds spécialisés montent un portefeuille de prêts aux PME. Nombre des aspects juridiques et institutionnels de cet instrument sont semblables à ceux du marché du capital-investissement à la différence cruciale près qu'il s'agit d'un financement par l'emprunt. Alors que les banques commerciales s'intéressent à la partie peu risquée et à faible rendement du spectre, les prêteurs alternatifs couvrent toute la gamme. Le marché de la dette privée est particulièrement adapté aux PME plus grandes et plus mûres qui traversent une phase de transition majeure (modification de l'actionnariat, expansion sur de nouveaux marchés et/ou dans de nouvelles activités, ou encore, croissance externe).

À l'échelle mondiale, les activités de financement par la dette privée ont perdu du terrain entre 2017 et 2018, mais restent soutenues par rapport aux années précédentes. En 2018, pour la quatrième année consécutive, elles ont franchi la barre des 100 milliards USD, soit le niveau observé en 2008. À l'instar des années précédentes, les fonds levés en 2018 l'ont été principalement aux États-Unis, qui ont représenté 62 % des volumes de financement. Vient ensuite l'Europe, avec 33 % du volume total. Le marché de la dette privée reste relativement peu développé en Asie et moins encore dans les autres régions du monde (voir graphique 1.20) (McKinsey, 2019[16]).

Graphique 1.20. Volumes de financement par la dette privée dans le monde

En pourcentage du total mondial en 2018 (à gauche) et en milliards USD (à droite)

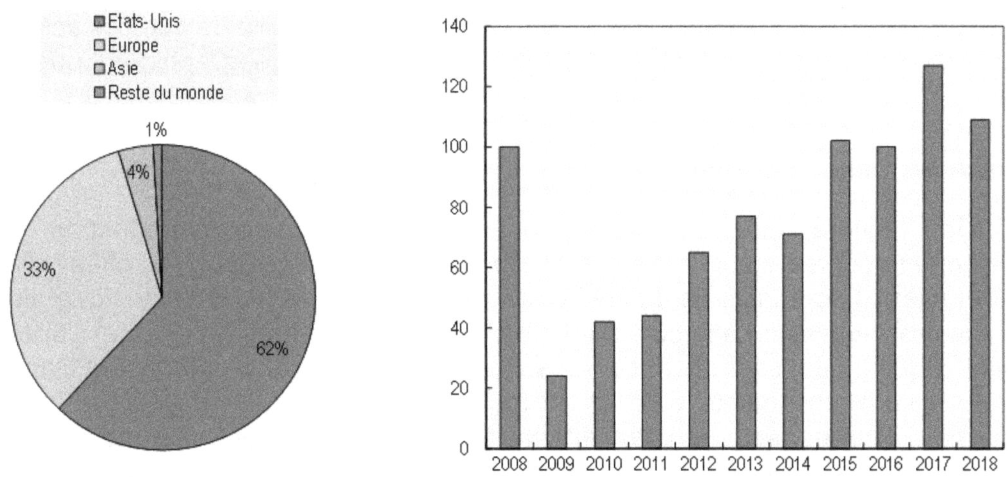

Source : Preqin et McKinsey.

StatLink https://doi.org/10.1787/888934132735

Sur le marché de la dette privée, les capitaux engagés mais non encore utilisés (*dry powder*) ont augmenté de 11.1 % entre 2017 et 2018, pour atteindre un nouveau sommet sur la période consécutive à la crise. Bien que ces volumes ne concernent pas seulement les PME, il semble que la plupart des investissements soient absorbés par les petites entreprises. Selon une enquête récente, la moitié environ des capitaux obtenus sont orientés vers les petites et moyennes entreprises (Alternative Credit Council, 2018[17]).

Tutorat-investissement

Les investisseurs-tuteurs (*business angels*) représentent une source de financement importante aux premiers stades de l'existence des jeunes entreprises, notamment pour celles qui ne disposent pas de ressources propres ou ne sont pas en mesure d'accéder au crédit bancaire tout en n'étant pas encore assez mûres pour être financées par du capital-risque. Les investisseurs-tuteurs sont souvent des particuliers fortunés, agissant seuls ou en groupe, qui apportent des fonds — souvent leurs propres deniers — en contrepartie de titres de dette convertibles ou d'une part du capital de l'entreprise. Ils s'investissent en général dans la gestion de l'entreprise qui bénéficie ainsi de leur expertise, de l'accès à un réseau et d'autres avantages non financiers. Ces apports permettent aux entrepreneurs d'atteindre un stade où les capital-risqueurs peuvent intervenir. Le tutorat-investissement peut permettre de réduire le déficit de financement des PME débutantes et innovantes, mais ne convient pas à tous les profils d'entreprise (OCDE, 2016[18]).

La collecte de données sur le tutorat-investissement est encore très lacunaire (OCDE, 2016[18]). De ce fait, le marché « visible » ne représente qu'une part minoritaire du marché dans son ensemble et les tendances sont difficiles à analyser. En effet, bon nombre d'opérations de tutorat-investissement ne sont pas rendues publiques. On constate en Europe un déficit de données accessibles et fiables sur les activités de tutorat-investissement.

Aux États-Unis, le *Center for Venture Research* examine l'évolution du tutorat-investissement depuis 2002. En 2018, les volumes ont reculé de 3.7 % par rapport à 2017, pour atteindre 23.1 milliards USD (Center for Venture Research, 2019[19]). Les activités sont traditionnellement concentrées à Boston, New York et San Francisco, mais la géographie des investisseurs-tuteurs se diversifie, puisque l'on estime que 63 % d'entre eux sont extérieurs à ces trois grands pôles selon une récente étude (Huang et al., 2017[20]) qui constate par ailleurs que ces acteurs affichent une plus grande diversité (en termes de sexe et d'origine géographique) que les capital-risqueurs.

Introductions en bourse

Autre moyen d'attirer des ressources financières externes : l'introduction en bourse, particulièrement adaptée aux grandes PME. Bon nombre de nouveaux marchés (« les marchés non réglementés ») sont inspirés du NASDAQ américain ou de l'AIM britannique. Ils font office d'antichambre à l'admission à la cote sur le marché principal et offrent des possibilités de sortie aux capital-risqueurs qui souhaitent céder leur participation (Granier, Revest et Sapio, 2019[21]). Si les PME entrent en bourse, c'est avant tout pour accéder aux ressources d'investisseurs externes, mais d'autres facteurs interviennent également, selon une récente étude de grande ampleur. Près de la moitié des PME citent l'amélioration de leur solvabilité et un quart la possibilité d'exploiter de nouvelles sources de financement comme l'endettement. D'autres facteurs non financiers sont souvent cités, dont la réputation de la marque et une plus grande visibilité (World Federation of Exchanges & Milken Institute, 2017[22]). En entrant en bourse, les PME visent aussi à réduire leur dépendance au financement bancaire et à diversifier leurs sources de financement.

Le Tableau 1.1 présente un panorama des compartiments PME des places financières des pays du Tableau de bord – ceux-ci sont en général moins contraignants en termes de communication d'informations et d'audits préalables. Certains pays comptent plusieurs « bourses des PME » et certaines bourses couvrent plusieurs pays. La capitalisation boursière de la plupart de ces compartiments ne représente qu'une fraction infime de la capitalisation boursière de la place financière nationale, sauf dans les cas de la Corée, de l'Irlande et du Japon. Parmi les faits marquants de 2018, on peut citer une baisse générale des capitalisations boursières en glissement annuel, sauf sur le *LEAP Market* de la Bourse de Malaisie qui a affiché une évolution positive. Parallèlement, le nombre de PME cotées a peu évolué depuis 2017, ce qui a mécaniquement fait baisser la capitalisation moyenne de ces marchés.

Tableau 1.1. Les compartiments PME des places financières, 2018

	Bourse	Nom du compartiment	Capitalisation boursière intérieure (millions USD)	Variation en % 2017/2018	Nombre d'entreprises cotées	Variation en % 2017/2018
BEL, FRA, NLD, PRT, GRB	Euronext	Euronext Growth	11696.23	-0.23	206	0.05
CAN	TMX Group	TSX Venture	33311.81	-0.19	1974	0.00
CHN	Hong Kong Exchanges and Clearing	Growth Enterprise Market	23774.25	-0.34	389	0.20
DEN, EST, FIN, LVA, SWE	Nasdaq Nordic Exchanges	First North	17826.49	0.05	348	0.34
GRC	Athens Stock Exchange	ATHEX Alternative Market (EN.A)	123.31	-0.02	12	0.00

IRL	Irish Stock Exchange	Enterprise Securities Market	5991.99	-0.10	24	0.09
JPN	Japan Exchange Group	JASDAQ	75693.13	-0.25	726	-0.03
JPN	Japan Exchange Group	Mothers	45448.89	-0.03	276	0.11
KOR	Korea Exchange	Kosdaq	204700.52	-0.23	1279	0.05
LUX	Luxembourg Stock Exchange	Euro MTF	1735.49	-0.32	125	0.00
MYS	Bursa Malaysia	ACE Market	2825.46	-0.21	119	0.03
MYS	Bursa Malaysia	LEAP Market	222.57	3.24	13	5.50
NZL	NZX Limited	NZAX	188.28	-0.37	13	-0.19
NZL	NZX Limited	NXT	45.93	-0.42	2	-0.33
NOR	Oslo Stock Exchange	Oslo Axess	631.29	-0.66	17	-0.29
POL	Warsaw Stock Exchange	NEWCONNECT	1968.66	-0.29	387	-0.05
RUS	Moscow Exchange	Innovations and Investments Market	5196.87	-0.13	10	0.00
ZAF	Johannesburg Stock Exchange	Alternative Exchange	1427.45	-0.15	46	0.18
ESP	BME Spanish Exchanges	MAB Expansion	13403.11	0.16	105	0.19
THA	The Stock Exchange of Thailand	Market for Alternative Investment (mai)	7367.98	-0.27	159	0.06
TUR	Borsa Istanbul	BIST Emerging Companies	188.76	-0.83	17	0.00
TUR	Borsa Istanbul	Watchlist	152.82	-0.49	27	-0.13
GBR	LSE Group	AIM	124 109.46	..	1036	-0.02

Note : Ce tableau ne fait pas apparaître les bourses de valeurs qui ne participent pas au Tableau de bord ni celles qui ne sont pas membres de la Fédération mondiale des bourses de valeurs.
Source : WFE Annual Statistics Guide 2018.

Financement alternatif en ligne

Le financement « alternatif » en ligne désigne un moyen de faire appel à l'épargne publique pour financer un projet ou une entreprise par l'intermédiaire d'une plateforme en ligne. Il englobe différents types d'activités généralement classées en trois catégories (prêts, investissement en capital et apports hors investissement). Les données évoquées dans cette section se rapportent aux entreprises et excluent de fait certaines activités (comme les prêts en ligne aux ménages).

Le financement alternatif sous forme de prêt en ligne englobe les prêts aux entreprises, les prêts immobiliers et à la consommation (aux PME) interentreprises, ou émanant de bailleurs de fonds institutionnels ou encore directement de la plateforme. Sont compris le rachat de facture et les titres de créances.

Le financement alternatif sous forme d'investissement en capital englobe les prises de participation, le partage de recette et le financement participatif immobilier.

Les apports hors investissement englobent le financement participatif avec contrepartie, où les bailleurs de fonds apportent des fonds à des particuliers, des projets ou des entreprises en échange de contreparties non monétaires ou de produits ; et le financement participatif sous forme de don où les donneurs financent des particuliers, des projets ou des entreprises par philanthropie ou par civisme sans contrepartie pécuniaire ni matérielle.

Globalement, les prêts représentent 96.4 % des volumes de financement alternatif en ligne, l'investissement en capital 3.0 %, et les apports hors investissement 0.6%.

Le marché du financement alternatif en ligne des entreprises (tous instruments confondus) s'est développé rapidement ces dernières années. En 2018, le taux de croissance médian corrigé de l'inflation des pays participants pour lesquels on dispose de données était de 54 % (voir graphique 1.21). Les taux de croissance sont particulièrement élevés dans les économies émergentes et les petits pays, où les volumes restent relativement modestes.

Sur certains marchés plus matures et plus développés, les taux de croissance du financement alternatif commencent à se stabiliser. En Australie et au Royaume-Uni par exemple, ils sont ressortis respectivement à 6 % et 9 % en 2018. Dans 12 pays, les volumes se sont contractés, parfois de plus de la moitié. La grande disparité des taux de croissance témoigne de la forte volatilité du marché. La Chine représente un cas d'espèce : en 2018, le marché chinois du financement alternatif en ligne d'entreprises, le plus important au monde tant en valeur absolue que relative, a chuté de 57 % à la suite d'une offensive réglementaire lancée par les autorités (voir Graphique 1.21). Le marché s'est également effondré de 77 % en Corée, autre marché relativement développé, en raison d'inquiétudes de plus en plus vives concernant le comportement douteux, voire incontestablement frauduleux, de certaines plateformes actives dans le pays.

Graphique 1.21. Croissance du marché du financement alternatif en ligne des entreprises

En pourcentage, croissance en glissement annuel

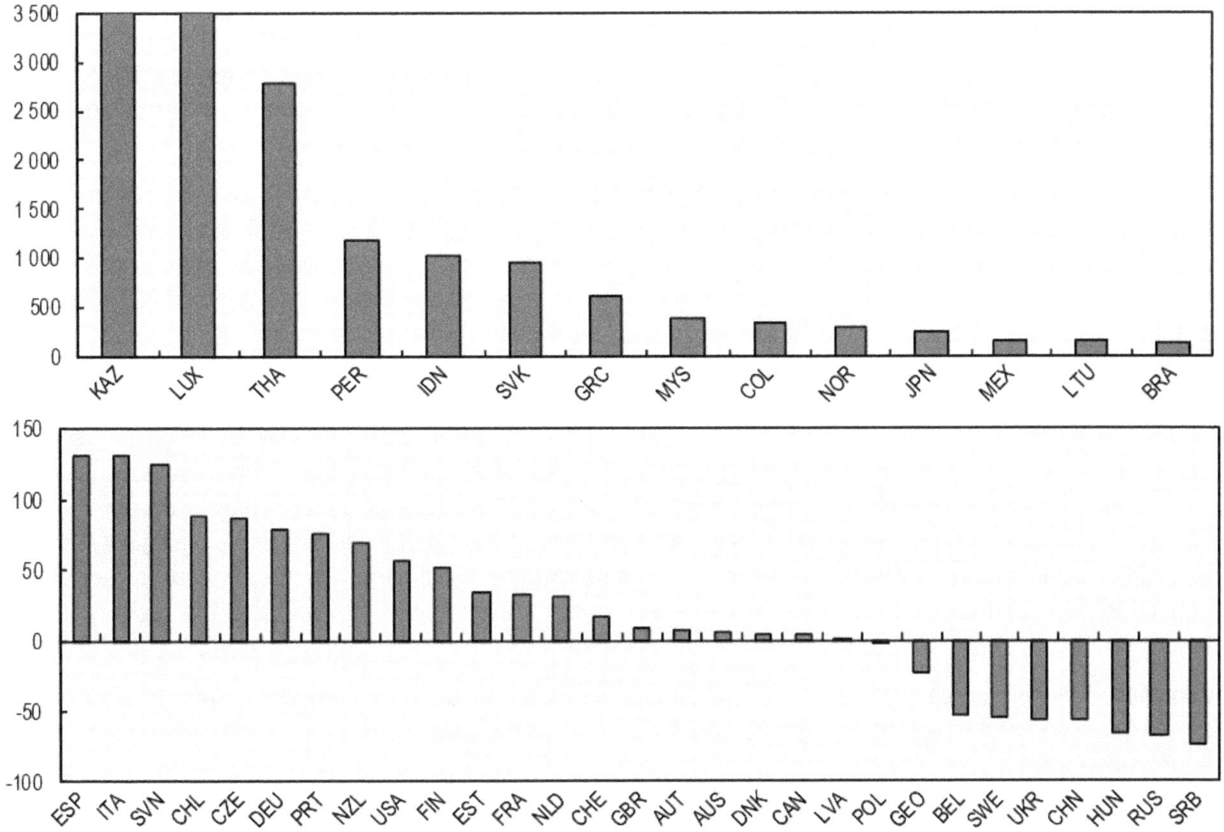

Note : Toutes les données sont exprimées en USD. Les volumes sont corrigés de l'inflation au moyen du déflateur de l'OCDE. Les taux de croissance du Kazakhstan (421 761.6 %) et du Luxembourg (5182.2 %) ne sont pas représentés pour des raisons d'échelle. Il n'a pas été possible de calculer les taux de croissance d'Israël faute de données pour 2017.
Source : Rapports régionaux du Cambridge Centre for Alternative Finance de l'Université de Cambridge.

StatLink https://doi.org/10.1787/888934132754

Encadré 1.1. Les marchés du financement alternatif en ligne en Chine

Le marché chinois du financement alternatif en ligne reste le plus important au monde, malgré un effondrement du volume des prêts interentreprises en 2018 à la suite d'une offensive réglementaire menée par les autorités. En effet, sur ce marché très peu réglementé, certaines plateformes disposaient de garanties insuffisantes en termes d'exigence de fonds propres et de provisions pour pertes censées protéger les investisseurs, et d'autres étaient considérées comme frauduleuses.

Face à la croissance extrêmement rapide de ce marché, les responsables publics se sont penchés sur la question de la protection des investisseurs et des consommateurs, et de la stabilité financière. Dès 2016, les emprunts interentreprises réalisés sur les plateformes ont été plafonnés dans le cadre de l'adoption de « règles provisoires sur les activités des intermédiaires en matière d'information sur les prêts en ligne », et les contrôles ont été renforcés, inspections à l'appui. Depuis lors, d'autres règles ont été mises en place. À l'issue de ce processus, plusieurs plateformes non conformes, soit frauduleuses, soit dans l'incapacité de fournir des garanties en matière de protection des investisseurs et des consommateurs, ont été fermées, d'où une forte contraction du marché en 2018 et au premier semestre de 2019. Selon les chiffres de la Commission de réglementation du secteur bancaire et des assurances de Chine, seules 427 plateformes de prêts interentreprises étaient encore en activité en octobre 2019, contre 6 000 en 2015. Les plateformes restantes doivent désormais s'enregistrer dans le cadre d'un programme spécifique assorti de stricts critères d'admissibilité. Ces mesures devraient consolider le marché et préserver les intérêts des investisseurs et des entreprises à la recherche de financement.

Les mesures énergiques prises par la Chine illustre les défis que pose le financement alternatif en ligne sur le plan réglementaire, ainsi que l'importance d'un cadre réglementaire et de mécanismes de supervision adaptés.

Source : (Business Insider, 2019[23]), (South China Morning Post, 2019[24]), (Reuters, 2019[25]).

Dans l'ensemble, les activités de financement alternatif en ligne au profit d'entreprises commerciales restent extrêmement concentrées dans une poignée de pays. Malgré une forte baisse en 2018, la Chine reste de loin le premier marché, avec 62.5 % du volume total, suivi par les États-Unis (20.5 %) et le Royaume-Uni (7.5 %) (voir graphique 1.22). Viennent ensuite le Japon (1.2 %), l'Australie (1.1 %) et Israël (0.9 %).

Par comparaison, les volumes restent relativement modestes en Europe continentale, la France ayant le marché le plus actif (0.6 % du marché mondial), suivie par l'Italie (0.6 %) et les Pays-Bas (0.5 %). L'Amérique latine ne représente qu'une petite part des volumes mondiaux de financement alternatif en ligne, le Pérou et le Chili comptant respectivement pour 0.4 % et 0.2 % des volumes totaux.

Graphique 1.22. Le marché du financement alternatif en ligne des entreprises par région, 2018

En pourcentage des volumes totaux

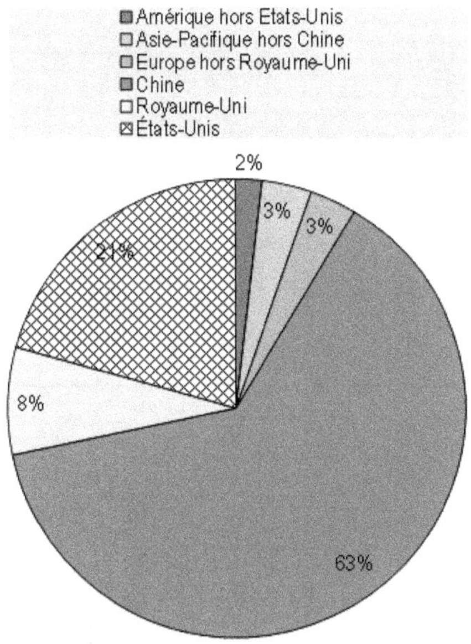

Note : Toutes les données sont exprimées en USD.
Source : Rapports régionaux du Cambridge Centre for Alternative Finance de l'Université de Cambridge.

StatLink https://doi.org/10.1787/888934132773

Rapporté au PIB, le premier marché du financement alternatif en ligne reste la Chine, suivi du Royaume-Uni, de l'Estonie et d'Israël. Dans ces pays, les volumes ont représenté plus de 0.15 % du PIB, un chiffre à comparer avec la médiane de l'ensemble des autres pays, qui s'établit à 0.0168 % (voir graphique 1.23).

Graphique 1.23. Volumes d'activité du financement alternatif en ligne, 2018

En pourcentage du PIB

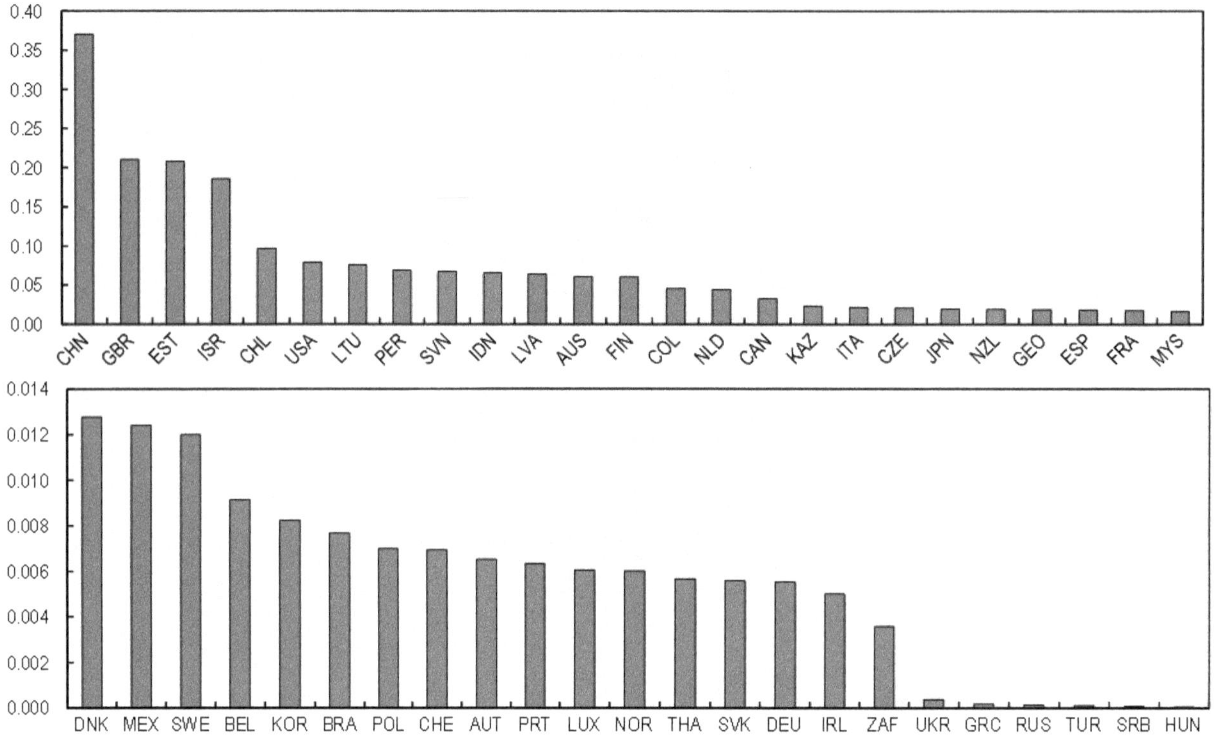

Note : Toutes les données sont initialement exprimées en USD. Les volumes sont corrigés du PIB à l'aide des données de PIB annuel publiées par le Fonds monétaire international (FMI).
Source : Rapports régionaux du Cambridge Centre for Alternative Finance de l'Université de Cambridge (FMI, 2019[26]).

StatLink https://doi.org/10.1787/888934132792

Le financement alternatif en ligne représente certes un moyen de mettre des services financiers innovants à la disposition des PME, mais il est loin d'être le seul. On trouvera à l'encadré 1.2. un gros plan sur les nouveaux acteurs du secteur bancaire.

Encadré 1.2. Les « néobanques » gagnent du terrain auprès des PME

Sur le marché britannique comme dans d'autres pays, de nouveaux acteurs avivent la concurrence. Le secteur bancaire a lu aussi vu apparaître de nouveaux concurrents, entreprises établies ou très récentes, dont la caractéristique principale est de s'être affranchis des systèmes hérités du passé et des structures organisationnelles pesantes. Parmi ces nouveaux venus, bon nombre sont des « néobanques » en ligne, qui attirent les clients en proposant des frais transparents et peu élevés, des services plus rapides et une meilleure expérience utilisateur grâce à une interface numérique.

C'est au Royaume-Uni que ces nouveaux acteurs sont les plus dynamiques, la crise ayant largement écorné la réputation des grandes banques, et les autorités ayant pris des mesures stimulant la concurrence et l'innovation (CBInsights, 2018[27]) (The Economist, 2019[28]). Le marché britannique des services bancaires aux PME est un marché concentré sur lequel la position relative des différents acteurs a peu évolué depuis 2005. Malgré la grande disparité des prix et de la qualité de l'offre bancaire, il est rare que les PME changent de banque. En 2015, 80 % des comptes professionnels étaient détenus par les quatre premiers groupes bancaires (Competition & Markets Authority, 2016[29]). C'est pourquoi les autorités britanniques ont mis en place un large éventail de mesures visant à développer la concurrence.

La British Business Bank a soutenu les nouvelles banques au moyen de programmes de garantie et d'investissements. Au total, 300 millions GBP de prêts ont été accordés dans le cadre du programme *Enterprise Finance Guarantee* (EFG) via 16 nouvelles banques, et British Business Investments a financé deux nouveaux entrants (British Business Bank, 2017[30]). Plus récemment, un financement total de 425 millions GBP a été acheminé vers de nouvelles banques et des acteurs de la « fintech » dans le but d'améliorer la qualité des services et de renforcer la concurrence sur le marché britannique des services bancaires destinés aux PME. Les fonds provenaient du *Alternative Remedies Package*, et 15 acteurs financiers ont eu accès à des ressources comprises entre 5 millions GBP et 120 millions GBP.

Ces nouvelles banques gagnent également du terrain dans d'autres pays ; on en comptait plus d'une centaine dans le monde en 2018 (Caplain, 2018[31]). Ainsi, la néobanque allemande N26, créée en 2013, compte aujourd'hui 3.5 millions de clients dans 22 pays européens et aux États-Unis. La Néerlandaise Bunq a pris pied sur cinq marchés européens depuis sa création en 2015. Ces deux acteurs ciblent des publics professionnels différents : Bunq s'adresse aux employeurs et N26 aux travailleurs indépendants. La néobanque finlandaise Holvi cible, elle, uniquement les travailleurs indépendants et les chefs de petites entreprises. En association avec le programme estonien e-Residency, elle propose des comptes professionnels aux entrepreneurs qui ne sont pas dépendants de leur lieu d'implantation. Soutenue par BBVA depuis 2016, Holvi indique compter 150 000 clients.

En Asie, la banque coréenne Kakao Bank est la deuxième application bancaire la plus utilisée du pays, avec 10 millions de clients deux ans après son lancement (Min-kyung, 2019[32]). WeBank, la première banque privée uniquement numérique de Chine, a reçu l'autorisation d'exercer en 2014 : elle commercialise des prêts aux PME et des prêts à la consommation et revendiquait plus de 100 millions d'utilisateurs actifs en 2018. VoltBank (Australie) a été la première néobanque numérique à se voir accorder, en janvier 2019, un agrément de plein exercice dans le pays supprimant le plafonnement des dépôts qui limitaient ses activités. Il s'agissait du premier agrément accordé sur le territoire australien depuis 2000, ce qui signifie que plus de deux décennies se sont écoulées sans nouveaux acteurs sur le marché. Au Brésil, les néobanques élargissent leurs activités de prêts à la consommation pour s'intéresser aux petites entreprises. Neon, Inter et Original proposent toutes des services aux professionnels. NuBank, qui compte 8.5 millions de clients et détient 5 millions de comptes courants alors que ce produit n'existe que depuis 2017, expérimente une offre à destination des entreprises depuis juillet 2019.

Source : (British Business Bank, 2017[30]), (Caplain, 2018[31]), (CBInsights, 2018[27]), (Competition & Markets Authority, 2016[29]), (Min-kyung, 2019[32]), (The Economist, 2019[28]).

Retards de paiement, faillites et prêts improductifs

Les retards de paiement ont diminué en 2018, suivant une tendance ancrée depuis 2013. De même, le nombre de faillites a continué de baisser en 2018, et le taux de croissance médian des faillites était négatif pour la sixième année consécutive. Les données relatives aux prêts improductifs font apparaître une tendance à la hausse pour les prêts aux PME, mais à la baisse pour les prêts aux grandes entreprises.

Retards de paiement

Les données de 2018 portant sur les retards de paiement révèlent une baisse dans 12 pays pour lesquels on dispose de données et une hausse dans trois autres, avec une situation stable dans les quatre derniers pays. L'ampleur de la baisse varie fortement d'un pays à l'autre. En Grèce et au Portugal, les retards de paiement ont diminué de pas moins de 14 et 8 jours, respectivement. La valeur médiane pour l'ensemble des pays du Tableau de bord s'établit à 19.77 jours alors que la moyenne se situe autour de 15 jours, ce qui permet de supposer que les données sont faussées par des pays affichant des valeurs extrêmes, notamment parmi les pays à revenu intermédiaire de la tranche supérieure. La médiane des pays l'OCDE (10.79 jours) s'inscrit légèrement en-deçà de celle de l'UE (11.39 jours). Dans l'ensemble, la médiane est en forte baisse depuis 2013, et semble devoir renouer avec les niveaux d'avant la crise.

Graphique 1.24. Retards de paiement par pays et variation en nombre de jours (valeur médiane)

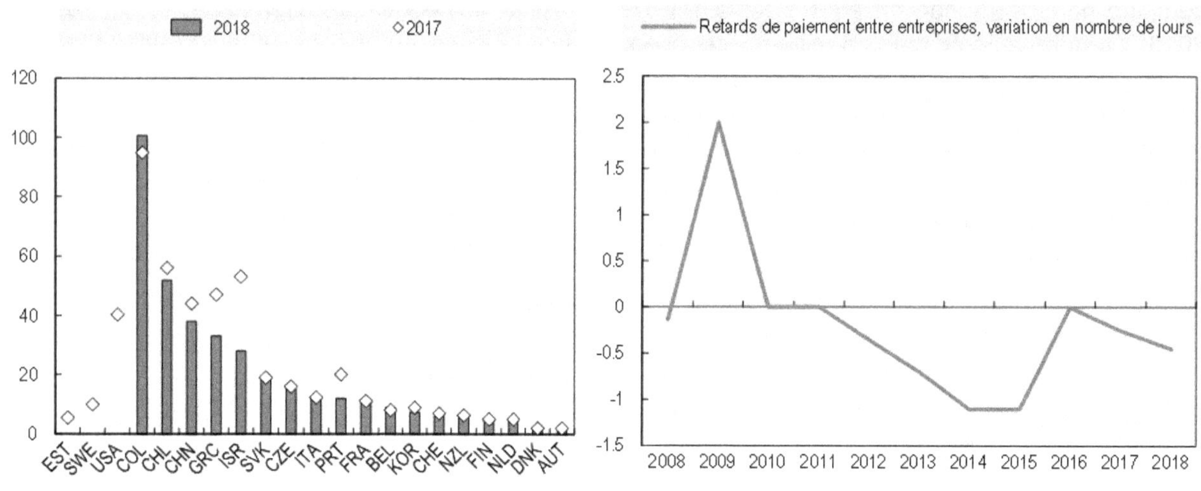

Note : Les définitions varient d'un pays à l'autre. Des informations détaillées sur les sources et les définitions figurent dans les notes par pays complètes.
Source : Données compilées à partir des notes par pays.

StatLink https://doi.org/10.1787/888934132811

Faillites

En 2018, le nombre de faillites a diminué dans 21 des 33 pays pour lesquels on dispose de données. L'évolution médiane d'une année sur l'autre du nombre de faillites était négative pour la sixième année consécutive, avec une baisse de 1.93 % en 2018. Globalement, cette baisse semble se stabiliser puisqu'elle est passée de près de -7 % en 2014 à -1.8 % en 2018. Une certaine convergence se dessine entre les pays, comme le montre le resserrement de l'écart standard des taux de croissance depuis 2015. Pour la première fois depuis 2014, le taux de croissance médian était négatif dans tous les groupes de pays en 2018 (pays de l'OCDE, pays de l'UE, pays à revenu élevé selon les critères de la Banque mondiale, et pays à revenu intermédiaire de la tranche supérieure selon les critères de la Banque mondiale). Cette baisse est particulièrement marquée dans les pays à revenu intermédiaire.

Graphique 1.25. Faillites de PME, taux de croissance

En pourcentage

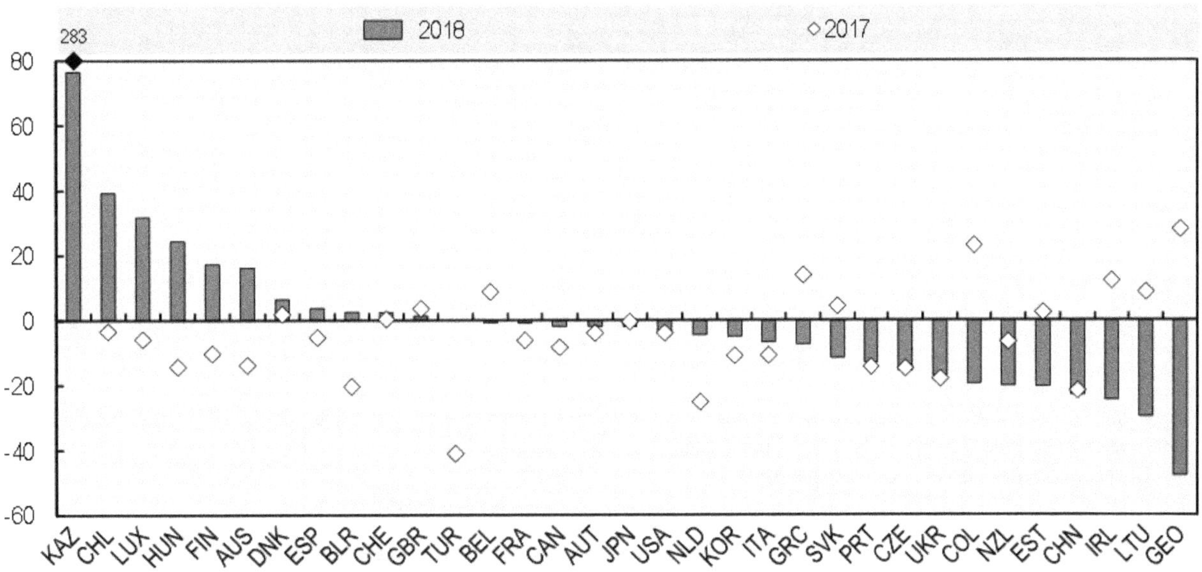

Note : La définition de l'indicateur varie selon les pays. En outre, certains pays fournissent des données sur les faillites toutes entreprises confondues, et non uniquement pour les PME. D'autres déclarent les taux de faillite. Les données de 2017 pour le Kazakhstan ne sont pas représentées pour des raisons d'échelle (+283.33 %).

Source : Données compilées à partir des notes par pays.

StatLink https://doi.org/10.1787/888934132830

Les séries diachroniques sur les faillites par pays permettent de dessiner à grands traits la situation de la trésorerie des entreprises, mais les différences procédurales importantes en termes tant de durée que de complexité, font que les entreprises insolvables ne sont pas déclarées en faillite au même moment ni dans les mêmes conditions selon les pays. Si la faillite (sur décision d'un tribunal) est une voie couramment empruntée pour fermer ou liquider une entreprise dans certains pays, elle ne constitue pas un mécanisme universel.

Par ailleurs, les réformes juridiques et réglementaires qui ont été mises en œuvre au cours de la période de référence peuvent influer sur les chiffres. En outre, la méthode de comptage des faillites n'est pas la même dans tous les pays (certains ne font pas la distinction entre les PME et les autres entreprises). Ces éléments rendent difficile la comparaison entre pays et constituent une faiblesse du socle de données.

Prêts improductifs

Les prêts improductifs sont plus répandus parmi les PME que dans la population générale des entreprises (voir graphique 1.26). Depuis la crise, les prêts improductifs toutes entreprises confondues sont en baisse, mais aucune tendance claire ne se dégage s'agissant des PME. L'écart de taux de prêts improductifs entre les deux groupes s'est creusé en 2018, et plus généralement depuis la crise dans la plupart des pays.

Graphique 1.26. Taux médian de prêts improductifs par type d'entreprise, 2007-2018

En pourcentage

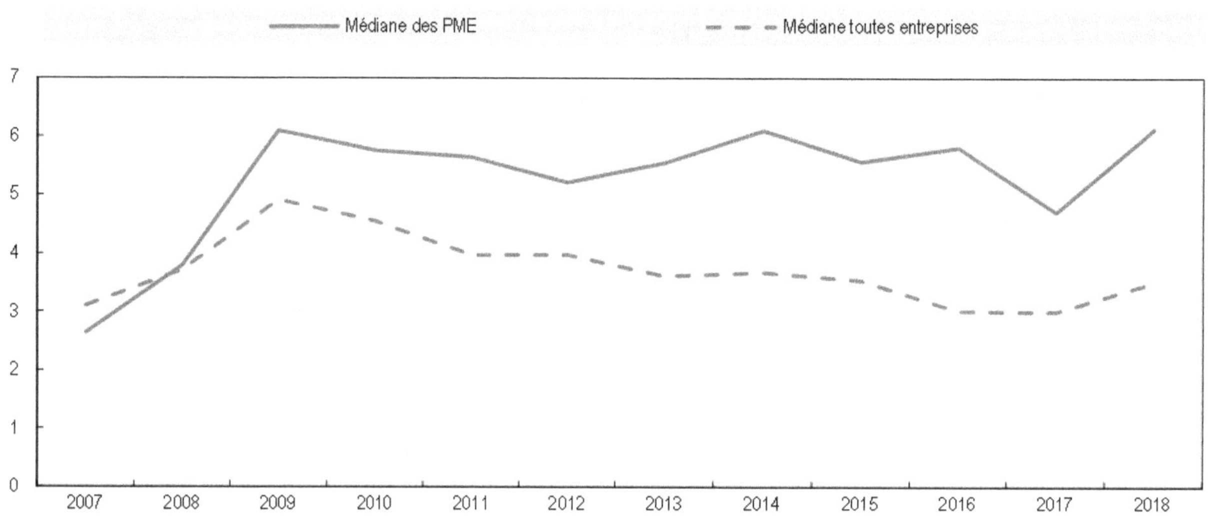

Note : Les données pour la Malaisie, la République tchèque et la Russie ne figurent plus dans l'indicateur relatif à l'ensemble des entreprises en raison de disparités dans la définition des prêts improductifs.
Source : Données compilées à partir des notes par pays.

StatLink https://doi.org/10.1787/888934132849

Les incohérences dans les ratios de prêts improductifs relatifs aux économies à revenu élevé peuvent être attribuées aux effets asymétriques de la crise financière, le secteur financier ayant plus sévèrement pâti de la crise dans certains pays que dans d'autres (Commission européenne, 2019[33]). On observe ainsi des taux de prêts improductifs élevés en Grèce et au Portugal, deux pays durement touchés par la crise. Par ailleurs, des disparités entre les régimes de faillites nationaux et la définition exacte d'un prêt improductif peuvent aussi expliquer en partie les variations observées.

Graphique 1.27. Prêts aux PME improductifs, 2017-18

En pourcentage

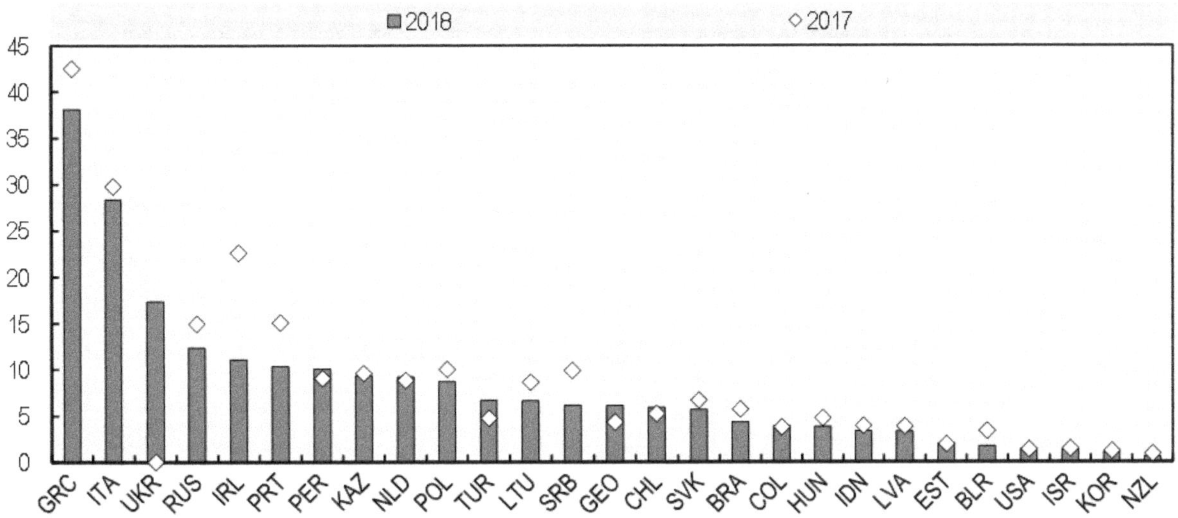

Note : Les définitions varient d'un pays à l'autre — des informations plus détaillées figurent dans les notes par pays complètes.
Source : Données compilées à partir des notes par pays.

StatLink https://doi.org/10.1787/888934132868

Une proportion élevée de prêts improductifs pèse sur la rentabilité des banques et donc sur leur capacité à octroyer des crédits, d'où un déficit de financement qui se creuse pour les entreprises. Les données pour 2018 montrent que la corrélation entre le taux de prêts improductifs et l'encours de prêts aux PME n'est pas nécessairement négative, en particulier lorsque les données sont corrigées du PIB. De plus, cette corrélation est aussi fortement influencée par les valeurs extrêmes et le lien de cause à effet n'est pas évident : une augmentation de l'encours de prêts aux PME peut aussi refléter une augmentation des prêts à des entreprises moins solvables, d'où une hausse de la proportion de prêts improductifs. L'analyse des taux de croissance médians en glissement annuel fait ressortir trois phases distinctes :

- Entre **2008** et **2010**, le taux de prêts aux PME devenus improductifs a globalement augmenté, ce qui coïncide avec un recul des prêts aux PME dans bon nombre de pays.
- Entre **2010** et **2013**, les prêts aux PME ont connu une croissance modérée, alors que les prêts aux PME improductifs ont diminué dans de nombreux pays.
- Depuis **2013**, la croissance des prêts aux PME a ralenti et les prêts aux PME devenus improductifs ont reculé de façon modérée.

Graphique 1.28. Taux de croissance médian des prêts aux PME et des prêts improductifs (PME)

En pourcentage

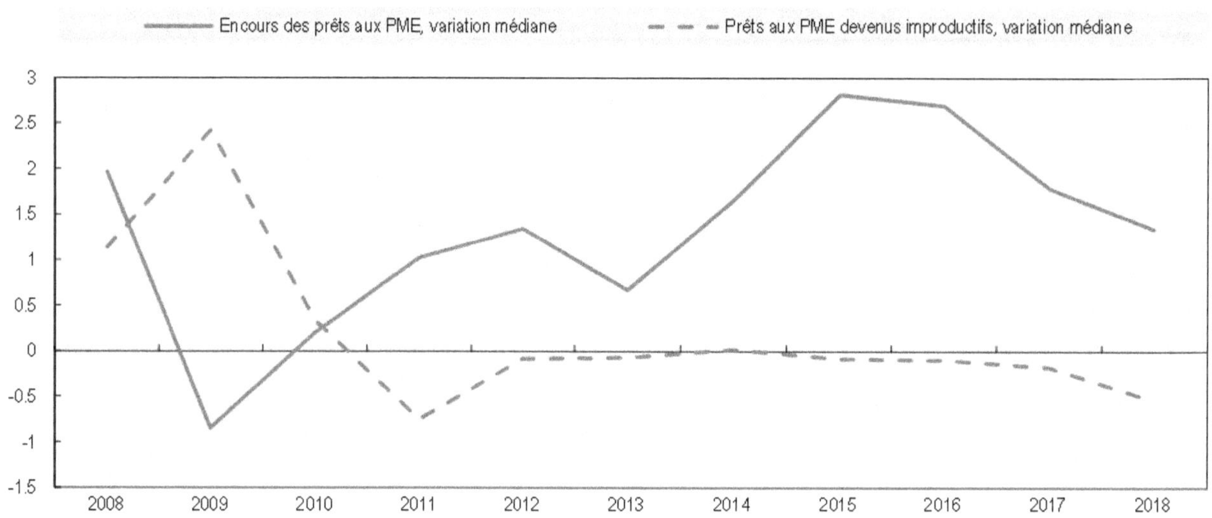

Source : Données compilées à partir des notes par pays.

StatLink https://doi.org/10.1787/888934132887

Mesures prises par les pouvoirs publics en 2018-19

Le Tableau 1.2. récapitule les politiques publiques en vigueur en 2018 et au premier semestre de 2019 dans les pays participants. Il ne présente pas un panorama exhaustif des initiatives prises par les pouvoirs publics, mais plutôt une vue d'ensemble des grandes catégories de mesures. On trouvera davantage d'informations sur le paysage des politiques publiques dans les notes par pays. Le chapitre 2 présente un aperçu général de l'évolution de l'action publique depuis la crise.

Tableau 1.2. Instruments utilisés par les pouvoirs publics pour améliorer l'accès des PME au financement, 2018-19

	Garanties de prêt accordées par l'État	Prêts directs aux PME	Taux d'intérêt bonifiés	Banque spécialisée dans les PME	Soutien au financement des jeunes entreprises		
					Garanties spéciales et prêts aux jeunes entreprises	Fonds de capital-risque	Co-investissement auprès d'investisseurs-tuteurs
Afrique du Sud	✓	✓		✓	✓	✓	
Australie		✓			✓		✓**
Autriche	✓	✓	✓	✓	✓	✓*	✓
Belarus	✓						
Belgique	✓	✓			✓	✓	✓
Brésil	✓	✓		✓		✓	
Canada	✓	✓		✓	✓	✓	✓**
Chili	✓		✓	✓	✓	✓	
Chine	✓		✓		✓	✓	
Colombie	✓			✓			
Corée	✓	✓			✓	✓	✓
Danemark	✓	✓		✓	✓	✓	✓*
Espagne	✓	✓		✓	✓	✓*	✓*
Estonie	✓		✓	✓	✓	✓	✓*
Etats-Unis	✓	✓		✓		✓	
Finlande	✓	✓	✓	✓	✓	✓	✓*
France	✓	✓	✓*	✓	✓	✓	✓
Géorgie			✓	✓		✓	
Grèce	✓	✓		✓	✓	✓	
Hongrie	✓	✓	✓	✓		✓	✓*
Indonésie	✓	✓	✓				
Irlande	✓	✓		✓	✓	✓	✓*
Israël	✓	✓		✓	✓	✓	✓
Italie	✓	✓	✓	✓	✓	✓	✓
Japon	✓	✓		✓	✓	✓	
Kazakhstan	✓	✓	✓	✓	✓		
Lettonie	✓	✓	✓	✓	✓	✓*	✓
Lituanie	✓	✓	✓*	✓	✓	✓	✓*
Luxembourg	✓	✓	✓	✓	✓	✓	✓*
Malaisie	✓	✓	✓	✓	✓	✓	
Mexique	✓	✓		✓	✓	✓	✓
Norvège	✓	✓		✓	✓	✓	
Nouvelle-Zélande	✓*					✓	✓
Pays-Bas	✓	✓			✓	✓*	✓*
Pérou	✓	✓		✓	✓	✓	✓
Pologne	✓	✓*	✓*	✓	✓	✓*	✓*
Portugal	✓	✓	✓	✓	✓	✓*	✓*
République tchèque	✓	✓	✓	✓	✓	✓*	
Royaume-Uni	✓	✓		✓	✓	✓	✓
Russie	✓	✓	✓	✓		✓	✓
Serbie	✓	✓	✓				
Slovaquie	✓	✓	✓	✓	✓	✓	
Slovénie	✓	✓	✓	✓	✓	✓*	✓
Suède	✓	✓		✓	✓	✓*	
Suisse	✓						
Thaïlande	✓		✓	✓	✓	✓	
Turquie	✓	✓	✓	✓	✓	✓	✓
Ukraine		✓	✓	✓			
Union européenne	✓	✓		✓	✓	✓	✓
	* Pour les entreprises exportatrices uniquement	* En coopération avec l'UE uniquement				* En coopération avec l'UE uniquement	
							**Au niveau régional uniquement

Sur la base des informations fournies par les pays participants, certaines grandes tendances se dessinent, qui sont présentées dans les sections suivantes accompagnées d'exemples de mesures récentes. On trouvera dans les notes relatives à chacun des pays participants des informations plus détaillées sur les initiatives des pouvoirs publics. En outre, le chapitre thématique de cette publication présente les grandes tendances de l'action publique depuis la crise financière. Les évolutions suivantes ont été observées récemment et sont examinées de façon plus détaillée ci-après :

- La hausse des volumes de garanties de crédit se poursuit.
- Le soutien public en faveur des instruments de capitaux propres reste solide.
- Les approches réglementaires et les mesures ciblées visant à promouvoir le développement des technologies financières se généralisent.
- Des initiatives destinées à encourager l'ouverture des données bancaires, contraignant les institutions financières à mettre leurs données à la disposition d'autres prestataires de services financiers, voient le jour.
- Le soutien financier en faveur de l'internationalisation des PME se renforce.
- Les pouvoirs publics mettent en place des outils en ligne pour aider les PME et les entrepreneurs à trouver le soutien financier adapté.
- L'épidémie de coronavirus ayant entraîné des problèmes de liquidité pour de nombreuses entreprises, beaucoup de gouvernements et d'institutions supranationales ont pris des mesures afin d'en atténuer les effets.

La hausse des volumes de garanties de crédit se poursuit

Les dispositifs de garantie de crédit constituent depuis longtemps l'instrument d'action publique le plus utilisé pour améliorer l'accès des PME au financement. De fait, pour la sixième année consécutive, les volumes de garanties de crédit sont en hausse dans la majorité des pays du Tableau de bord, comme en témoigne la valeur médiane, malgré de profondes disparités entre les pays. En 2018, les volumes ont augmenté dans 14 des 23 pays pour lesquels des données sont disponibles. Après avoir connu une envolée en 2017, des pays à revenu intermédiaire, comme la Turquie et le Brésil, ont vu les volumes diminuer en 2018 (respectivement de -64.63 % et -20.42 %).

En proportion de l'encours des prêts aux PME, les prêts garantis restent significatifs dans des pays comme la Colombie, la Turquie et la Hongrie, qui affichent tous des chiffres supérieurs à 15 %. Parmi les évolutions apparues récemment en matière de garanties de crédit publiques, citons le passage au numérique et l'optimisation des processus, avec à la clé une baisse des coûts qui a attisé l'intérêt pour ces instruments (échanges écrits avec des experts de l'Association européenne de cautionnement — AECM).

Graphique 1.29. Volumes de prêts bénéficiant d'une garantie publique, en proportion de l'encours de prêts aux PME

En pourcentage

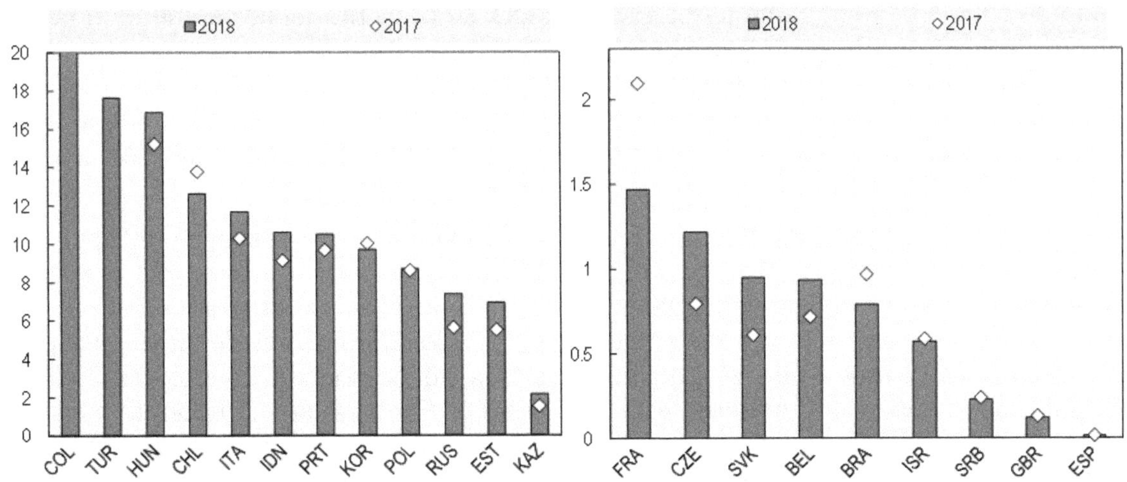

Note : Les données de 2017 relatives à la Turquie (51.17 %) ne sont pas représentées. L'ensemble des données représentées sont corrigées de l'inflation au moyen du déflateur de PIB de l'OCDE. Pour les pays non membres de l'OCDE, les données sont tirées des Indicateurs de développement dans le monde de la Banque mondiale.
Source : Données compilées à partir des notes par pays.

StatLink https://doi.org/10.1787/888934132906

Le soutien public en faveur des instruments de capitaux propres reste solide

Toute une variété de mesures ont été mises en œuvre ces dernières années afin de stimuler le capital-investissement, notamment par la création de fonds de fonds, l'investissement direct et le co-investissement, et la mise en place de réseaux et d'associations, de nouveaux cadres réglementaires ou encore d'incitations fiscales.

Au Royaume-Uni par exemple, diverses initiatives publiques, ainsi que des investissements publics directs réalisés par l'intermédiaire de la British Business Bank (BBB), ont clairement favorisé la diversification de l'offre, comme le montre une étude récente (UK Finance, 2018[15]). Selon les estimations, les programmes de la BBB ont soutenu 9 % des opérations de haut de bilan au Royaume-Uni entre 2016 et 2018, soit environ 13 % de l'ensemble des investissements de la période (British Business Bank, 2019[34]). Au Portugal, le fonds de fonds créé en 2017 en coopération avec le Fonds européen d'investissement (FEI) enregistre de très bons résultats, puisque les volumes de capital-risque et de capital-développement ont été multipliés par quatre en 2018.

Parallèlement, l'idée que des interventions publiques sur les marchés du financement de haut de bilan puissent « évincer » les capitaux privés a suscité une réelle controverse (Howell, 2017[35]). Toujours est-il que le financement par apport de capitaux propres reste concentré dans quelques pôles géographiques et que l'offre demeure insuffisante dans la plupart des pays pour apporter un réel soutien aux entreprises innovantes. En 2018, les trois pays baltes, en coopération avec le FEI, ont continué d'œuvrer à la création du fonds *Baltic Innovation Fund II*, dont la dotation devrait s'élever à 156 millions EUR. En Grèce, neuf fonds ont été choisis pour capitaliser le fonds en faveur des PME grecques (*Greek SMEs EquiFund*). Doté d'un budget initial de 320 millions EUR financé conjointement par ERDF, le FEI et la BEI, ce fonds a vocation à fournir des capitaux en vue de réaliser des investissements à forte valeur ajoutée.

En Chine, les bourses de valeurs régionales ont largement contribué au financement direct des PME. À la fin de 2018, la Chine comptait 34 bourses de valeurs régionales sur lesquelles 24 808 entreprises étaient cotées et qui représentaient 906.3 milliards CNY de financement. Le fonds national pour le développement des PME, spécialisé dans les investissements en capital-risque et en capital-investissement au stade de l'amorçage et du démarrage, a mené à bien, depuis sa création en 2015, 208 projets d'investissement pour un total de 6.05 milliards CNY en 2018. Parallèlement, le Fonds national d'orientation pour l'investissement dans les industries émergentes, a investi au total plus de 22.5 milliards CNY dans des entreprises en phase de démarrage à fort potentiel dans le secteur des hautes technologies.

Les autorités australiennes ont mis en place un cadre pour l'investissement participatif (*Crowdsourced equity funding framework* - CSEF) qui offre une nouvelle voie d'accès au financement pour les entreprises en phase de démarrage tout en assurant une protection adaptée des investisseurs. À partir de septembre 2017, le CSEF s'est appliqué aux petites sociétés par actions, avant d'être étendu aux sociétés de personnes en octobre 2018. Les pouvoirs publics ont investi 100 millions AUD pour créer le Fonds australien pour la croissance des entreprises (*Australian Business Growth Fund*) et se sont associés à des institutions financières pour le doter d'une capacité d'investissement initiale de 540 millions AUD. Ce fonds a vocation à entrer durablement au capital des PME. Par ailleurs, en juillet 2017 au Brésil, la Commission des valeurs mobilières (*Comisión de Valores mobiliarios*) a adopté de nouveaux règlements visant à faciliter l'investissement participatif par l'intermédiaire de plateformes privées agréées, sachant que jusqu'à récemment, la procédure d'agrément était longue et complexe. Le nouveau règlement porte sur les offres publiques de titres émis par des petites entreprises (dont le chiffre d'affaires annuel brut ne dépasse pas 10 millions BRL) sur des plateformes électroniques.

Partout dans le monde, les décideurs ont activement encouragé l'entrée en bourse des PME et leur présence sur les marchés « non réglementés ». En outre, les bourses de valeurs s'emploient de plus en plus à prospecter les entreprises et à fournir un accompagnement spécifique pour renforcer l'attrait d'une admission à la cote (WFE, 2018[36]). L'Union européenne a redoublé d'efforts pour promouvoir l'accès des PME aux marchés des capitaux (voir encadré 1.3). Une récente étude consacrée à l'Asie du Sud-Est a montré que les PME ont, davantage que les grandes entreprises, tiré parti du développement financier national observé dans les économies émergentes depuis la crise financière mondiale (par exemple l'essor des marchés de capitaux nationaux). L'étude a mis en évidence l'importance du rôle des marchés nationaux dans la région et leur action complémentaire de celle des marchés internationaux (Abraham, Cortina Lorente et Schmukler, 2019[37]), en ce sens qu'ils ouvrent, et c'est crucial, l'accès des marchés de capitaux à des entreprises plus petites (Abraham, Cortina Lorente et Schmukler, 2019[37]).

Encadré 1.3. L'accès des PME aux marchés des capitaux dans le cadre de l'Union des marchés des capitaux (UMC) de l'UE

En Europe continentale, les marchés « non réglementés » ont été créés à l'origine sur le modèle du NASDAQ dans le cadre du réseau EuroNM à la fin des années 1980 (Granier, Revest et Sapio, 2019[21]). Ils étaient essentiellement conçus comme une voie de sortie pour les capital-risqueurs souhaitant céder leurs participations. À la suite de l'éclatement de la bulle internet au début des années 2000, la plupart de ces marchés ont disparu. Depuis, certains ont rouvert sous des noms différents, et, à la faveur du formidable élan impulsé par la Commission européenne (dans le cadre de son programme d'union des marchés des capitaux), ces marchés se sont développés et les règles d'admission à la négociation se sont assouplies pour les PME, afin de leur ouvrir plus largement l'accès aux capitaux (Granier, Revest et Sapio, 2019[21]). Depuis la Directive concernant les marchés d'instruments financiers – MiFID I (2004) et II (2014) –, les évolutions récentes au sein de l'UE proviennent du règlement « Prospectus » (2017) qui prévoit un allégement des règles relatives aux instruments émis par des PME (Parlement européen, 2019[38]). Les résultats d'une consultation publique publiés en mai 2018 orientent l'action législative future sur cette question dans trois directions (Parlement européen, 2019[38]) :

- « réduire les charges administratives et les coûts de mise en conformité auxquels sont confrontées les PME dont les instruments financiers sont admis à la négociation sur un marché de croissance des PME, tout en garantissant un niveau élevé de protection des investisseurs et d'intégrité du marché » ;
- « accroître la liquidité des actions des PME afin d'augmenter l'attrait des marchés de croissance des PME pour les investisseurs, les émetteurs et les intermédiaires » ;
- « faciliter l'enregistrement des plateformes de négociation multilatérale en tant que marchés de croissance des PME ».

Les États-membres et le Parlement sont parvenus à un accord politique en avril 2019 sur les modifications techniques à apporter au règlement relatif aux abus de marché et au règlement « Prospectus ».

Les approches réglementaires et les mesures ciblées visant à promouvoir le développement des technologies financières se généralisent

Certains pays ont modifié leur cadre législatif de façon à le rendre plus propice à l'innovation dans la sphère financière. Ainsi, outre les nouveaux règlements concernant les plateformes d'investissement participatif en 2017, le Brésil a décidé de réglementer les plateformes de prêts en ligne en 2018. À cet effet, deux modèles économiques ont été autorisés : les plateformes de prêts interentreprises (*Sociedade de Crédito entre Pessoas* - SEP) et les plateformes de prêts directs inscrits au bilan (*Sociedade de Crédito Direto* - SCD).

Au Royaume-Uni, un dispositif (*Credit Referral Scheme*) en place depuis novembre 2016 a permis à près de 19 000 petites entreprises (chiffre de juin 2018) dont la demande de financement a été refusée par l'une des neuf grandes banques du pays d'être aiguillées vers un autre prestataire. À partir du moment où les banques ont commencé à partager les informations par l'intermédiaire des plateformes et en direction de prestataires de financement alternatif, 900 petites entreprises ont obtenu plus de 15 millions GBP de financement au total. Depuis le dernier trimestre de 2017, le taux de conversion des PME ayant pris contact avec l'une des quatre plateformes agréées dans le cadre de ce programme est supérieur à 10 %, ce qui correspond aux prévisions du marché (UK HM Treasury, 2018[39]). Le gouvernement britannique a également soutenu les nouvelles banques numériques (voir encadré 1.2).

La première initiative expérimentale internationale à l'intention des entreprises du secteur des technologies financières désireuses de tester des produits, services ou modèles économiques innovants dans plusieurs pays a été mise en place en 2019. Le *Global Financial Innovation Network* (GFIN) a été officiellement créé en janvier 2019 afin de soutenir l'innovation financière tout en préservant les intérêts des consommateurs. Le réseau regroupe 11 autorités de réglementation qui coordonnent leur action, 20 membres et sept observateurs, parmi lesquels figurent des autorités nationales et infranationales, mais aussi des organisations internationales et des forums qui travaillent ensemble à la création d'une plateforme destinée à la confrontation des expériences et des approches. Le bac à sable mondial a sélectionné huit entreprises parmi 44 candidats ; les membres de cette première cohorte expérimenteront leurs services en Australie, au Bahreïn, aux Bermudes, au Canada (Colombie britannique, Ontario et Québec), aux Émirats arabes unis (Abu Dhabi, Dubaï), à Guernesey et Jersey, à Hong Kong (Chine), en Hongrie, au Kazakhstan (Astana), en Lituanie, au Royaume-Uni et à Singapour (Global Financial Innovation Network et Financial Conduct Authority, 2019[40]).

Des initiatives destinées à encourager l'ouverture des données bancaires voient le jour

Dans le prolongement des années précédentes, de nombreux pays dans le monde ont pris des initiatives visant à encourager l'innovation financière dans un environnement stable, principalement en modifiant la législation et la surveillance prudentielle.

Dans le cadre de ce mouvement, certains pays s'acheminent vers l'ouverture des données bancaires. Les banques détiennent traditionnellement la mainmise et la propriété exclusive des données recueillies auprès de leurs clients. En vertu de la législation sur l'ouverture des données bancaires, les banques ont obligation d'autoriser des tiers à accéder aux données bancaires de leurs clients (avec le consentement de ces derniers) par l'intermédiaire d'interfaces de programmation (API).

Partout dans le monde les décideurs encouragent l'ouverture des données bancaires dans l'espoir de stimuler la concurrence au sein du secteur financier, étant entendu que les petites entreprises et les entrepreneurs peuvent communiquer des données bancaires de manière sécurisée et facile dans le cadre d'un protocole performant. Ce type de réglementation peut également encourager l'innovation financière en ouvrant les données bancaires aux jeunes entreprises du secteur financier comme aux acteurs établis.

Le gouvernement australien, par exemple, a donné une suite favorable aux recommandations formulées dans le cadre d'un examen de l'ouverture des données bancaires en mai 2018. Au cours de la période 2019-22, les données bancaires seront ouvertes en plusieurs étapes sur le territoire.

De même, la deuxième Directive européenne sur les services de paiement (DSP2) est mise en œuvre dans l'Union européenne depuis 2018 (certaines dispositions ne prendront force obligatoire qu'ultérieurement de façon à laisser au secteur financier le temps de s'adapter). La DSP2 oblige les banques exerçant dans l'UE à accorder à des acteurs financiers tiers l'accès aux comptes bancaires de leurs clients par l'intermédiaire d'API ouvertes.

En 2018, le Royaume-Uni a engagé son propre programme d'ouverture des données bancaires, aux termes duquel les neuf grandes banques britanniques devront publier les données en leur possession dans un format sécurisé et standardisé permettant un partage en ligne plus facile entre acteurs agréés.

Les banques japonaises sont incitées depuis 2018 à mettre en place des interfaces de programmation (API), et la plupart des grandes banques du pays ont prévu de le faire en 2020 au plus tard. Singapour et Hong Kong (Chine) encouragent aussi les institutions financières à ouvrir leurs API. Au Canada et aux États-Unis, les autorités de tutelle réfléchissent à l'ouverture des données bancaires avec les institutions financières, dont certaines ont d'ores et déjà ouvert leurs API. Au Canada, les discussions ont pris la forme d'une consultation, lancée en 2019.

Le soutien financier en faveur de l'internationalisation des PME se renforce dans certains pays

Bon nombre de pays ont intensifié ces dernières années le soutien (financier) qu'ils accordent aux petites entreprises afin de les aider à prendre pied sur des marchés étrangers. En vue d'accroître le nombre d'entreprises exportatrices, le Brésil a modifié son programme d'assurance des crédits à l'exportation à destination des MPME en avril 2018. Les critères d'admissibilité, le montant de la prime et les risques couverts ont été modifiés de sorte que ce dispositif puisse davantage être utilisé.

Le Canada a lancé sa Stratégie de diversification des exportations en 2018. Au total, 1.1 milliard CAD seront investis sur six ans afin d'accroître les exportations totales de 50 % minimum d'ici 2025. Dans le cadre de cette stratégie, le Gouvernement du Canada injectera 100 millions CAD supplémentaires sur six ans dans CanExport (programme quinquennal doté de 50 millions CAD, lancé en janvier 2016, qui a pour objectif d'accorder une aide financière directe aux PME canadiennes admissibles), ainsi que dans d'autres programmes de financement connexes destinés à accompagner les entreprises cherchant à développer leur activité à l'étranger. En outre, d'autres formes de soutien, non financier, ont été mises en place ou étendues, comme des programmes de sensibilisation ou des activités de renforcement des capacités d'exportation à destination des PME ayant la capacité d'exercer sur des marchés étrangers ou de développer leurs activités. La stratégie s'attache en particulier à améliorer les services fournis aux exportateurs et à faire en sorte que les entreprises disposent de ressources suffisantes pour mener à bien leurs projets en matière d'exportation.

En Finlande, Finnvera, l'organisme public de financement, s'emploie en particulier à aider les petites entreprises à exporter. À cet effet, les activités de crédit à l'exportation ont augmenté de plus de 50 % entre 2017 et 2018, et ont atteint en 2018 un niveau inégalé depuis la crise. Dans deux cas sur trois, les garanties à l'exportation s'accompagnent de crédits à l'exportation afin de mieux répondre au besoin de financement des bénéficiaires.

Le Royaume-Uni a lancé une stratégie d'exportation en 2018. Pour atteindre l'objectif de porter les exportations de 30 % à 35 % du PIB, les autorités ont organisé une campagne de sensibilisation en direction des exportateurs britanniques les plus susceptibles de tirer parti de financement à l'exportation et de soutien à l'assurance, qui vient s'ajouter à d'autres mesures comme la fourniture d'informations, de conseils et d'un accompagnement pratique à l'exportation.

Les pouvoirs publics mettent en place des outils en ligne pour aider les PME et les entrepreneurs à trouver le soutien (financier) adapté

Bon nombre d'entrepreneurs et de chefs de petites entreprises estiment qu'il est difficile de s'y retrouver dans le maquis des dispositifs de soutien existants ; on constate d'ailleurs bien souvent qu'ils ne sollicitent pas l'aide (financière ou non) à laquelle ils ont droit. Partout dans le monde, les autorités mettent en place des outils en ligne, parfois fondés sur l'intelligence artificielle, pour informer les PME et les orienter vers les mesures de soutien adaptées à leur activité.

En mars 2019, le gouvernement irlandais a actualisé son site Supportingsmes.gov.ie, conçu pour aider les petites entreprises et les entrepreneurs à s'informer sur plus de 170 dispositifs de soutien public à leur disposition. Les visiteurs remplissent un court questionnaire à partir duquel l'outil établit la liste personnalisée des mesures de soutien correspondant aux besoins de leur entreprise, accompagnée d'informations complémentaires et de coordonnées utiles.

En 2019 également, le ministère grec de l'Économie et du Développement a créé un portail unique en ligne afin d'informer les PME sur les instruments de financement actuellement disponibles en Grèce. Convivial, le site fournit des renseignements sur chaque instrument et oriente les PME vers les organismes agréés qui les distribuent.

La Nouvelle-Zélande cherche à améliorer l'expérience utilisateur de son principal portail en ligne, https://www.business.govt.nz. En 2018, un assistant numérique, « Tai », a été mis au point afin d'aider les entreprises à s'y retrouver parmi les différents organismes publics, intelligence artificielle à l'appui. Dix organismes partenaires, représentant, selon les estimations, 83 % des interactions entre les entreprises et les organismes publics, s'emploient à améliorer encore le site internet et l'assistant numérique dans le cadre de l'initiative « *better for business* ».

Les décideurs prennent des mesures contre les problèmes de trésorerie provoqués par la pandémie de nouveau coronavirus

La pandémie de COVID-19 frappe l'économie et les PME de plusieurs manières. Parmi les nombreuses difficultés qui se posent, les problèmes de liquidité représentent une source d'inquiétude majeure pour bon nombre d'entreprises, en particulier les plus petites. Il ressort d'une étude menée récemment en Chine, par exemple, qu'un tiers seulement des PME interrogées disposaient de réserves de trésorerie suffisantes pour couvrir les charges fixes pendant un mois et un autre tiers pendant deux mois (http://www.oecd.org/coronavirus/fr/). Les décideurs des différents pays prennent des mesures destinées à empêcher les entreprises viables de faire faillite en raison d'un problème ponctuel de trésorerie. Ces mesures s'inscrivent dans un contexte financier qui était globalement favorable aux PME avant la pandémie, mais pas suffisamment pour leur permettre de faire face à l'ampleur des chocs à l'œuvre sans intervention de la puissance publique.

Les reports d'échéances (impôts, charges sociales, remboursements de dette, loyer et factures d'eau, électricité, gaz…) comptent parmi les approches de plus en plus souvent adoptées par les gouvernements. De même, certains organismes publics, ou encore des banques commerciales, accordent aux PME en proie à des difficultés de trésorerie des moratoires sur le remboursement des dettes. Les pouvoirs publics mettent également en place, ou étoffent, certains instruments financiers à l'intention des petites entreprises durement touchées par la crise économique. Il s'agit notamment de garanties de crédit, de facilités de prêts directs, d'aides financières et/ou de subventions.

Les décideurs ont également recours à différents dispositifs d'allègement fiscal pour amortir le choc de la crise, ainsi qu'à des mesures axées sur la diminution du temps de travail, le chômage partiel et les congés maladie. Enfin, certains pays soutiennent leurs PME au moyen de mesures structurelles, par exemple en leur donnant les moyens de s'équiper en technologies numériques afin de faciliter le télétravail[8].

Recommandations concernant l'amélioration des données

Les données sur le financement des PME restant largement insuffisantes, il conviendrait de poursuivre les efforts pour améliorer la collecte de données et d'éléments probants sur ce thème. Premièrement, la population des PME est très hétérogène, et les conditions de financement de même que les obstacles rencontrés diffèrent profondément en fonction de paramètres tels que l'âge de l'entreprise, sa taille, son implantation géographique, son secteur d'activité et son potentiel de croissance, ainsi que les caractéristiques du principal détenteur du capital de l'entreprise telles que son sexe ou son expérience des affaires. Au Canada, les données provenant de l'Enquête sur le financement et la croissance des petites et moyennes entreprises font apparaître de fortes disparités dans les besoins de financement des PME et les résultats obtenus en fonction des caractéristiques des entreprises, et permettent d'observer que le secteur d'activité principal joue un rôle majeur. En effet, les caractéristiques liées au chef d'entreprise semblent un critère moins important lorsqu'on tient compte des caractéristiques de l'entreprise.

Même s'il est généralement admis que les politiques doivent être adaptées aux différents besoins de la population des entreprises, les activités de collecte de données ne recueillent pas toujours des informations ventilées en fonction de ces paramètres, ce qui restreint la capacité des décideurs à évaluer l'impact et l'efficacité des initiatives sur ces différents segments. En outre, l'absence de données plus précises limite l'analyse des données du Tableau de bord. Il ressort d'une récente étude, par exemple, que les méthodes de financement des micro-entreprises et des grandes entreprises diffèrent sensiblement, à tout le moins en Europe, les premières ayant davantage recours à l'autofinancement, au crédit à court terme, et moins aux aides de l'État, au financement par nantissement d'actifs ou au crédit commercial (Masiak et al., 2019[42]).

Les tendances observées masquent parfois des évolutions très disparates selon les catégories de PME. Les enquêtes quantitatives, qu'elles portent sur un groupe représentatif de PME ou sur des responsables du crédit, fournissent des renseignements complémentaires utiles en parallèle des informations qualitatives. Toutefois, elles n'existent pas dans tous les pays. De plus, il semble y avoir d'importantes différences en termes de méthodologie, de questions posées, de couverture et de périmètre des enquêtes menées, ce qui ne facilite guère les comparaisons internationales. L'analyse des données du Tableau de bord concernant les taux de rejet, les demandes de crédit et les exigences de garanties, par exemple, bloque sur le nombre limité de pays disposant de données relatives à ces indicateurs et sur la faible comparabilité entre pays. Une meilleure harmonisation à l'échelle internationale de la méthodologie des enquêtes menées auprès des demandeurs permettrait d'effectuer des analyses plus pertinentes des facteurs déterminant l'évolution de l'accès des PME au financement et des conditions de financement. L'OCDE soutient les efforts récemment déployés en la matière.

En outre, le socle de données factuelles concernant la plupart des sources de financement autre que le crédit bancaire classique demeure lacunaire. Souvent, les données ne sont pas propres aux PME, sont incomplètes, difficiles à comparer d'un pays à l'autre, et parfois la fiabilité et la méthodologie des activités de collecte de données sont contestables. Si les initiatives visant à promouvoir auprès des PME le recours à d'autres sources de financement se sont multipliées ces dernières années, leur impact reste souvent difficile à évaluer faute de données suffisantes. Des efforts plus systématiques et harmonisés de collecte de données sur les instruments et sources de financement alternatif contribueraient utilement à cerner les tendances et le potentiel de ces instruments pour les PME.

L'OCDE continuera de promouvoir et de soutenir les efforts menés à l'échelle nationale et internationale dans ces domaines. Dans ce contexte, et pour renforcer l'utilité du Tableau de bord dans les années à venir, des travaux sont engagés autour de plusieurs axes :

- Un état des lieux de la disponibilité de données ventilées selon un certain nombre de dimensions, notamment le secteur d'activité et la taille de l'entreprise, son implantation géographique au sein du pays, son âge et le sexe de son propriétaire majoritaire, afin de prendre en compte ce type de données lorsqu'elles sont disponibles et d'encourager une plus vaste collecte de données ventilées relatives au financement des PME.
- Un recensement des pratiques actuelles des enquêtes auprès des demandeurs, dans l'optique d'améliorer la comparabilité et la couverture des données relatives à la demande afin de mieux

comprendre les facteurs déterminant l'évolution du financement des PME et de distinguer ceux qui relèvent de l'offre et ceux qui relèvent de la demande.

- Un suivi des mesures prises par les pouvoirs publics en faveur des PME dans le contexte de la pandémie de COVID-19, assorti d'une analyse des effets à long terme sur l'accès au financement des PME au moyen des indicateurs du financement présentés dans cette publication.

Notes

[1] La distinction entre pays à revenu élevé et pays à revenu intermédiaire provient de la Banque mondiale, qui classe les économies mondiales par groupe de revenu. La classification est fondée sur le RNB par habitant calculé au moyen de la méthode Atlas. On pourra trouver de plus amples informations sur cette classification à l'adresse suivante : https://blogs.worldbank.org/opendata/new-country-classifications-income-level-2018-2019.

[2] La définition des prêts à court terme diffère dans certains des pays pour lesquels on dispose de données relatives à cette variable. Certains pays, comme le Danemark et l'Espagne, y intègrent les prêts assortis d'une période de fixation des taux inférieure ou égale à un an. D'autres comme l'Autriche et l'Espagne, excluent du calcul les découverts, les lignes de crédit et les cartes de crédit.

[3] Sont considérées comme des petites entreprises les entreprises dont le chiffre d'affaires annuel ne dépasse pas 50 millions USD.

[4] Les responsables en question sont invités à faire part de l'évolution de cette demande au cours des trois mois écoulés. L'éventail des réponses possibles va de « beaucoup plus forte » à « beaucoup plus faible ». La différence entre le nombre des personnes sondées ayant indiqué que la demande était (beaucoup ou relativement) plus faible et celles qui ont estimé qu'elle était (beaucoup ou relativement) plus forte donne une idée de la demande globale de prêts de la part des petites entreprises.

[5] Afin de dresser un tableau exact des tendances économiques, il est demandé à un vaste échantillon représentatif de la population des entreprises japonaises de choisir entre différentes possibilités pour décrire les conditions économiques existantes. L'une des questions posées porte sur « l'attitude des établissements financiers à l'égard du crédit », les personnes interrogées pouvant la qualifier au choix de « conciliante », « pas très sévère » et « sévère » pour décrire au mieux l'opinion qu'ils ont de la politique de crédit des établissements. Un indicateur unique est élaboré à partir de leurs réponses.

[6] Au Royaume-Uni, la Banque d'Angleterre interroge les bailleurs de fonds sur l'évolution des tendances. L'enquête porte sur les prêts, garantis et non garantis, aux ménages et aux petites entreprises, les prêts aux entreprises non financières ainsi qu'aux entreprises financières non bancaires.

[7] Les données relatives aux volumes d'affacturage proviennent d'un organisme professionnel, Factors Chain International (FCI).

[8] Voir https://read.oecd-ilibrary.org/view/?ref=119_119680-di6h3qgi4x&title=Covid-19_SME_Policy_Responses pour un tour d'horizon de ces mesures.

Références

Abraham, F., J. Cortina Lorente et S. Schmukler (2019), *The Rise of Domestic Capital Markets for Corporate Financing*, Groupe de la Banque mondiale, http://documents.worldbank.org/curated/en/861771557243057811/pdf/The-Rise-of-Domestic-Capital-Markets-for-Corporate-Financing.pdf. [37]

Abraham, F. et S. Schmukler (2017), *Addressing the SME Finance Problem*, Banque mondiale. [2]

Alternative Credit Council (2018), *Financing the Economy 2018: The role of private credit managers in supporting economic growth*, https://www.aima.org/educate/aima-research/fte-2018.html. [17]

Bank of Japan (2019), *Tankan Survey - June 2019*. [9]

Bank of Japan (2018), *Tankan Survey - June 2018*, http://www.boj.or.jp/en/statistics/tk/gaiyo/2016/tka1806.pdf (consulté le 25 juillet 2018). [44]

Banque centrale européenne (2019), *Survey on the access to finance of enterprises (SAFE)*, 2018/19, https://www.ecb.europa.eu/stats/ecb_surveys/safe/html/index.en.html (consulté le 22 juillet 2019). [6]

BCE (2019), *Survey on the Access to Finance of Enterprises in the euro area – April to September 2019*, https://www.ecb.europa.eu/stats/ecb_surveys/safe/html/ecb.safe201911~57720ae65f.en.html#toc1. [5]

Borio, C. et L. Gambacorta (2017), « Monetary policy and bank lending in a low interest rate environment: Diminishing effectiveness? », *Journal of Macroeconomics*, vol. 54, pp. 217-231, http://dx.doi.org/10.1016/J.JMACRO.2017.02.005. [3]

Bpifrance et al. (2016), *Building momentum in Venture Capital across Europe*, https://www.kfw.de/PDF/Download-Center/Konzernthemen/Research/PDF-Dokumente-Studien-und-Materialien/Building-Momentum-in-Venture-Capital-across-Europe.pdf. [13]

British Business Bank (2019), *Small Business Equity Tracker 2019*. [34]

British Business Bank (2017), *The benefits of diverse smaller business finance markets*, British Business Bank, Sheffield, https://www.british-business-bank.co.uk/wp-content/uploads/2017/10/291-Diversity-Report-2017-Final.pdf (consulté le 20 août 2019). [30]

Business Insider (2019), *Zendai has shuttered two P2P platforms worth $1.4 billion amidst Beijing's regulatory crackdown*, https://www.businessinsider.fr/us/zendai-latest-victim-of-china-p2p-crackdown-2019-8. [23]

Caplain, J. (2018), *Taking on the world. The rise of the challenger banks*, KPMG, https://assets.kpmg/content/dam/kpmg/xx/pdf/2018/02/kpmg-rise-of-challenger-banks.pdf (consulté le 20 août 2019). [31]

CBInsights (2018), *The Challenger Bank Playbook: How Six Challenger Bank Startups Are Taking On Retail Banking*, https://www.cbinsights.com/research/challenger-bank-strategy/ (consulté le 20 août 2019). [27]

Center for Venture Research (2019), *The Angel Market in 2018: More Angels Investing in More Deals at Lower Valuations*, http://paulcollege.unh.edu/center-venture-research. [19]

Commission européenne (2019), *Banque centrale européenne, Fourth Progress Report on the reduction of non-performing loans and further risk reduction in the Banking Union*, http://europa.eu/rapid/press-release_IP-16-. [33]

Commission européenne (2019), *Communiqué de presse : Union des marchés des capitaux: la Commission salue l'accord sur les nouvelles règles visant à améliorer l'accès des petites entreprises aux marchés des capitaux*, Commission européenne, https://ec.europa.eu/commission/presscorner/detail/fr/IP_19_1568. [43]

Competition & Markets Authority (2016), *Retail banking market investigation, Final report*, https://assets.publishing.service.gov.uk/media/57ac9667e5274a0f6c00007a/retail-banking-market-investigation-full-final-report.pdf (consulté le 21 août 2019). [29]

Degryse, H., A. Karapetyan et S. Karmakar (2019), « To Ask or not to Ask: Collateral Vs. Screening in Lending Relationships », *Bank of England Working Paper* No. 778, 2019, http://dx.doi.org/10.2139/ssrn.3327304. [4]

Dunkelberg, W. et H. Wade (2018), *Small Business Economic Trends - June 2018*, NFIB Research Center, https://www.nfib.com/assets/SBET-June-2018.pdf (consulté le 25 juillet 2018). [7]

Florida, R. et I. Hathaway (2018), *The New Map of Entrepreneurship and Venture Capital*, Center for American Entrepreneurship, http://www.startupsusa.org/. [12]

FMI (2019), *IMF DataMapper*, https://www.imf.org/external/datamapper/datasets. [26]

Global Financial Innovation Network (2019), *GFIN One year on Report 2019*, Global Financial Innovation Network, http://dfsa.ae/Documents/Fintech/GFIN-One-year-on-FINAL-20190612.pdf (consulté le 26 août 2019). [42]

Global Financial Innovation Network et Financial Conduct Authority (2019), *GFIN cross-border testing pilot – next steps*, https://www.fca.org.uk/firms/gfin-cross-border-testing-pilot-next-steps (consulté le 26 août 2019). [40]

Granier, C., V. Revest et A. Sapio (2019), « SMEs and Junior Stock Markets: A Comparison between European and Japanese Markets », *Journal of Innovation Economics*, http://dx.doi.org/10.3917/jie.029.0043. [21]

Howell, S. (2017), « Financing innovation: Evidence from R&D grants », *American Economic Review*, http://dx.doi.org/10.1257/aer.20150808. [35]

Huang, L. et al. (2017), *The first in-depth report on the demographics and investing activity of individual American angel investors*, The American Angel, http://www.theamericanangel.org. [20]

Masiak, C. et al. (2019), « How do micro firms differ in their financing patterns from larger SMEs? », *Venture Capital*, http://dx.doi.org/10.1080/13691066.2019.1569333. [41]

McKinsey (2019), *Private markets come of age: McKinsey Global Private Markets Review 2019*, https://www.mckinsey.com/~/media/McKinsey/Industries/Private%20Equity%20and%20Principal%20Investors/Our%20Insights/Private%20markets%20come%20of%20age/Private-markets-come-of-age-McKinsey-Global-Private-Markets-Review-2019-vF.ashx (consulté le 29 août 2019). [16]

Min-kyung, J. (2019), *Korean commercial bank apps struggle to stave off competition*, The Korean Herald, http://www.koreaherald.com/view.php?ud=20190618000501 (consulté le 21 août 2019). [32]

Moritz, A., J. Block et A. Heinz (2017), *Financing Patterns of European SMEs: An Updated Empirical Taxonomy and Determinants of SME Financing Clusters*, http://www.eif.org/news_centre/publications/eif_wp_40.pdf. [11]

OCDE (2019), *Perspectives de l'OCDE sur les PME et l'entrepreneuriat 2019*, Éditions OCDE, Paris, https://dx.doi.org/10.1787/dfc3ab17-fr. [45]

OCDE (2019), *Perspectives économiques de l'OCDE, Volume 2019 Numéro 2*, Éditions OCDE, Paris, https://dx.doi.org/10.1787/77c8f557-fr. [1]

OCDE (2016), « Le rôle du tutorat-investissement dans le financement des PME », dans *Financing SMEs and Entrepreneurs 2016 : An OECD Scoreboard*, Éditions OCDE, Paris, https://doi.org/10.1787/fin_sme_ent-2016-en. [18]

P., S. et C. Mann (2010), *The Financial Structure of Startup Firms: The Role of Assets, Information, and Entrepreneur Characteristics*. [10]

Parlement européen (2019), *Deeper and fairer internal market with a strengthened industrial base / Financial services*, Parlement européen, http://www.europarl.europa.eu/legislative-train/theme-deeper-and-fairer-internal-market-with-a-strengthened-industrial-base-financial-services/file-sme-growth-markets-amendments-to-mar-and-prospectus. [38]

Reuters (2019), *China gives P2P lenders two years to exit industry: document*, https://www.reuters.com/article/us-china-p2p/china-gives-p2p-lenders-two-years-to-exit-industry-document-idUSKBN1Y2039. [25]

Rogers, S. (2016), *Assessing the potential for EU investment in venture capital and other risk capital fund of funds*, Commission européenne, Bruxelles, http://dx.doi.org/10.2777/997836. [14]

South China Morning Post (2019), *China's P2P lending market could be decimated this year amid Beijing crackdown*, https://www.scmp.com/economy/china-economy/article/3006170/chinas-p2p-lending-market-could-be-decimated-year-amid. [24]

The Economist (2019), *Neobanks are changing Britain's banking landscape - Neobanks*, The Economist, https://www.economist.com/special-report/2019/05/02/neobanks-are-changing-britains-banking-landscape (consulté le 20 août 2019). [28]

UK Finance (2018), *SME finance in the UK: past, present and future*, UK Finance. [15]

UK HM Treasury (2018), *Bank Referral Scheme: Official Statistics*, https://assets.publishing.service.gov.uk/government/uploads/system/uploads/attachment_data/file/737136/Bank_Referral_Scheme_Official_Statistics_Publication_-_August_2018.pdf (consulté le 30 août 2019). [39]

United States Federal Reserve Board (2018), *Senior Loan Officer Opinion Survey on Bank Lending Practices - October 2018*, https://www.federalreserve.gov/data/sloos/sloos-201810.htm#aboutMenu (consulté le 25 juillet 2018). [8]

WFE (2018), *An overview of WFE SME markets*, https://www.world-exchanges.org/news/articles/world-federation-exchanges-publishes-report-global-sme-markets. [36]

World Federation of Exchanges & Milken Institute (2017), *Small and Medium-sized Enterprises and SME exchanges*, https://www.world-exchanges.org/home/index.php/news/world-exchange-news/world-federation-of-exchanges-publishes-joint-report-with-milken-institute-on-sme-exchanges. [22]

2. Évolutions des politiques de financement des PME dix ans après la crise économique et financière mondiale

Ce chapitre donne un aperçu de l'évolution des politiques de financement des PME dans les pays couverts par le Tableau de bord au cours de la dernière décennie, en mettant l'accent sur la période qui a immédiatement suivi la crise (2008-11), les premières années de la reprise (à partir de 2012) et les tendances les plus récentes qui se font jour. Il recense également les transformations survenues dans le paysage réglementaire du financement des PME. Il se fonde largement sur les informations tirées des différentes éditions du Tableau de bord depuis son lancement, ainsi que sur d'autres travaux consacrés à l'accès des PME aux financements menés pour le Groupe de travail de l'OCDE sur les petites et moyennes entreprises (PME) et l'entrepreneuriat.

Présentation générale

Dans le sillage de la crise économique et financière mondiale de 2008, nombreux ont été les pays à engager une action résolue pour atténuer l'impact de la récession sur de nombreux segments de l'écosystème des PME. Ces mesures se sont accompagnées de réformes financières destinées à renforcer la résilience des banques, telles que le cadre Bâle III qui a instauré de nouvelles exigences minimales de fonds propres et conçu de nouvelles règles en matière de gestion des liquidités. La crise a eu des effets immédiats et marqués : les faillites dans les pays couverts par le Tableau de bord ont fortement augmenté d'une année sur l'autre depuis 2007, atteignant une croissance médiane maximale de 22.14 % en 2009. Ce n'est qu'en 2012 que la croissance médiane des faillites a commencé à fléchir de nouveau.

Les petites entreprises ont été particulièrement affectées par la récession, puisque la part des PME dans le total des flux de prêts aux entreprises a chuté à 19.7 % en 2009, contre 25.6 % en 2007 (valeur médiane). Au Portugal, par exemple, les nouveaux prêts en 2012, corrigés de l'inflation, représentaient à peine 42 % des volumes de 2007. Aux États-Unis, l'indice des prêts aux petites entreprises (SBLI, *Small Business Lending Index*), qui mesure le volume des nouveaux prêts normalisés sur l'année de référence de 2005, est passé de 118.7 en 2007 à 73.7 en 2009. Cette même année, les prêts improductifs ont atteint leur niveau maximum aux États-Unis, à la fois pour les prêts aux PME et à l'ensemble des entreprises.

Les investissements de capital-risque ont eux aussi beaucoup baissé après la crise, puisqu'ils ont atteint leur niveau le plus faible en 2011, à 0.025 % du PIB (valeur médiane), contre 0.043 % du PIB en 2007 parmi les pays couverts (OCDE, 2019[1]).

La reprise s'est faite à un rythme lent dans de nombreuses économies avancées. La plupart des pays à haut revenu n'ont toujours pas renoué avec les niveaux de production d'avant la crise et, en moyenne, l'investissement ne représente que 75 % des volumes d'avant la crise (Chen, Mrkaic et Nabar, 2019[2]).

Ces évolutions ont conduit les gouvernements nationaux à agir avec détermination dans de nombreux domaines, notamment pour faciliter l'accès des PME aux financements, qui demeure une priorité de l'action publique afin de stimuler la croissance économique et le bien-être.

Face à la crise, les pouvoirs publics ont redoublé d'efforts. Entre 2009 et 2012, de nombreux pays ont mis en place ou étoffé des mécanismes de prêt direct ou de garantie, ainsi que des dispositifs de médiation du crédit et d'autres mesures visant à faciliter l'accès des PME au crédit, en réponse à la contraction drastique des activités de prêt du secteur financier privé.

Même si ces mesures sont restées en place pendant plusieurs années, l'orientation globale des politiques a changé à mesure que la reprise s'affermissait. En général, les instruments de capitaux propres ont attiré davantage l'attention à mesure que la crise s'éloignait, et les mesures axées sur le crédit (garanties de crédit, prêts directs) étaient de plus en plus orientées sur des catégories spécifiques de la population des PME (entreprises innovantes, femmes entrepreneurs, start-ups, etc.). Cela traduit un changement de cap, les problèmes structurels chroniques d'accès des PME à la finance prenant le pas sur les questions cycliques.

Les évolutions des politiques publiques sont de plus en plus façonnées par des grandes tendances telles que la mondialisation, la transformation numérique et le vieillissement de la population. La transformation numérique offre en particulier de nouvelles opportunités, mais s'accompagne aussi de défis, tant pour les responsables de la politique publique que pour les PME en quête de financements. La fintech, qui désigne l'innovation facilitée par la technologie dans les services financiers, joue un rôle de plus en plus important pour faciliter l'accès des PME aux financements. C'est aussi un moyen d'assurer l'inclusion financière de certains segments du monde des PME qui, traditionnellement, ne sont pas desservis ou sont mal desservis par les institutions financières et les marchés (OCDE, 2019[3]).

En utilisant des technologies telles que la vérification de l'identité numérique, la technologie des registres distribués, les données massives et les crédits boursiers, de nouveaux fournisseurs proposent un large éventail de services innovants ayant le potentiel de révolutionner les marchés du financement des PME. Les services bancaires en ligne, les paiements mobiles (internationaux) et l'utilisation de données alternatives pour l'évaluation du risque de crédit peuvent réduire sensiblement les asymétries d'information et les coûts des transactions, contribuant à lever les obstacles structurels auxquels les PME se heurtent pour obtenir des financements. Selon toute vraisemblance, la fintech occupera une place plus importante dans la gamme des options de financement des PME au cours des années à venir.

De façon générale, les acteurs historiques du secteur financier adoptent les techniques et les instruments introduits par la fintech, on assiste à l'émergence de modèles mixtes et des « géants des technologies » (tels que Amazon ou Alibaba) s'implantent dans la sphère des services financiers (OCDE, 2019[3]).

Le Tableau de bord cartographie les évolutions qui influent sur le financement des PME depuis 2007, l'année de référence avant la crise. Les séries chronologiques et le recueil annuel des grandes tendances de l'action publique offrent un repère pour l'analyse des réponses des pouvoirs publics et de leurs effets. Plus de dix ans après la crise financière, le moment est venu de dresser un bilan des politiques en matière de financement des PME. Le tableau 2.1 résume les grandes tendances dans le domaine du financement des PME qui sont analysées dans le présent chapitre et décrit les évolutions intervenues concernant les types de mesures déployées à l'appui du financement par recours à l'emprunt et aux capitaux propres, les bénéficiaires ciblés et les mesures et approches réglementaires pertinentes.

Tableau 2.1. Aperçu de l'évolution des politiques de financement des PME

Caractéristique	Lendemain de la crise	Années récentes
Bénéficiaires ciblés	Univers des PME au sens large	Sous-catégories du monde des PME : entreprises innovantes, start-ups, régions à la traîne, femmes
Soutien au financement par emprunt	Forte augmentation des volumes de garantie d'emprunt Prêt direct Médiation du crédit	Accent sur le déploiement et les critères d'éligibilité des mesures de soutien Création de banques spécialisées dans les prêts aux PME
Soutien au financement par apport de fonds propres	Les instruments de capitaux propres sont conservés dans une large mesure	Incitations fiscales Création de fonds/fonds de fonds Activités de prêts bancaires aux PME
Mesures réglementaires	Accent mis sur la stabilité financière Réglementation du côté de l'offre (exigences de fonds propres des banques)	Réglementation du secteur des fintech Émergence de « bacs à sable » réglementaires

Ce chapitre s'intéresse aux grandes transformations qui se sont produites dans le domaine du financement des PME depuis la crise financière, ainsi qu'aux principales réponses apportées par les pouvoirs publics. Dans un premier temps, il analyse les principaux instruments contracycliques utilisés juste après la crise, tels que les garanties d'emprunt et le prêt direct. Il examine ensuite les approches qui ont eu la préférence des pouvoirs publics au cours des premières années de la reprise et qui ont été conservées dans l'arsenal des mesures mises en œuvre dans la plupart des juridictions par la suite. Les initiatives relatives au financement par apport de fonds propres et par nantissement d'actifs, la transformation numérique des services financiers, la réduction des délais de paiement et le renforcement de la culture financière des entrepreneurs et des chefs d'entreprise sont analysés, à partir d'études de cas tirées des pays couverts par le Tableau de bord de l'OCDE et de l'exercice entrepris en vue d'élaborer des approches efficaces pour l'application des Principes de haut niveau du G20 et de l'OCDE relatifs au financement des PME (Koreen, Laboul et Smaini, 2018[4]).

Ce tour d'horizon de l'évolution des politiques publiques est particulièrement utile à l'heure où les PME du monde entier se trouvent une fois encore confrontées à des difficultés de financement grandissantes dans le contexte de la pandémie de coronavirus de 2020. En dépit des différences importantes observées entre la crise financière de 2008 et celle provoquée par la pandémie mondiale, le bilan que l'on peut tirer de la période comprise entre 2007 et 2012 peut s'avérer riche d'enseignements pour les décideurs soucieux d'atténuer l'impact de la crise actuelle sur les PME.

Mesures prises par les pouvoirs publics au lendemain de la crise (2008-12)

La crise financière mondiale a été l'une des plus graves jamais connue depuis la Grande Dépression. La crise bancaire sous-jacente a provoqué une crise de la dette souveraine et une récession dans de nombreux pays, poussant les États à prendre des mesures énergiques.

À la suite de l'effondrement du secteur financier en 2008, 91 économies représentant les deux tiers du PIB mondial en termes de parité de pouvoir d'achat ont vu leur production diminuer au cours de l'année suivante (Chen, Mrkaic et Nabar, 2019[2]). En 2009, le PIB s'est contracté de 0.1 % au niveau mondial, et de 3.3 % dans les économies avancées (FMI, 2019[5]). À l'échelle de la zone OCDE, les estimations font état d'une perte de production de 3.5 % en valeur médiane en 2014 (Ollivaud et al., 2015[6]). Mais la crise a aussi entraîné un « resserrement du crédit », c'est-à-dire à une raréfaction du crédit et un net durcissement des critères d'octroi, rendant plus problématique l'accès des PME au financement bancaire (OCDE, 2013[7]).

En 2008-09, le taux de rejet des demandes de prêts a augmenté de façon significative dans la plupart des pays, cependant que le taux de demande de prêts diminuait dans la majorité des cas. La part des prêts aux PME rapportée à l'ensemble des prêts octroyés aux entreprises est tombée à un niveau bien inférieur à leur contribution nationale au revenu et à l'emploi (OCDE, 2013[7]). Dans le même temps, le nombre de défaillances a augmenté, et la capacité d'autofinancement des PME s'est considérablement réduite.

Les mesures visant à stimuler le financement par l'emprunt se sont considérablement intensifiées au lendemain de la crise financière.

Dès le début de l'année 2008, les autorités ont pris des mesures pour contrer les effets de la récession (GTPMEE, 2010[8]). Elles ont notamment mis en place des dispositifs de garantie d'emprunt et des programmes de prêts directs, et renforcé les dispositifs existants. Ces instruments ont pris une importance croissante immédiatement après la crise, tant par le nombre de dispositifs existants, qu'en termes de volumes garantis pour ceux déjà en place. Les taux de couverture des garanties ont aussi augmenté. Les volumes garantis ont continué de croître à un rythme modéré après 2009, et se sont transformés dans certains cas en programmes plus ciblés après 2012.

Dans les quelques années qui ont suivi la crise, de nombreuses mesures n'étaient pas ciblées sur un secteur spécifique ou un segment d'entreprise en particulier, mais concernaient la majeure partie de la population des PME, voire l'ensemble des entreprises.

Au Royaume-Uni, par exemple, le dispositif *Enterprise Finance Guarantee* (EFG) créé en 2009 a remplacé le *Small Firm Loan Guarantee Scheme* (SFLG) qui existait depuis 1981. Le nouveau dispositif a permis d'élargir le nombre d'entreprises admissibles, et de quadrupler le plafond des prêts (pour le porter à 1 million de GBP). Le plafond de chiffre d'affaires pour les bénéficiaires est passé de 5.6 millions de GBP à 25 millions de GBP dans un premier temps, puis a été augmenté à 41 millions de GBP pour répondre à la demande des plus grandes PME qui éprouvaient des difficultés croissantes d'accès au financement. Le nombre de prêts octroyés dans le cadre de ce nouveau système a été multiplié par deux entre le premier et le deuxième trimestre de 2009, passant de 1 202 à 2 339 (BBB, 2019[9]).

Dans les pays de l'OCDE, la part des prêts garantis rapportée à l'encours total de prêts a été multipliée par trois entre le début de la crise et l'année 2010. Les garanties avaient notamment pour objectif de soutenir les prêts contracycliques aux PME viables qui rencontraient des difficultés d'accès au financement du fait de l'environnement post-crise, mais qui auraient été en mesure de se financer auprès des banques dans des circonstances normales (Cusmano, 2018[10]). Cette hausse s'inscrit dans le cadre d'une demande accrue de garanties publiques.

Plusieurs pays ont aussi augmenté le taux de couverture de leurs garanties, de 10 points de pourcentage en République tchèque par exemple (de 58 % à 68 %). BpiFrance l'a porté à 90 % (échanges écrits avec l'AECM, l'Association européenne du cautionnement mutuel).

Dans quelques cas, le taux de couverture a atteint 100 %. La Corée, par exemple, a mis en œuvre un « programme de renflouement intensif » dans le cadre de son fonds de garantie du crédit (KODIT) en 2009. Ce plan a porté le taux de couverture à 100 %, et a considérablement allégé le processus de sélection des emprunteurs (Cusmano, 2018[10]). En Espagne, les membres de la CESGAR, la confédération espagnole des sociétés de garantie, ont également décidé de porter le taux de couverture à 100 % (échanges écrits avec l'AECM, l'Association européenne du cautionnement mutuel).

Graphique 2.1. Évolution des prêts garantis et des prêts directs de l'État destinés aux PME après la crise

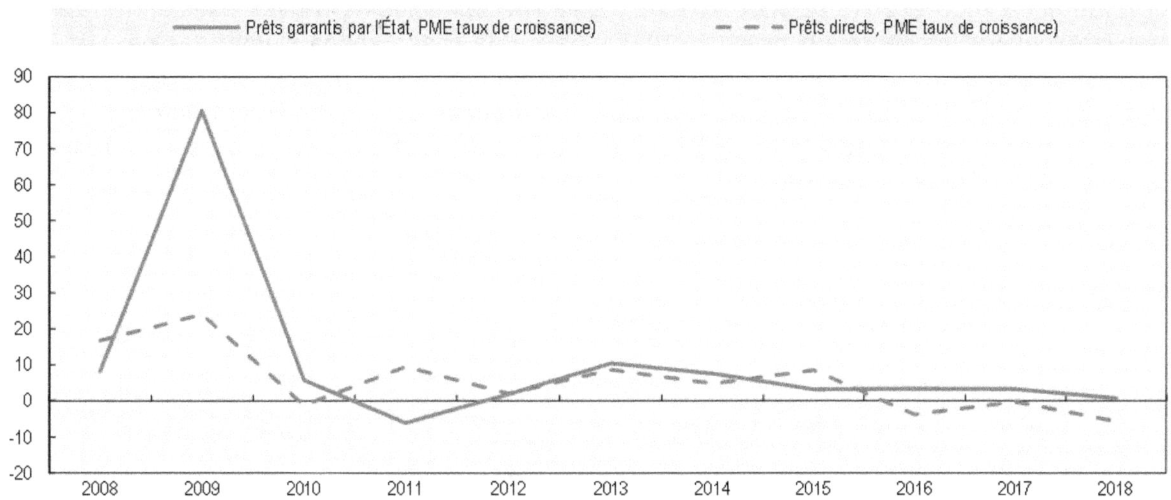

Source : OCDE, Le financement des PME et des entrepreneurs : Tableau de bord de l'OCDE, 2012-2019

StatLink https://doi.org/10.1787/888934132925

Finnvera, l'institution publique de financement en Finlande, a été autorisée à octroyer des prêts contracycliques et des garanties entre 2008 et 2012. Les prêts étaient destinés à financer les fonds de roulement et visaient les entreprises de moins de 1 000 employés confrontées à une baisse de leur rentabilité ou de leurs liquidités en raison de la crise. Les demandes de prêts des PME ont augmenté de 12 % en 2009 ; l'encours et les garanties de prêts sont passés de 801 millions EUR en 2007 à un niveau record de 1.067 million EUR. Les autorités finlandaises estiment que le programme a joué un rôle majeur en permettant de sauvegarder des emplois dans les PME durant les années de la crise financière. Selon certaines estimations, les pertes d'emplois auraient été deux fois plus importantes en 2009 sans ces prêts. En d'autres termes, plus de 20 000 postes ont été préservés grâce aux financements des institutions publiques (OCDE, 2016[11]).

Dans certains pays européens, comme l'Allemagne, la Belgique, l'Espagne et la France, différents dispositifs de médiation du crédit ont été mis en place, et de nombreuses PME ont pu en bénéficier (Cusmano, 2018[10]). Ces dispositifs avaient vocation à être supprimés progressivement après quelques années, mais certains pays ont décidé de les maintenir et de les transformer en programmes de soutien aux PME sur le long terme (Wehinger, 2014[12]). En Allemagne, le programme a été suspendu en 2011 comme prévu. En Irlande, les autorités ont mis en place un office de surveillance du crédit (*Credit Review Office*) en 2010. L'Espagne et le Royaume-Uni se sont dotés de dispositifs similaires en 2011 et 2012, respectivement. Au Royaume-Uni, il s'agit d'un mécanisme indépendant d'évaluation des crédits qui supervise la procédure de recours en cas de rejet d'un prêt dans les plus grandes banques britanniques.

Le financement par apport de fonds propres a également souffert au lendemain de la crise, mais n'a pas fait l'objet d'une attention particulière de la part des pouvoirs publics au sortir de la crise.

Au lendemain de la crise, du fait du resserrement des conditions de crédit dans le secteur financier, la dépendance des PME à l'égard du financement bancaire s'est révélée de plus en plus problématique. Par ailleurs, les solutions de substitution au financement classique par emprunt, comme le capital-risque, les capitaux de croissance et le tutorat-investissement ont été encore plus durement touchées par la crise financière, pénalisant les PME innovantes à la recherche de financements.

Le graphique 2.3 illustre la forte baisse des volumes d'investissement en capitaux de croissance et en capital-risque entre 2008 et 2010 (OCDE, 2015[13]). En 2014, les volumes d'investissement en capital-risque étaient toujours inférieurs aux niveaux observés avant la crise dans la plupart des pays étudiés, souvent dans une large mesure (OCDE, 2015[13]). Le taux de croissance médian en glissement annuel témoigne clairement du caractère procyclique des instruments de capital-investissement, ce que confirment deux nets replis observés en 2009 et 2012, correspondant aux deux périodes de récession subies par la plupart des pays examinés.

Graphique 2.2. Capitaux de croissance et capital-risque, 2008-2018

Taux de croissance médian en glissement annuel (%)

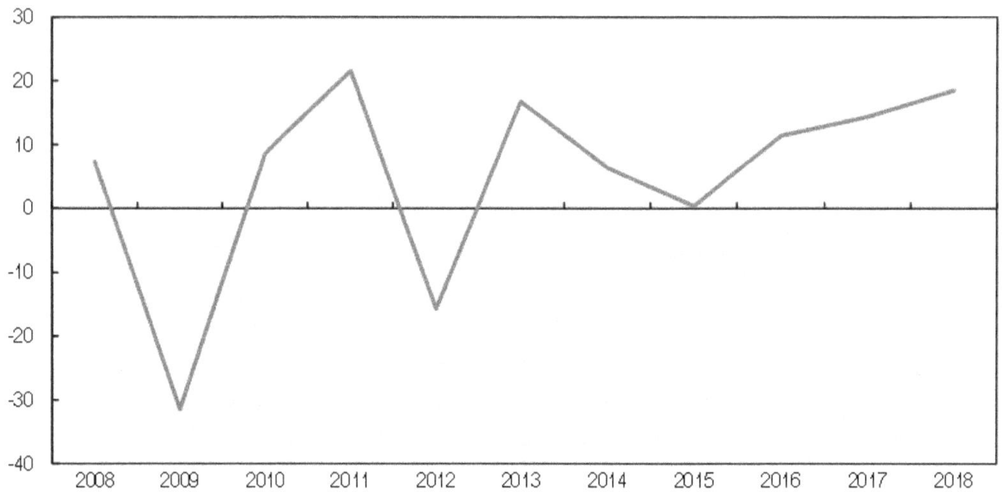

Note : Les données correspondent à la variation en glissement annuel des volumes en USD courants, sauf pour le Chili, la Chine, la Colombie, l'Indonésie, la Malaisie, le Mexique, la Turquie et l'Ukraine, pour lesquels l'indicateur rend compte de la variation des volumes en monnaies locales courantes.

Source : OCDE, Panorama de l'entrepreneuriat ; Base de données de l'OCDE sur le financement de l'entrepreneuriat, et données compilées à partir des fiches pays publiées dans le *Financement des PME et des entrepreneurs 2020*, lorsque les informations n'étaient pas disponibles par ailleurs.

StatLink https://doi.org/10.1787/888934132944

Au cours de cette période, plusieurs États ont conservé ou mis en place des mesures en faveur du financement par apport de capital, même si les politiques publiques visaient avant tout à favoriser l'accès des PME au financement par l'emprunt. La Suède, par exemple, a créé *Almi Invest* en 2009, un fonds public d'investissement, et la France a lancé le *Fonds d'investissement stratégique* en 2010. Les Pays-Bas ont renforcé leur dispositif de croissance (GFAC) qui offre aux banques, aux sociétés de capital-investissement et autres bailleurs de fonds, une garantie de 50 % sur les prêts participatifs ou mezzanine nouvellement émis. Le budget total alloué à ce dispositif a été porté de 5 à 25 millions EUR durant la crise. Le Canada, le Chili, le Danemark, la Finlande, l'Italie, la Nouvelle-Zélande et le Royaume-Uni ont aussi adopté des mesures en faveur du financement par apport de fonds propres au cours de cette période (OCDE, 2012[14]).

En Europe, les mesures nationales ont souvent bénéficié d'un soutien au niveau régional, avec des initiatives prises par la Commission européenne et la Banque européenne d'investissement (BEI). Ces actions mises en œuvre par les pouvoirs publics visaient un objectif contracyclique, mais le plus souvent, il a été constaté une diminution des capitaux disponibles pour investir dans les fonds de capital-risque[1], ainsi qu'une baisse de la valeur des entreprises financées par le capital-risque en raison de la récession, ce qui a par contrecoup retenti sur les fonds de capital-risque.

Encadré 2.1. Initiatives en faveur du capital-risque : Danemark et Royaume-Uni

Le Danemark affiche des niveaux élevés d'investissement de capital-risque en pourcentage du PIB, notamment en ce qui concerne les investissements de démarrage. Les investissements en capital-risque et en capitaux de croissance ont connu une expansion considérable depuis 2016, avec une progression de 78 % en glissement annuel sur la période 2016-17, tirée avant tout par les capitaux de croissance qui ont atteint un niveau record de 267 millions DKK en 2017 (OCDE, 2019[15]). Le fonds d'investissement public danois (*Vækstfonden)* a financé 7 900 entreprises depuis sa création en 1992. Le montant total de ses engagements s'élève à plus de 24.9 milliards DKK. Pour assurer sa mission, *Vækstfonden* a recours à différents instruments, dont des investissements directs, des investissements dans des fonds, des investissements dans des fonds de fonds (par l'intermédiaire du fonds de fonds *Dansk VækstKapital*, géré par *Vækstfonden*) et des prêts syndiqués (Rogers, 2016[16]). L'utilisation de ces instruments se justifie par le sous-investissement chronique dans les entreprises innovantes au Danemark. Le développement du marché du capital-risque a bénéficié d'une intervention importante des pouvoirs publics, mais tous les investissements sont réalisés aux conditions du marché avec des investisseurs privés (Rogers, 2016[16]) et *Dansk VækstKapital* reste une structure vraiment indépendante. *Vækstfonden* affiche dans l'ensemble des performances excellentes, et a réalisé des désengagements qui se sont avérés rémunérateurs.

L'importance des banques dans l'offre de financement à destination des PME britanniques diminue depuis quelques années, une tendance qui s'explique en partie par le développement du capital-investissement (UK Finance, 2018[17]). Les autorités britanniques ont contribué à cette diversification de l'offre de financement, notamment par des investissements directs réalisés par l'intermédiaire de la British Business Bank. Le rapport Breedon de 2012, et les rapports Young (UK Finance, 2018[17]) ont reconnu la nécessité de favoriser le recours à des instruments alternatifs au lendemain de la crise. Dans son rapport de 2010, le Groupe de travail sur le financement des entreprises (*Business Finance Taskforce*) préconisait la création du *Business Growth Fund* (BGF), un fonds de croissance ciblant un segment insuffisamment couvert, en l'occurrence les PME dont les besoins en matière d'apport de fonds propres sont compris entre 2 et 10 millions GBP. Le Royaume-Uni a aussi mis en place trois dispositifs d'incitation fiscale destinés aux investisseurs en fonds propres de PME entre 1994 et 2012 (OCDE, 2015[13]). Même si le déficit de fonds propres persiste, l'offre de financement alternatif destinée aux PME est désormais bien développée outre-Manche, et des ressources publiques ont été massivement mobilisées pour favoriser ce mode de financement.

Évolution des politiques de financement des PME pendant la phase de reprise (depuis 2012)

Le redressement du financement des PME s'est opéré à des cadences différentes selon les pays, en raison d'un certain nombre de facteurs caractérisant l'activité économique à l'échelle nationale et à l'échelle mondiale. En dépit des différences observées d'un pays à l'autre, on peut déceler une réorientation visible des politiques à partir de 2012. À mesure que la crise s'effaçait et que la reprise commençait à devenir réalité, l'enjeu de l'accès au financement est devenu moins préoccupant pour un grand nombre de PME. En Europe, le nombre de PME citant l'accès au financement comme un problème extrêmement préoccupant n'a cessé de baisser à partir du premier semestre de 2012 (voir graphique 2.4). Dans des économies comme le Bélarus, les États-Unis, la Nouvelle-Zélande et l'Ukraine, l'encours des prêts aux entreprises a recommencé à progresser en 2012-13 après des phases de déclin et de stagnation au lendemain de la crise. Au Japon, le pourcentage des petites entreprises qui considèrent les conditions comme accommodantes est devenu légèrement supérieur en 2011 au pourcentage de celles qui les jugent strictes, et la progression de la proportion des petites entreprises qui ont une attitude positive s'est amplifiée entre le premier trimestre 2012 et 2016 (Bank of Japan, 2019[18]).

Graphique 2.3. L'accès au financement perçu comme problème majeur par les PME européennes

En pourcentage des PME

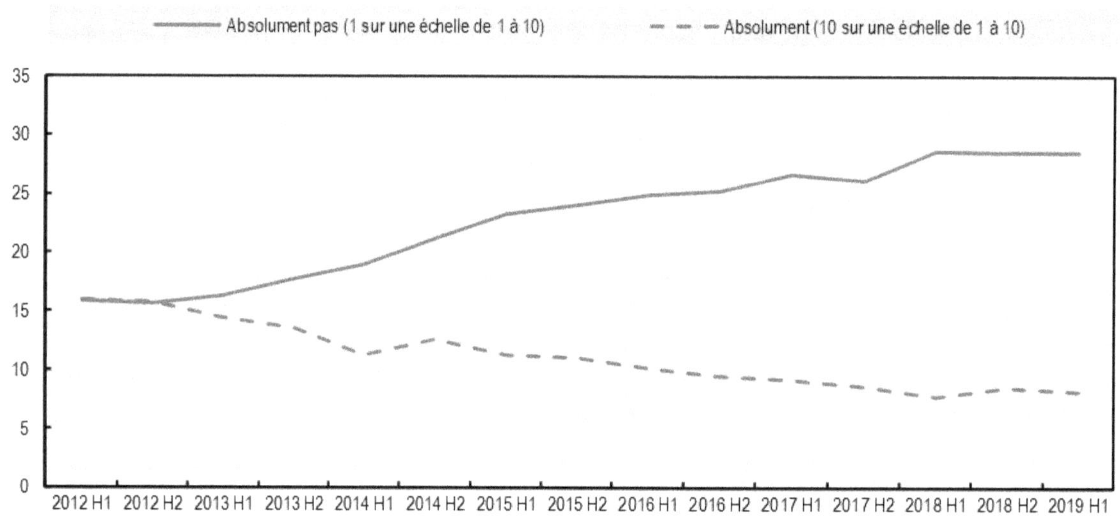

Source : (Banque centrale européenne, 2019[19]).

StatLink https://doi.org/10.1787/888934132963

Le financement des PME demeure néanmoins une priorité de premier ordre pour les pouvoirs publics dans un grand nombre de pays en tant que moyen de stimuler la croissance économique et d'améliorer le bien-être. De plus, des instances internationales comme le G20 et le G7, ainsi que des groupements régionaux tels que l'APEC (Coopération économique de la zone Asie-Pacifique), l'Union européenne (UE) et l'Association des Nations du Sud-Est asiatique (ANASE), ont fait du financement des PME une priorité politique pendant les années qui ont suivi la crise.

En fait, l'OCDE a conçu le Tableau de bord sur le financement des PME en partie en réaction à la crise. La première édition a été publiée en 2012, à l'issue d'une phase pilote, dans le but d'enrichir la base de données factuelles disponibles et d'offrir un outil de suivi de l'évolution du financement des PME (voir encadré 2.2). C'est en 2015 que l'OCDE a élaboré les Principes de haut niveau du G20 et de l'OCDE sur le financement des PME. Le Partenariat mondial du G20 sur l'inclusion financière est pour sa part l'auteur du Plan d'action du G20 sur le financement des PME[2]. La même année, l'ANASE a fait de l'accès au financement un objectif central de son Plan d'action stratégique pour le développement des PME 2016-25, lancé au mois de novembre (ASEAN, 2015[20]).

Encadré 2.2. Principes de haut niveau du G20 et de l'OCDE sur le financement des PME

1. Recenser les besoins et les déficits de financement des PME et améliorer le socle de données
2. Renforcer l'accès des PME au financement bancaire traditionnel
3. Permettre aux PME d'avoir accès à divers instruments et canaux de financement bancaire non traditionnel
4. Promouvoir l'intégration financière des PME et faciliter l'accès aux services financiers classiques, notamment pour les entreprises du secteur informel
5. Élaborer une réglementation mettant une gamme complète d'instruments de financement à la portée des PME, tout en veillant à la stabilité financière et à la protection des investisseurs
6. Renforcer la transparence sur les marchés du financement des PME
7. Améliorer les compétences financières des PME et leur vision stratégique
8. Adopter des principes de partage des risques pour les instruments de financement des PME subventionnés par les pouvoirs publics
9. Encourager la ponctualité des paiements dans les transactions commerciales et les passations de marchés publics
10. Concevoir des programmes publics de financement des PME qui offrent additionnalité, rentabilité et convivialité
11. Suivre et évaluer les programmes publics pour renforcer le financement des PME

Source : (OCDE, 2015[21]).

En dépit d'une amélioration sensible de l'accès des PME au financement depuis 2012, la plupart des instruments mis en place par les pouvoirs publics pendant la crise ont été maintenus. Ils ont toutefois subi des transformations dans leur conception et, dans certains cas, ils ont été redéployés de façon à répondre à des problèmes structurels se posant à des segments spécifiques de la population des PME.

Ciblage croissant des instruments de soutien des prêts aux PME sur des segments spécifiques

Globalement, une tendance à la segmentation a pu être observée pour la première fois en 2011, avec l'apparition de programmes plus adaptés aux besoins de segments spécifiques de la population de PME (OCDE, 2014[22]). L'un des objectifs poursuivis était de garantir l'additionnalité de ces programmes pour que le soutien des pouvoirs publics aille à des entreprises incapables d'accéder à des financements par d'autres voies et pour qu'il n'ait aucun effet d'éviction préjudiciable aux initiatives du secteur privé.

Il ressort des données factuelles que certains segments de la population de PME se heurtent à des difficultés plus graves encore d'accès à des sources de financement adaptées. Il s'agit notamment des PME en forte croissance, des entreprises innovantes, des microentreprises, des start-ups, des jeunes PME, des entreprises situées dans des zones enclavées et/ou rurales et des entreprises dirigées par des femmes (OCDE, 2018[23]). Les politiques contra-cycliques perdant de leur pertinence, les obstacles structurels auxquels se heurtent ces entreprises ont obtenu une place de choix dans l'ordre des priorités inscrites au programme des pouvoirs publics.

Le nombre croissant de pays ayant mis au point des programmes de prêt et de garantie à l'intention des start-ups est un exemple parmi d'autres illustrant cette tendance. Sur les 11 pays figurant dans le Tableau de bord en 2012, deux avaient déclaré avoir pris des mesures de cette nature ; en 2018, 21 des 46 pays apparaissant dans le Tableau de bord ont indiqué être dotés de dispositifs de prêt ou de garantie en faveur des start-ups[3]. En outre, environ les deux tiers des pays visés par l'enquête sur la mise en œuvre des Principes du G20 et de l'OCDE qui a été réalisée en 2017 ont opté pour des mesures ciblant spécifiquement soit les jeunes entrepreneurs, soit les PME situées dans des régions enclavées, soit les femmes entrepreneurs (Koreen, Laboul et Smaini, 2018[4]).

Les mécanismes de garantie de prêt sont de plus en plus souvent conçus pour répondre aux besoins de segments défavorisés de la population de PME, comme les start-ups innovantes, les entreprises dirigées par des femmes et les PME implantées dans des régions mal desservies. Plusieurs conditions doivent être remplies pour que les entreprises défavorisées ou situées dans une zone mal desservie aient accès à des mécanismes de garantie de prêt (OCDE/Commission européenne, 2014[24]). L'accessibilité de ces dispositifs passe notamment par un relèvement des taux de couverture, par l'adoption de dispositions visant à assurer que la période couverte par la garantie est inférieure à cinq ans, par un subventionnement des prix des garanties et par l'octroi d'un soutien non financier aux entreprises concernées (OCDE/Commission européenne, 2014[24]).

La Turquie offre une bonne illustration de cette segmentation ; elle a institué des subventions et des garanties de prêt ouvertes à des taux préférentiels aux PME dirigées par des femmes et elle les a associées à un soutien non financier. Un partenariat conclu récemment entre la Banque européenne pour la reconstruction et le développement (BERD) et le Fonds turc de garantie du crédit (KGF) a permis de mobiliser 300 millions EUR en faveur de l'entrepreneuriat au féminin (Rosca, 2018[25]). La Corée a elle aussi pris des mesures visant les entreprises innovantes : le KIBO (*Korea Technology Finance Corporation*), qui propose des mécanismes de garantie adaptés aux besoins des start-ups et des entreprises innovantes, a été pionnier en la matière (OCDE, 2014[22]).

Il importe de noter que le nombre de bénéficiaires de garanties de prêt a continué d'augmenter, certes à un rythme plus lent, après 2012. Le rôle des garanties a évolué : alors qu'elles remplissaient à l'origine une fonction contra-cyclique, elles sont devenues un outil permettant de pallier des défaillances du marché dans un contexte économique plus stable. La plupart des programmes ont été maintenus après la crise (échanges écrits avec l'AECM). La segmentation et la réglementation financière ont également contribué à alimenter la demande de garanties de prêt (voir section 1.5).

Une autre stratégie visant les PME innovantes en quête de financements consiste à leur dispenser un soutien destiné à leur permettre d'utiliser leurs actifs incorporels pour garantir leurs emprunts. En effet, elles possèdent souvent peu d'actifs corporels pouvant servir de garanties et les établissements financiers hésitent pour cette raison à leur accorder des prêts. Les pouvoirs publics, ayant pris conscience des défaillances du marché dont pâtit cette catégorie de PME, ont également pris la mesure de l'importance qu'il convient d'accorder à la nécessité d'ouvrir l'accès à des sources de financement appropriées aux entreprises en forte croissance richement dotées en actifs incorporels.

Des pays toujours plus nombreux, en particulier en Asie, mettent en place des dispositifs spécifiques pour résoudre les difficultés que pose la constitution en garantie d'actifs incorporels. Les initiatives en la matière recouvrent la création de fonds par des banques de développement ainsi que des mécanismes associant subventions et garanties pour encourager l'engagement du secteur privé. D'autres mesures destinées à régler les problèmes de l'évaluation et du niveau élevé des coûts de transaction sont également déployées (Brassell et Boschmans, 2018[26]).

Au Japon par exemple, l'effort se concentre depuis quelque temps sur le comportement des prêteurs, l'idée étant de subventionner la production des rapports d'évaluation de la propriété intellectuelle destinés aux banques régionales et aux coopératives de crédit. La Chine est le marché le plus actif d'instruments de financement de la PI bénéficiant d'un soutien public ; elle est le premier pays à avoir expérimenté les prêts bancaires garantis par des actifs incorporels en 2006, et disposer d'une large gamme de mesures de soutien à la PI. En Corée, les pouvoirs publics ont créé ces dernières années divers dispositifs de soutien aux PME exerçant des activités axées sur le savoir. La Banque coréenne de développement (*Korea Development Bank* - KDB) a lancé une initiative baptisée « *Techno Banking* » consistant à accorder des prêts en vue de l'achat, de la commercialisation et de la constitution en garantie d'actifs de PI. Le Fonds coréen de garantie du crédit (*Korea Credit Guarantee Fund* - KODIT) propose de garantir un prêt ou une opération d'émission de titres à concurrence de 95 % du montant de l'actif de PI évalué ; l'activité d'évaluation est subventionnée par l'Office coréen de la propriété intellectuelle (*Korean Intellectual Property Office* - KIPO) et les travaux d'évaluation proprement dits sont réalisés par d'autres organismes tels que l'Association coréenne de promotion des inventions (*Korea Invention Promotion Association* - KIPA) (Brassell et Boschmans, 2018[26]).

Grâce à la spécialisation des programmes, les pouvoirs publics ont mieux pris conscience de la nécessité de produire des données désagrégées pour enrichir la base de données factuelles. De fait, le recueil de données plus détaillées pour éclairer la définition de politiques fondées sur des éléments factuels au service de stratégies ciblées demeure un défi (Alliance pour l'inclusion financière, 2017[27]). On trouvera dans l'encadré 2.3 un aperçu de quelques-unes des difficultés résolues et des initiatives prises par les pouvoirs publics pour exploiter les données au service d'un meilleur ciblage des mesures gouvernementales.

Encadré 2.3. Rôle des données dans le ciblage des mesures gouvernementales

Un nombre croissant de pays font état d'améliorations des données détaillées et d'initiatives nouvelles permettant de rendre compte de l'hétérogénéité de la population des PME. Néanmoins, il reste un long chemin à parcourir dans ce domaine. Au Royaume-Uni, la British Business Bank a élaboré une typologie des PME pour mieux guider le ciblage de ses initiatives. Elle regroupe les PME en fonction de critères relatifs à leurs attitudes et à leurs besoins déterminés selon des données tirées d'une enquête menée du côté de la demande. Les caractéristiques prises en compte pour regrouper les PME en catégories concernent notamment le besoin de financement et l'utilisation du financement ainsi que la réceptivité des entreprises aux informations sur les sources de financement et sur l'accès au financement. C'est à partir de ces catégories, et non plus en s'intéressant d'abord au profil des PME « moyennes », que les responsables de l'action publique et ceux qui la mettent en œuvre parviennent à cibler des PME aux caractéristiques similaires, en particulier en isolant les groupes d'entreprises qui affichent de grandes ambitions et aspirent à croître (OCDE, 2019[15]).

La ventilation par sexe des données sur les PME est également apparue comme essentielle pour dynamiser l'entrepreneuriat au féminin ; or la plupart des pays sont en retard pour ce qui est du recueil et de l'analyse de ce type de données. L'autorité chilienne de réglementation du secteur financier (*Superintendencia de Bancos e Instituciones Financieras de Chile* - SBIF) a commencé à produire des données différenciées selon le sexe en suivant un processus progressif qui a débuté en 2001. Les données relatives à l'offre sont présentées dans un rapport annuel consacré au thème de l'égalité entre les sexes et du système financier et les informations publiées depuis plus d'une décennie ont guidé la conception, par les établissements financiers chiliens, de programmes ciblant les femmes en tant que segment distinct de la population entrepreneuriale.

La banque publique chilienne *BancoEstado* a mis en place, en s'appuyant sur un ensemble de données émanant de la SBIF, le programme *Crece Mujer Emprendedora*, qui s'adresse aux femmes entrepreneurs et dont les grands axes sont l'accès au capital, l'éducation et les réseaux d'entreprises. Le secteur financier coopératif chilien a commencé à produire des données ventilées par sexe pour les besoins de ses propres activités et l'Association des banques chiliennes publie des notes de réflexion sur les grandes tendances dans le secteur des services bancaires destinés aux femmes dans le but de mettre en lumière les perspectives de croissance ouvertes notamment par la participation croissante des femmes aux marchés du crédit et les taux de remboursement supérieurs enregistrés parmi les femmes entrepreneurs (Data2X et al., 2016[28]). L'OCDE s'emploie également à intensifier le recueil de données plus détaillées, selon divers critères, sur le financement des PME ; les travaux entrepris sont décrits dans le chapitre 1 du rapport.

Le financement par capitaux propres est devenu un axe central des politiques de soutien au financement des PME

Les pouvoirs publics ont continué à soutenir les marchés du capital-investissement au-delà des années immédiatement consécutives à la crise et ce soutien a souvent été déterminant pour le développement de ces marchés. En Europe, il apparaît que les organismes publics de financement sont plus actifs que les investisseurs privés lorsqu'il s'agit d'apporter un soutien à des fonds finançant des investissements initiaux, et que leurs prises de participations dans des fonds de capital-risque émettent des signaux positifs à l'intention des investisseurs privés (Kraemer-Eis, Signore et Prencipe, 2016[29]).

L'importance des précurseurs pour le développement d'une activité dynamique de capital-risque est reconnue et l'évolution observée dans divers pays montre que le soutien public peut avoir une fonction décisive de catalyseur de l'émergence d'un secteur du capital-risque viable (Kraemer-Eis, Signore et Prencipe, 2016[29]).

De plus, les marchés du capital-risque n'avaient souvent pas renoué en 2018 avec les niveaux d'avant la crise. Le soutien public dont ont bénéficié les instruments de capitaux propres, conjugué à des évolutions de marché et aux rendements financiers potentiellement générés par les investissements publics sur ces marchés, a produit des avantages économiques. C'est pour ces raisons que les instruments visant à stimuler l'activité sur les marchés d'actions ouverts aux PME suscitent de plus en plus l'intérêt des pouvoirs publics. Dans un contexte de prise de conscience du fait qu'un recours excessif à l'endettement appelle une diversification des instruments de financement, on assiste à une multiplication des initiatives ayant pour objet de stimuler les apports de fonds propres privés (Conférence ministérielle de l'OCDE sur les PME, 2018[30]).

En 2019, 40 pays sur 46 ont déclaré avoir mis en place des mesures de soutien au financement des PME par des apports de fonds propres privés, et 27 pays des programmes spécifiques en faveur du tutorat-investissement. Il s'agit principalement de mesures du côté de l'offre (investissements publics directs, co-investissements associant secteurs privé et public, incitations fiscales et soutien public à des réseaux et associations) (OCDE, 2015[13]).

La création de fonds de fonds est également devenue une pratique plus répandue. Les fonds de fonds sont des fonds communs qui investissent dans des fonds de capital-risque plus petits au lieu d'investir directement dans des entreprises. Ils contribuent à combler l'écart entre les grands investisseurs (notamment les investisseurs institutionnels) et les entreprises en quête d'apports de capitaux privés. Ils offrent en outre aux investisseurs une solution pour diversifier et atténuer les risques. Bien qu'il soit difficile d'évaluer le succès de ces dispositifs de manière générale, il est clair que les acteurs publics jouent un rôle important sur les marchés du capital-investissement d'un grand nombre d'économies, aux côtés des acteurs privés.

L'attention portée aux mesures de soutien au capital-risque et aux capitaux de croissance est allée grandissant à mesure que la reprise a commencé à s'affermir

Dans le cadre des initiatives destinées à stimuler le développement des start-ups innovantes et des PME à fort potentiel, de nombreux pays ont commencé en 2012 à adopter des mesures de soutien au financement par capitaux propres à l'intention de cette catégorie de PME, et un grand nombre d'instruments d'investissement public et de mécanismes de co-financement ont fait leur apparition.

En 2013, le Canada a annoncé l'adoption d'un Plan d'action sur le capital de risque, comportant un engagement à investir 400 millions CAD sur les sept à dix prochaines années pour redynamiser le secteur du capital-risque. La même année, l'Estonie, la Lettonie et la Lituanie ont créé, avec le concours du Fonds européen d'investissement (FEI), le Fonds d'innovation baltique (FIB). La Grèce a lancé un Fonds de développement de la nouvelle économie (TANEO), qui a vocation à financer la prise de participations minoritaires dans des fonds de capital-risque. En Italie, le Fonds pour la croissance durable a lancé cette année un premier appel à propositions, sachant que 60 % du montant total de 300 millions EUR dont il dispose serviront à financer des investissements dans des PME. En 2014, la Finlande s'est dotée d'un programme de financement de la croissance prévoyant le cofinancement, avec des investisseurs privés, d'investissements dans des start-ups en croissance, et le gouvernement suédois a accru l'enveloppe budgétaire qu'il consacre à des programmes de capital-risque (OCDE, 2015[31]).

Au Chili, il existe depuis 2013 un Fonds d'amorçage (*Fondo Etapas Tempranas*). Ce fonds de fonds a vocation à apporter un soutien à de nouveaux fonds de placement procurant des capitaux propres à des PME en forte croissance. En 2013, les Pays-Bas ont créé, en coopération avec le FEI, un fonds de fonds ayant vocation à réaliser des investissements de croissance initiale ; cette mesure de soutien au financement des PME par des apports de capitaux propres, nouvelle à l'époque, comportait un volet concernant la demande puisque les pouvoirs publics œuvraient aussi, aux côtés des banques, à la diffusion d'informations, en direction des PME, sur les instruments de ce type (OCDE, 2017[32]).

Au Royaume-Uni, diverses initiatives gouvernementales ainsi que des investissements publics directs réalisés par la British Business Bank (BBB) depuis la crise ont clairement eu des effets sur la diversification de l'offre (UK Finance, 2018[17]). Une tendance similaire est observée au Danemark grâce à l'action du Fonds danois pour la croissance (voir encadré 2.1). Selon le Fonds européen d'investissement (FEI), on peut considérer 2010 comme l'année marquant le début d'une expansion des investissements bénéficiant d'un soutien du FEI qui offrent une rentabilité (Prencipe, 2017[33]). Bien que les causes de cette évolution soient multiples, l'action contra-cyclique des institutions citées précédemment est patent. Certaines études empiriques ont montré que les investissements en capital-risque bénéficiant d'un soutien du FEI ont des retombées positives sur la croissance des start-ups, conduisent à une meilleure capitalisation, à une augmentation du chiffre d'affaires et de la création d'emplois ainsi qu'à une hausse des niveaux d'investissement et d'endettement pendant les cinq premières années suivant la réalisation de l'investissement en capital-risque (Pavlova et Signore, 2019[34]).

Le soutien des pouvoirs publics au tutorat-investissement s'est également intensifié

Les investisseurs-tuteurs sont des particuliers fortunés, financièrement indépendants, qui décident d'investir leurs propres deniers dans des start-ups ou des entreprises en phase d'amorçage en entrant dans leur capital (OCDE, 2015[13]). Il s'agit souvent d'entrepreneurs ou d'anciens entrepreneurs qui sont réputés être plus impliqués que d'autres investisseurs dans la vie des entreprises qu'ils financent et qui leur apportent souvent une valeur ajoutée en intervenant en personne dans la gestion et la définition de la stratégie. Si cette forme d'investissement existe depuis des siècles, elle a donné naissance à un secteur très reconnu et de plus en plus structuré autour de réseaux et d'associations, particulièrement en Europe où il est pourtant traditionnellement moins développé qu'aux États-Unis, par exemple.

Dans ce secteur, l'activité a nettement ralenti à la suite de la récession, certes de façon moins spectaculaire que dans celui du capital-risque (OCDE, 2015[13]). L'un et l'autre secteurs bénéficient de plus en plus de l'appui des responsables de l'action publique qui sont conscients de leur complémentarité pour le financement des entreprises innovantes et en forte croissance pendant la phase d'amorçage. Les pouvoirs publics ont généralement commencé à leur porter davantage d'intérêt quelques années après la crise financière et ce, parce que le marché du tutorat-investissement ne s'est redressé que lentement et que des signes de plus en plus clairs indiquant une pénurie de capitaux d'amorçage sont apparus.

Les incitations fiscales destinées à stimuler l'innovation et la création de PME en forte croissance ciblent fréquemment les investisseurs-tuteurs. En Turquie, ceux-ci sont autorisés depuis 2013 à déduire jusqu'à 75 % du capital investi de leur base annuelle d'imposition. En décembre 2013, la Suède a institué une réduction d'impôt au bénéfice des investisseurs-tuteurs représentant au total 800 millions SEK par an (OCDE, 2015[31]).

Progressivement, une évolution s'est dessinée, du côté de l'offre, vers des mesures plus diversifiées en faveur des investisseurs-tuteurs qui ont essentiellement pris la forme de co-investissements via des fonds dédiés (comme aux Pays-Bas et au Royaume-Uni notamment) ou de mécanismes d'exonération d'impôt comme en Italie et au Japon – voir encadré 3 (OCDE, 2015[13]). En août 2014, le gouvernement autrichien (*Austria Wirtschaftsservice-AWS*) a créé une plateforme de mise en relation baptisée *aws Equity Finder* pour aider les start-ups et les PME à entrer en contact avec des bailleurs de fonds prêts à investir dans du capital-risque, ou avec des investisseurs-tuteurs, ou à accéder à des mécanismes de financement participatif ou à d'autres modes alternatifs de financement. Il propose également d'autres aides pouvant représenter (dans la limite de 50 000 EUR) jusqu'à 50 % des frais externes de publication des prospectus à l'occasion d'opérations sur les marchés d'actions, pour ne citer que l'une des mesures de soutien répondant à la demande ciblant explicitement les PME par une réduction des obstacles à la levée de fonds sur les marchés financiers au-delà du seuil fixé par la réglementation (OCDE, 2016[11]).

Une autre évolution importante peut être dégagée depuis la crise, c'est la forte tendance à la formalisation du secteur du tutorat-investissement, grâce à la création de réseaux, d'associations et de syndicats qui bénéficient souvent d'un soutien public. Reste à combler les lacunes que présentent les données factuelles dont on dispose ; des outils d'enquête et des instruments statistiques devraient être mis au point à cet effet dans les années à venir.

Encadré 2.4 Encourager l'activité des investisseurs-tuteurs par des dispositifs fiscaux : exemples de l'Italie et du Japon

Les incitations fiscales font partie des instruments qui peuvent être utilisés, du côté de l'offre, pour encourager l'activité des investisseurs-tuteurs. L'objectif de ces mesures est d'une part, d'accroître le nombre d'investisseurs-tuteurs actifs, et d'autre part, de les encourager à investir des montants plus élevés. L'Italie s'est dotée d'un dispositif de cette nature en 2008, sous la forme d'un régime d'allègement de la fiscalité. Les plus-values réalisées sur la cession de participations au capital d'une start-up sont exonérées d'impôt, sous réserve que certaines conditions soient satisfaites. Il faut notamment que les parts soient détenues depuis plus de trois ans et que les plus-values soient réinvesties dans les deux ans dans une autre start-up (OCDE, 2014[35]).

Le Japon a été précurseur dans ce domaine : il a instauré dès 1997 un régime fiscal comparable en faveur des investisseurs-tuteurs, lequel a été revu ultérieurement pour y intégrer un mécanisme d'exonération des bénéfices. Sous certaines conditions, les investisseurs-tuteurs peuvent déduire de leurs impôts un montant donné, proportionnel à celui de leurs investissements réalisés dans l'année (OCDE, 2015[13]). En outre, les moins-values sur les placements des investisseurs-tuteurs peuvent être reportées pendant trois ans (Commission européenne, PwC et IHS, 2015[36]). Le système japonais est également l'un des seuls dispositifs d'incitation fiscale à appliquer des conditions de déductibilité des pertes aussi favorables.

Les pouvoirs publics se sont efforcés d'intensifier leurs efforts et d'accroître l'efficacité de leur action dans le domaine du financement des PME en s'appuyant sur des institutions financières nationales spécialisées

Les institutions financières publiques sont l'un des outils couramment utilisés par les pouvoirs publics pour pallier les défaillances des marchés financiers et fournir des services financiers à des catégories d'entreprises qui n'y ont pas facilement accès. Il en existe depuis longtemps dans un grand nombre de pays membres et non membres de l'OCDE, souvent depuis avant la crise de 2008-09, mais le rôle qu'elles ont joué au lendemain de la crise justifie l'attention croissante qui leur est portée. Dans de nombreux pays, les institutions financières publiques ont élargi l'échelle et le champ de leurs activités.

Elles peuvent être des prêteurs de premier recours, autrement dit elles peuvent prêter directement à des consommateurs finaux, en l'espèce des PME et des entrepreneurs. C'est le cas notamment des banques commerciales publiques, qui ont souvent explicitement pour mandat d'accorder des financements aux PME. Elles peuvent également jouer le rôle de prêteurs de deuxième niveau et procurer à ce titre des financements à d'autres banques et établissements financiers qui prêtent à leur tour à des entreprises. Certaines de ces institutions combinent les deux activités et peuvent également être actives dans d'autres domaines que celui du financement (prêts directs, crédits commerciaux, garanties), notamment en effectuant des opérations de capital-investissement, en proposant des instruments hybrides et en distribuant des aides.

Les institutions financières publiques assurent aussi généralement un soutien indirect passant par l'infrastructure financière (affacturage inversé, liquidité des marchés, assurance des exportations, accords de PPP, titrisation des prêts) et non financière (services de conseil notamment).

Pendant les premières années de la reprise, nombre de pays ont procédé à des restructurations des institutions financières publiques fournissant ce type de services. Dans le cas de la France, du Royaume-Uni et du Portugal, des institutions centralisées ont été créées pour assurer la coordination et le déploiement de tous les mécanismes de soutien direct et indirect s'adressant aux petites entreprises.

La France a institué début 2013 une banque publique d'investissement (Bpifrance), fruit de la fusion de plusieurs acteurs publics (OSEO, CDC Entreprises, Fonds stratégique d'investissement). Bpifrance offre aux entreprises des services de financement au niveau local ; elle dispose à cet effet d'une large gamme d'instruments financiers et de formules de conseil. Elle propose des garanties, des formules de cofinancement, des prêts directs, et gère, pour le compte de l'État, le soutien public à l'innovation et à la fourniture de services. Elle est en outre garante de fonds de capital-risque. S'agissant du financement par capitaux propres, Bpifrance gère plusieurs fonds d'investissement, notamment des fonds de fonds qui, pour la plupart, ont vocation à répondre aux besoins des PME (OCDE, 2017[37]).

La British Business Bank est devenue fonctionnellement indépendante fin 2014 ; le but poursuivi était d'améliorer la structure des marchés du financement au bénéfice des PME en intensifiant la concurrence et en accroissant la diversité de l'offre (OCDE, 2017[38]). La banque publique de développement du Portugal a été créée en octobre 2014 en complément des établissements de crédit existants. Sa mission est principalement orientée vers les PME et consiste à accorder des lignes de crédit (via d'autres banques), à partager les risques, à offrir des garanties et à procurer des capitaux à des fonds de tutorat-investissement et de capital-risque (Instituição Financeira de Desenvolvimento, 2019[39]).

En Russie, la Banque de développement est née en 1999 ; elle est devenue en 2008 la Banque russe des petites et moyennes entreprises, filiale de la *Vnesheconombank-VEB*, qui est un organisme d'État. Elle propose des financements à bas taux pour des projets d'innovation et de modernisation ainsi que des formules de crédit-bail pour les start-ups et du microfinancement.

Des banques de développement ont décidé de se réunir au sein du Groupe de Montréal, qui est un forum mondial rassemblant des établissements de financement du développement créé en 2012 sous l'égide de la Banque de développement du Canada. En 2019, le Groupe comptait huit établissements membres représentant l'Arabie saoudite, le Brésil, le Canada, la Chine, la Finlande, la France, le Maroc et le Mexique (Groupe de Montréal, 2019[40]). Le Groupe fonctionne comme un réseau de partage de connaissances et de pratiques exemplaires au service des PME.

Évolutions récentes et problématiques émergentes

L'orientation des politiques de financement des PME a changé au cours des dernières années. La fintech et les outils numériques de financement des PME, l'aide non financière au renforcement de la culture financière des entrepreneurs et la réduction des délais de paiement constituent, parmi tout un ensemble de sujets, trois priorités pour les responsables de l'action publique. Les sections suivantes livrent davantage d'informations sur chacun de ces thèmes.

Les responsables publics accordent de plus en plus d'importance aux progrès de la fintech et aux outils numériques au service du financement des PME

La transformation numérique est porteuse de nouvelles opportunités mais aussi de nouveaux défis pour le financement des PME, au nombre desquels figurent de nouvelles méthodes d'évaluation du risque de crédit et de nouveaux outils numériques pour le financement des PME. Pour accompagner ces évolutions, les pouvoirs publics ont principalement eu recours aux mesures réglementaires, qui sont examinées dans la section 1.5 ci-dessous.

La transformation numérique a de plus en plus d'impact sur les instruments de crédit. Les nouvelles possibilités de collecte de données ont favorisé les avancées de l'analytique de données dans le domaine des services financiers. La notation de crédit est l'une des applications de ces méthodes. Il s'agit d'une technique d'analyse statistique de la solvabilité dont dépend souvent la décision d'octroi d'un crédit.

Bien que les méthodes de notation du crédit comptent parmi les applications les plus anciennes de l'analytique de données, elles ont été récemment transformées, non pas tant du fait du bouleversement des méthodes statistiques, mais surtout en raison de la diversification des sources de données (Óskarsdóttir et al., 2019[41]). Avant tout, les institutions financières se montrent très désireuses d'enrichir le socle de données dont elles disposent pour évaluer le risque de crédit, en utilisant des sources de données dites alternatives, à savoir des informations non liées au crédit (données transactionnelles, données comportementales, données issues des médias sociaux) (ICCR, 2018[42]). Le recours à ces informations soulève des problèmes juridiques et réglementaires dans certains pays, notamment en lien avec la protection des données (voir la section 1.5).

Comme le Conseil de stabilité financière (CSF) l'a reconnu, l'amélioration de la qualité et de l'accessibilité des informations pour les acteurs du système financier et les autorités de réglementation peut procurer des avantages significatifs (FSB, 2017[43]). Des mécanismes de notation du crédit plus performants contribuent à réduire les asymétries de l'information et à faire baisser les taux de défaut des entreprises (Conférence ministérielle de l'OCDE sur les PME, 2018[30]). Ces deux problèmes touchent les PME de manière disproportionnée. Néanmoins, il est difficile d'évaluer ces nouveaux modèles fondés sur les données massives en l'absence de cycle de crédit complet, et les craintes de caractère procyclique et de volatilité résultant des nouvelles techniques d'analytique de données sont assez répandues (FSB, 2017[43]).

Dans le même temps, plusieurs pays s'emploient à établir et développer des infrastructures d'information pour l'évaluation du risque de crédit, telles que les registres des opérations de crédit ou les agences privées d'évaluation de la solvabilité (Conférence ministérielle de l'OCDE sur les PME, 2018[30]) (PMIF, 2017[44]). Il s'agit par exemple de la base de données sur le risque de crédit mise en place au Japon en 2001, et de l'Euro-Secured Notes Issuer établi en France en 2014 (OCDE, 2017[32]).

L'essor des instruments fintech s'est traduit par un meilleur accès aux services financiers pour les ménages comme pour les PME (FSB, 2017[43]). C'est surtout vrai sur les marchés émergents, où des instruments tels que les dispositifs de paiement mobile ont grandement facilité les transactions de paiement quotidiennes pour les entreprises (FSB, 2017[43]). Comme indiqué précédemment, la fintech a également contribué à faire baisser les coûts de transaction pour les prêteurs qui souhaitent s'adresser aux segments non desservis du monde des PME, comme les entreprises situées en zone rurale ou isolée, les micro-entreprises et les entreprises informelles (Conférence ministérielle de l'OCDE sur les PME, 2018[30]), qui sont toutes plus nombreuses sur les marchés émergents. Cette tendance cadre bien avec les Principes de haut niveau du G20 et de l'OCDE qui appellent à une action en faveur de l'inclusion financière, y compris pour les entreprises informelles (Koreen, Laboul et Smaini, 2018[4]).

La transformation numérique des services financiers facilite également les investissements transfrontaliers, encore qu'ils se heurtent aux divergences réglementaires. Le Conseil de stabilité financière (CSF) s'est interrogé sur la « compatibilité internationale des cadres juridiques nationaux » (FSB, 2017[43]). Plus fondamentalement, la transformation numérique pose la question du niveau approprié où réglementer (voir l'encadré 3 ci-dessous), car les transactions transfrontières se déroulent souvent dans des zones grises juridiques (FSB, 2017[43]). Enfin, les responsables publics réalisent que l'amélioration de l'accès aux financements accroît l'importance de la culture financière (FSB, 2017[43]): un soutien non financier est de plus en plus prévu dans les instruments qui ciblent les PME et les entrepreneurs.

Le soutien apporté par les pouvoirs publics intègre de plus en plus des efforts pour améliorer la culture financière des chefs d'entreprise et des entrepreneurs

Les données d'expérience montrent que le soutien financier est d'autant plus efficace qu'il s'accompagne de mesures de soutien non financières, qui englobent le mentorat, le conseil, l'encadrement ou une éducation financière générale (OCDE, 2017[32]). En effet, les PME souffrent parfois non seulement d'un déficit de financement, mais aussi d'un déficit de compétences (OCDE, 2019[3]). Combler ce déficit fait désormais partie des priorités des responsables publics. Un nombre croissant de pays, une soixantaine en 2015, ont adopté une stratégie nationale d'éducation financière comportant une approche coordonnée à l'échelle nationale. Ces approches ciblent souvent des groupes spécifiques, et les PME comptent parmi les principaux publics visés par ces stratégies dans le monde (OCDE/INFE, 2015[45]). L'encadré 2.5 jette un éclairage sur le modèle portugais.

Encadré 2.5. Promouvoir la culture financière au Portugal

En 2016, le Portugal s'est doté d'un programme de « compétences fondamentales pour l'éducation financière » qui adresse des orientations à tous les acteurs du monde de l'éducation financière à l'intention des entreprises dans le pays. Cette initiative vise à harmoniser les programmes et à promouvoir les bonnes pratiques. Elle a été soumise à une consultation publique avant d'être affinée au cours d'une série d'actions de formation pilotes.

Ce travail est le résultat d'un projet conjoint entre l'autorité de supervision du secteur financier, l'Agence pour la compétitivité et l'innovation (IAPMEI) et l'Agence pour le tourisme (TP). Il fait partie du « Plan d'action national portugais en faveur de l'éducation financière », un ambitieux programme gouvernemental de renforcement de la culture financière. Mis sur pied en 2011 et révisé en 2016, il associe un large éventail de parties prenantes, y compris des ministères, le secteur financier, des associations de consommateurs, des syndicats, des associations professionnelles et des universités.

L'ambition du plan d'action portugais n'est pas seulement d'améliorer les connaissances financières des chefs d'entreprise et des dirigeants, mais c'est aussi de rétablir la confiance entre les entreprises et le secteur financier, qui a été sérieusement ébranlée par la crise financière.

En 2017, les membres du protocole de coopération ont dispensé un ensemble de cours afin de former une équipe de formateurs dans le pays. Les participants étaient issus d'associations professionnelles, d'universités et d'instituts polytechniques. Sur les 34 participants, 10 ont été certifiés en tant que formateurs, sous la coordination de l'IAPMEI et de la TP.

En 2018, l'équipe de formateurs a entamé ses activités et organisé 24 sessions de formation à l'intention des chefs d'entreprise et des entrepreneurs. Ces sessions ont eu lieu dans différentes régions du Portugal, principalement dans les locaux d'associations professionnelles locales, de conseils municipaux, d'écoles de commerce, de tourisme et hôtelières. 382 participants y ont assisté.

En plus des cours programmés, l'IAPMEI et la TP organiseront une conférence annuelle afin de sensibiliser à l'importance de l'éducation financière pour la gestion des PME.

Source : Correspondance écrite avec des experts de la CMVM.

Les mesures de soutien non financières s'invitent parmi les instruments de politique financière

Les Principes de haut niveau du G20 et de l'OCDE relatifs au financement des PME recommandaient d'améliorer les compétences financières et la vision stratégique des PME, dans le cadre des onze priorités d'action approuvées par les ministres des Finances des pays du G20 en 2015 (Koreen, Laboul et Smaini, 2018[4]). Une étude mandatée par la Banque de développement du Canada en 2013 a montré que les services de conseil, et notamment les initiatives en faveur de la culture financière, améliorent sensiblement les performances des entreprises, mesurées par la croissance des ventes, de l'emploi, de la productivité et des bénéfices, ainsi que leur taux de survie (Boschmans et Pissareva, 2017[46]).

En 2018, 27 pays couverts par le Tableau de bord ont indiqué avoir mis en place un instrument de soutien non financier dans le cadre de leurs initiatives à l'appui du financement des PME (OCDE, 2018[47]). Malgré leurs différences de conception, il est possible de classer les multiples initiatives en plusieurs catégories :

- Services de conseil dans le cadre de la mission institutionnelle des prestataires publics de services financiers (ex. Autriche, Brésil, Colombie, Géorgie, Israël, Malaisie, Suède) ;
- Mécanismes de conseil multiples, essentiellement par le biais de partenariats avec le secteur privé et le secteur sans but lucratif (ex. Australie et Nouvelle-Zélande) ;
- Mécanismes de conseil publics spécifiques au domaine de la finance (ex. Finlande, Pays-Bas) ;
- Programmes spécifiques associant des instruments de financement par emprunt et des services de conseil (ex. Belgique – Flandres et République tchèque) ;
- Services de conseil en ligne (ex. Belgique – Wallonie et France) ;
- Encadrement et mentorat dispensés par des organismes de garantie en association avec des garanties d'emprunt (ex. Autriche, Belgique et Finlande) (échanges écrits avec des experts de l'Association européenne du cautionnement mutuel – AECM).

Un soutien non financier est également prodigué dans le cadre des accélérateurs et incubateurs d'entreprises

On assiste à une multiplication des offres d'appui aux entreprises émanant d'accélérateurs et d'incubateurs. Les accélérateurs d'entreprises sont souvent associés aux fonds de capital-risque aux États-Unis et sont issus d'investissements mixtes publics et privés en Europe. En général, incubateurs et accélérateurs apportent un soutien financier et non financier aux start-ups et aux PME à fort potentiel de croissance. Les entreprises ciblées, les modèles d'activité et les portefeuilles de services affichent une grande hétérogénéité (voir le tableau 2.2).

Les incubateurs proposent généralement des services de formation et de mentorat plus complets mais moins spécialisés, tandis que les accélérateurs apportent un soutien plus ciblé dans le domaine des compétences et stratégies de management. Leur dénominateur commun est d'offrir la possibilité aux chefs d'entreprise et aux entrepreneurs de bénéficier d'un réseau local. Diverses initiatives se sont fait jour à différents niveaux, local ou national. La Finlande est l'un des premiers pays à avoir adopté le modèle public-privé, avec le lancement du programme d'accélérateurs VIGO en 2009 (encadré 5). Sur un plan général, les incubateurs et accélérateurs ont tendance à cibler des segments plus spécifiques comme les femmes, les jeunes, les migrants ou les entrepreneurs et chefs d'entreprise seniors (Commission européenne / OCDE, 2019[48]).

Tableau 2.2. Différences et similitudes entre accélérateurs et incubateurs d'entreprises

	Incubateurs d'entreprises	Accélérateurs d'entreprises
Objectif	Soutenir la création et le développement d'entreprises	Accélérer la croissance des entreprises
Portefeuille de services	Formation : compétences en entrepreneuriat Mentorat : élaboration d'un modèle d'activité et d'un plan d'activité initial Réseautage : autres entrepreneurs et acteurs dans l'écosystème entrepreneurial au sens large Accès aux financements : dons ou capital d'amorçage Autre : soutien managérial (ex. comptabilité), accès à des équipements spécialisés	Séminaires : compétences managériales Mentorat : intensif, en mettant l'accent sur la stratégie de croissance Réseautage : autres entrepreneurs et acteurs dans l'écosystème entrepreneurial au sens large Accès aux financements : emprunt ou capitaux propres
Prestation de services	À la demande	Obligatoire et fournie dans le cadre d'un programme structuré
Durée du soutien	Souvent 3 ou 4 ans, voire plus	Habituellement 3 ou 6 mois
Modèle d'activité	Principalement sans but lucratif, les coûts opérationnels étant en grande partie couverts par les loyers perçus	Principalement sans but lucratif, conjugué à des fonds privés de capital-risque (aux États-Unis) ou à un panachage d'investisseurs publics et privés (en Europe)

Source : (OCDE/Commission européenne, 2019[49]), adapté d'autres sources.

Encadré 2.6. Accélérateurs et incubateurs en Finlande : de VIGO à Start-up Refugees

Le programme d'accélérateur VIGO (Finlande) – 2009-15

Le programme d'accélérateur d'entreprises VIGO reflète la conviction selon laquelle le capital (mesures du côté de l'offre) ne suffit pas pour aider les start-ups finlandaises à atteindre le marché mondial, mais doit être complété par du savoir-faire (mesures du côté de la demande). Ce programme a été conçu par différents groupes d'entrepreneurs qui ont constitué des équipes « d'accélérateurs ». Il incombait à ces équipes d'investir leur propre épargne dans les start-ups et de les encadrer. Les accélérateurs pouvaient demander à la société Finnvera jusqu'à 1 million EUR de fonds propres, et jusqu'à 1 million EUR à Tekes sous la forme de dons. Ces deux sociétés de financement sont publiques. Le programme VIGO a pris fin, mais en 2014 il avait aidé 100 start-ups et en hébergeait encore 80 supplémentaires. Le programme a été salué pour sa capacité à conjuguer des fonds publics et privés de façon innovante et à doper le marché finlandais du capital-risque et des accélérateurs. Il a également favorisé l'émergence d'entreprises à forte croissance (Halme et al., 2018[50]). Parce qu'il est l'un des premiers projets à grande échelle de ce type, VIGO peut être considéré comme un modèle d'avant-garde qui a été reproduit dans d'autres pays par la suite.

Startup Refugees – depuis 2015

En novembre 2015, deux entrepreneurs finlandais ont lancé une initiative pour encourager des réfugiés à créer leur entreprise. Ils sont partis du constat que les réfugiés sont souvent des personnes très qualifiées, qui recèlent un vaste potentiel inexploité, mais aussi que dans un contexte de hausse du chômage en Finlande, les initiatives entrepreneuriales étaient les bienvenues pour créer des emplois (Commission européenne / OCDE, 2019[48]). Startup Refugees a commencé par cartographier les compétences et les besoins des employeurs avec l'aide de volontaires, afin de rapprocher les employeurs de recrues potentielles. Dans un second temps, un programme d'incubateur a été lancé dans divers centres d'accueil de réfugiés (Commission européenne / OCDE, 2019[48]). L'incubateur met en relation les candidats entrepreneurs avec des mentors et des investisseurs potentiels, y compris des investisseurs tuteurs. Cette initiative, financée en partie par le ministère finlandais de l'Intérieur et le Service finlandais d'immigration, était complétée par un programme spécifique ciblant les femmes (Commission européenne / OCDE, 2019[48]). Même si cette initiative est d'envergure modeste, elle illustre l'importance grandissante de politiques axées sur des segments particuliers des PME et des entrepreneurs.

Les pouvoirs publics agissent pour réduire les délais de paiement

Il ressort des données d'observation que les retards ou les défauts de paiement (à l'occasion de transactions entre entreprises ou entre entreprises et pouvoirs publics) sont préjudiciables à la croissance, voire même à la survie des entreprises. C'est surtout vrai pour les petites entreprises, qui n'ont souvent guère de capacités de gestion de trésorerie et qui disposent de possibilités restreintes pour lisser leur trésorerie. En outre, les PME sont pénalisées par une asymétrie du pouvoir dans la négociation dans les transactions entre entreprises, qui peut les contraindre à accepter de mauvaises conditions de paiement, surtout lorsque la survie de leur activité dépend de l'obtention du contrat. La Federation of Small Businesses estime qu'en réduisant ou supprimant les retards de paiement, le nombre total de faillites d'entreprise au Royaume-Uni pourrait baisser de 50 000 chaque année (FSB, 2016[51]).

Pour sa part, l'Union européenne estime qu'une faillite sur quatre dans ses États membres est imputable à des retards de paiement. En 2019, l'UE a calculé que 6 entreprises sur 10 impliquées dans des transactions entre entreprises continuent d'être payées plus tard que ce que le contrat prévoit, et le taux déclaré par les PME est encore plus élevé. Cette situation a suscité un certain nombre de réactions des pouvoirs publics dans différents pays, et les initiatives se sont multipliées de par le monde ces dernières années.

Dès 2011, l'UE a adopté la directive concernant la lutte contre le retard de paiement dans les transactions commerciales. Cette directive, transposée dans le droit interne de plusieurs États membres entre 2012 et 2014, stipule que les paiements doivent être effectués dans un délai de 60 jours pour les transactions entre entreprises et de 30 jours (exceptionnellement, 60 jours) pour les transactions entre pouvoirs publics et entreprises. La directive prévoit également un droit automatique à des intérêts de retard et à une indemnisation. Elle autorise les États membres à durcir les conditions applicables (réduire le délai de paiement maximum, par exemple).

Une évaluation de la directive publiée en 2015 révèle que la plupart des entreprises avaient connaissance de la législation sur les délais de paiement, ainsi que de leurs droits. Néanmoins, cette connaissance est plus faible parmi les PME, et elles font rarement valoir leurs droits, puisque 60 % des entreprises indiquent qu'elles n'ont jamais réclamé des intérêts ou une indemnisation pour retard de paiement. Les résultats réunis sur les effets de la directive sur les délais de paiement sont contrastés (DG GROW et al., 2015[52]), même si cette législation a placé la question des délais de paiement sur le devant de la scène. Une résolution adoptée par le Parlement européen en janvier 2019 appelait à une meilleure application de la législation et à une diversification des outils utilisés pour lutter contre les retards de paiement.

En juin 2018, le Chili a introduit un projet de loi sur le paiement en temps opportun, afin d'encourager le règlement des factures dans les délais fixés. Ce projet de loi entend limiter les délais de paiement à 30 jours et les délais négociés à 60 jours. Concernant les marchés publics, les fournisseurs doivent être réglés sous 30 jours civils suivant réception de la facture ou émission de l'instrument fiscal concerné, et un délai pouvant atteindre 60 jours civils est acceptable en cas d'appel d'offres ou de marché public.

En Australie, depuis juillet 2019, les entités publiques sont tenues de régler les factures au titre de contrats d'une valeur maximale de 1 million AUD dans un délai de 20 jours civils, contre 30 jours qui étaient auparavant la norme. En outre, afin d'accroître la transparence et la redevabilité dans le respect de cette nouvelle règle, le gouvernement demande aux grandes entreprises d'élaborer un système de signalement annuel des délais de paiement pour vérifier qu'elles paient les petites entreprises en temps voulu.

La Nouvelle-Zélande place la transformation numérique au cœur de ses efforts pour réduire les délais de paiement. L'initiative New Zealand Business Number (NZBN) (lancée en 2013 pour les sociétés immatriculées) instaure un identifiant unique pour toutes les entreprises néo-zélandaises, y compris celles qui ne sont pas constituées en société. L'existence d'un identifiant unique permettra d'accélérer les échanges avec d'autres entreprises et avec les administrations publiques, car ces entités n'auront plus à actualiser sans cesse leurs informations et toutes les données de base seront conservées en ligne.

Le gouvernement néo-zélandais encouragera également l'adoption à plus grande échelle de la facturation électronique via le NZBN. Toutes les factures seront envoyées instantanément aux clients par le biais de leurs systèmes de gestion financière, et le risque d'erreur manuelle sera minimisé. En mars 2019, la Nouvelle-Zélande a adhéré au réseau PEPPOL pour l'échange de documents électroniques à l'échelle européenne, et la facturation électronique devrait être possible d'ici fin 2019. Le gouvernement prévoit également de prendre des mesures visant à interdire les pratiques de paiement « inadmissibles » dans les transactions entre entreprises et d'étendre le régime existant de protection des consommateurs (en vertu de la loi sur les pratiques commerciales) face aux conditions contractuelles inéquitables de manière à englober les contrats commerciaux d'une valeur inférieure à 25 000 NZD.

L'évolution des approches réglementaires

Le cadre réglementaire applicable au financement des PME s'est également profondément transformé après la crise financière. Cette section aborde les principaux aspects de la réglementation examinés par les autorités au lendemain de la crise. Celles-ci ont, dans un premier temps, mis l'accent sur la stabilisation du secteur financier en agissant sur la réglementation de l'offre, avant de s'employer à établir un cadre propice à l'innovation financière, qui s'appuie la plupart du temps sur des progrès technologiques.

Réformes financières de Bâle III et financement des PME au lendemain de la crise

Le cadre de Bâle III a constitué l'axe central de la réponse que les autorités ont apportée à la crise financière mondiale. Les régulateurs ont constaté que le cadre réglementaire présentait un certain nombre de faiblesses avant la crise, et ont tenté de corriger ces insuffisances dans l'optique de renforcer la résilience du système bancaire et de limiter les risques systémiques. Au lendemain de la crise, les établissements d'importance systémique ont été progressivement tenus de respecter un ratio de fonds propres pondérés en fonction des risques, un ratio de liquidité à court terme, un ratio de levier financier, ainsi que de nouvelles règles macroprudentielles. Dans ce contexte en mutation, la dépendance excessive des PME à l'égard du financement bancaire a mis en évidence, aux yeux des responsables de l'élaboration des politiques dans le domaine du financement des PME, la nécessité d'engager des réformes au cours des années postérieures à la crise (OCDE, 2012[53]).

L'introduction du facteur supplétif en faveur des PME en 2014 a été l'une des mesures prises par le législateur européen pour atténuer les éventuels effets négatifs sur les prêts aux PME découlant de la mise en place d'une réglementation plus stricte. Le règlement sur les exigences de fonds propres (CRR) prévoit un coefficient de réduction des fonds propres égal à 0.7619 applicable aux expositions sur les PME et destiné à inciter les établissements bancaires à accorder des prêts à cette catégorie d'entreprises (encadré 2.7). Les États ont en parallèle mis en place des mesures contracycliques de nature non réglementaire afin de favoriser le financement des PME.

Encadré 2.7. Exigences de fonds propres et financement des PME : l'introduction du « facteur supplétif »

Le renforcement des exigences de fonds propres à la suite de la crise a fait craindre que les banques soient moins disposées à financer les PME. La transcription dans le droit communautaire des normes de Bâle III en 2014 a donné lieu dans ces conditions à l'introduction du « facteur supplétif », lequel permet de réduire de 23.81 % le niveau des exigences de fonds propres en ce qui concerne les prêts aux PME. Cette mesure vise à compenser la contraction de l'offre de crédit pour les PME, et à inciter les banques à octroyer des prêts aux PME qui remplissent les conditions requises.

Dans une étude publiée récemment, les auteurs ont démontré que le facteur supplétif avait contribué à soutenir l'activité de prêts bancaires aux PME, et constaté une efficacité croissante au fil du temps. Ils ont comparé un groupe d'entreprises visées par la réforme à un groupe d'entreprises similaires non concernées, et ont mis en évidence que le facteur supplétif avait eu un impact significatif sur les prêts aux PME. Cette analyse révèle que les exigences de fonds propres influent sur la décision des banques en matière d'octroi de prêts aux PME.

L'étude note en outre que les exigences de fonds propres applicables aux prêts aux PME ne tiennent pas compte de façon satisfaisante de leur profil de risques, surtout au niveau du portefeuille. Les expositions sur les PME sont en particulier très faiblement corrélées, voire corrélées négativement, avec les engagements vis-à-vis des grandes entreprises. Il s'ensuit que les banques dont le portefeuille est diversifié et qui financent à la fois des PME et des grandes entreprises sont plus résilientes face aux fluctuations du cycle économique.

Source : (Dietsch et al., 2019[54])

Neuf ans après l'adoption des accords de Bâle III, les résultats d'une évaluation en continu des effets des réformes sur le financement des PME montrent que l'on observe globalement aucun effet négatif majeur et durable sur le financement des PME, même si des différences existent selon les pays[4]. Il est possible cependant que les exigences de fonds propres pondérés en fonction des risques aient eu, temporairement, un impact sur la croissance et contribué à resserrer les conditions d'accès au financement pour les PME dans tel ou tel pays, s'agissant des banques les plus exposées (les moins capitalisées). De plus, les établissements financiers ont semble-t-il joué la prudence en matière d'octroi de crédits, préférant réorienter leurs activités vers des segments moins risqués (FSB, 2019[55]). Ce constat confirme le fait que dans certains pays, la demande de garanties de crédit a augmenté au cours des dernières années du fait d'un durcissement des exigences de fonds propres et des obligations déclaratives imposées aux banques (échanges écrits avec l'AECM, l'Association européenne du cautionnement mutuel).

Il est intéressant de noter, au vu des observations empiriques issues de cette évaluation, que les conditions macroéconomiques et des facteurs non liés à la réglementation financière sont les principaux déterminants des tendances en matière en financement des PME. Au lendemain de la crise financière, les politiques publiques qui ont été mises en place, conjuguées à des conditions financières favorables (en particulier le faible niveau des taux d'intérêt) ont constitué des facteurs de confusion importants qui ont pu atténuer certains des effets négatifs engendrés par les réformes financières (FSB, 2019[55]).

En outre, en plus des réformes adoptées au niveau international après la crise, de nombreux pays ont mis en place des mesures destinées à resserrer la réglementation et la supervision des banques et à lutter contre à la prolifération des prêts improductifs. L'Espagne s'est par exemple dotée d'un fonds de restructuration ordonnée du secteur bancaire (*Fondo de reestructuración ordenada bancaria*, FROB) qui a été chargé du pilotage du processus de restructuration des établissements de crédit en difficulté financière, de la recapitalisation des banques, conduisant dans certains cas à une nationalisation totale ou partielle, et de la création de mécanismes de protection des actifs.

Les autorités espagnoles ont également prévu de renforcer les garde-fous afin de réduire la probabilité et la gravité de crises financières futures. On citera, parmi les mesures les plus significatives, la mise en place de nouvelles exigences en matière de fonds propres, l'obligation d'améliorer les politiques de gestion des opérations de crédit et de réduire l'encours de prêts improductifs, ou encore le renforcement des systèmes d'évaluation du risque de liquidité. De nouvelles obligations d'information ont été introduites en ce qui concerne les prêts restructurés et refinancés, les prêts improductifs, la qualité des actifs constituant les différentes composantes des portefeuilles de prêts, la concentration sectorielle des portefeuilles, etc.

À la suite de la recapitalisation de certaines banques, l'Italie a aussi renforcé ses systèmes de contrôle, et imposé de nouvelles règles visant les prêts bancaires accordés aux PME, comme l'obligation de constituer des réserves proportionnelles à l'encours de crédits octroyés aux PME, une mesure mise en place pour tenter de lutter directement contre les prêts improductifs.

Réglementation du financement alternatif en ligne pour les PME

On observe depuis quelques années une progression soutenue du financement alternatif, comme l'affacturage, le crédit-bail et le financement alternatif en ligne, un mouvement qui s'appuie sur le développement des Fintech dans la plupart des cas. Parallèlement à ces évolutions, la récente dynamique impulsée par la révolution numérique ouvre de nouvelles perspectives tout autant qu'elle pose de nouveaux défis en ce qui concerne le financement des PME (OCDE, 2019[3]). Le terme Fintech, selon la définition du Conseil de stabilité financière (CSF), désigne les « *innovations en matière de services financiers permises par les technologies et susceptibles de donner naissance à des modèles d'entreprise, des applications, des processus ou des produits nouveaux et ainsi influer fortement sur les modalités de fourniture des services financiers* » (FSB, 2017[43]), et couvre une large gamme de services financiers, comme des instruments de fonds propres et des titres de dette.

Au nombre de ces innovations figurent les banques « challengers » en ligne, les plateformes de crédit exploitant les nouvelles technologies financières, la transformation numérique des instruments de capital-investissement, la diversification des emprunteurs éventuels, et les possibilités offertes par les nouvelles technologies en matière d'analytique des données et de registres distribués.

Les politiques publiques relatives au financement des PME accordent de plus en plus de place au financement alternatif en ligne. Les Fintech peuvent faciliter l'accès des PME au financement, en ce qu'elles offrent des services à la fois plus pratiques et plus abordables, des évaluations du risque de crédit plus efficaces, et des coûts de transaction réduits. Ces instruments peuvent constituer une occasion unique pour des projets qui sont trop petits, trop risqués ou qui ont une vocation sociale (Conférence ministérielle de l'OCDE sur les PME, 2018[30]), et leur montée en puissance, notamment au début des années 2010, a incité les autorités de réglementation à intervenir.

Même si le nombre d'entreprises qui ont recours à des solutions de financement alternatif en ligne demeure relativement faible dans la plupart des pays, dans certains, la masse critique a été atteinte, notamment en Chine, au Royaume-Uni et aux États-Unis. En outre, les défaillances opérationnelles récentes mettent en lumière les défis posés aux régulateurs qui cherchent à assurer une protection adéquate des consommateurs et des investisseurs (Claessens et al., 2018[56]). La question sous-jacente consiste à savoir s'il faut obliger les plateformes d'intermédiation à se conformer à la réglementation relative aux services financiers, ou bien si une réglementation spécifique devrait être mise en place (encadré 2.8).

Dans le cadre de l'exercice visant à définir des approches efficaces à l'appui de la mise en œuvre des Principes de haut niveau du G20 et de l'OCDE, une grande majorité de pays ont annoncé avoir pris des mesures afin de favoriser le développement des technologies financières comme moyen d'améliorer l'accès des PME au financement (27 pays sur 38). Des mesures réglementaires ont été mises en œuvre dans 19 de ces 27 pays. Certains pays ont aussi mentionné la mise en place de plateformes d'information et de mise en relation des PME avec des entreprises de technologie financière, l'organisation d'ateliers et la création d'associations fédérant les acteurs de la Fintech (Koreen, Laboul et Smaini, 2018[4]).

Les initiatives réglementaires ciblant ce nouveau secteur d'activité visent à assurer la protection des consommateurs et des investisseurs, tout en prenant soin, en parallèle, de ne pas étouffer l'innovation. S'agissant des Fintech engagées dans des activités de crédit, plusieurs pays ont élaboré depuis 2015 des réglementations et instauré des procédures d'agrément spécifiques. Le Brésil, la Chine et le Mexique figurent parmi les derniers pays qui ont adopté de telles mesures. Des cadres existent aussi en Espagne, en Finlande, en France et au Royaume-Uni. Dans d'autres pays, comme l'Allemagne et les États-Unis, les entreprises de technologie financière s'associent avec des banques commerciales pour distribuer les prêts souscrits par l'intermédiaire de la plateforme. Au Brésil, de nombreuses sociétés fonctionnent selon ce modèle de partenariat, alors même qu'il existe une réglementation leur permettant d'octroyer des prêts à partir de leurs propres bilans.

Les « bacs à sable » réglementaires sont une solution souvent proposée par les autorités en réponse aux incertitudes liées à ces nouveaux prestataires de services financiers. Ces instruments permettent aux entreprises de tester leurs services et leurs modèles économiques sous la surveillance d'un organisme de régulation financière et dans un environnement contrôlé. Le *Global Financial Innovation Network* (GFIN) est un réseau de régulateurs qui œuvrent en faveur de l'innovation dans le secteur financier tout en préservant les intérêts des consommateurs. Lancé officiellement en janvier 2019, le GFIN se compose d'un groupe international de 11 autorités de coordination, 20 membres et sept observateurs, parmi lesquels figurent des autorités nationales et infranationales, ainsi que des organisations internationales et des forums (tableau 3) (Global Financial Innovation Network, 2019[57]).

Au-delà de servir de plateforme permettant de confronter les expériences et les approches, il offre aux entreprises innovantes un moyen plus efficace d'interagir avec les régulateurs. Un projet pilote transnational destiné aux entreprises qui souhaitent tester des produits, des services et des modèles économiques innovants dans plusieurs pays a été lancé, et huit entreprises ont été sélectionnées parmi les 44 candidats déclarés. Les membres de cette première cohorte expérimenteront leurs services dans les pays suivants : Australie, Bahreïn, Bermudes, Canada (Colombie-Britannique, Ontario et Québec), Émirats arabes unis (Abu Dhabi, Dubaï), Guernesey et Jersey, Hong Kong (Chine), Hongrie, Kazakhstan (Astana), Lituanie, Royaume-Uni, Singapour (Global Financial Innovation Network et Financial Conduct Authority, 2019[58]).

Tableau 2.3. Membres du Global Financial Innovation Network (GFIN)

« Bacs à sable » réglementaires des autorités financières et forums internationaux, juin 2019

Pays	Organisation
Australie	Commission australienne des valeurs mobilières et de l'investissement (ASIC)
Bahreïn	Banque centrale de Bahreïn (CBB)
Bermudes	Autorité monétaire des Bermudes (BMA)
Brésil	Commission brésilienne des valeurs mobilières (CVM)
Canada (Alberta)	Commission des valeurs mobilières de l'Alberta (ASC)
Canada (Colombie-Britannique)	Commission des valeurs mobilières de la Colombie-Britannique (BCSC)
Canada (Ontario)	Commission des valeurs mobilières de l'Ontario (OSC)
Canada (Québec)	Autorité des marchés financiers (AMF)
Chine	Autorité financière de Qianhai
Curaçao et Sint-Maarten	Banque centrale de Curaçao et Sint-Maarten
Hong Kong (Chine)	Autorité monétaire de Hong Kong (HKMA)
Hong Kong (Chine)	Commission des valeurs mobilières et des contrats à terme de Hong Kong (HKSFC)
Hong Kong (Chine)	Autorité des assurances de Hong Kong
Hongrie	Banque centrale de Hongrie (MNB)

Israël	Autorité des valeurs mobilières d'Israël (ISA)
Israël	Autorité des marchés financiers, des assurances et de l'épargne (CMISA)
Kazakhstan	Autorité des services financiers d'Astana (AFSA)
Kenya	Autorité des marchés financiers (CMA)
Lituanie	Banque de Lituanie
Luxembourg	Commission de Surveillance du Secteur Financier (CSSF)
Maurice	Commission des services financiers — Maurice (FSC)
Qatar	Banque de développement du Qatar
Singapour	Autorité monétaire de Singapour (MAS)
Afrique du Sud	Banque centrale sud-africaine (SARB)
Swaziland (Eswatini)	Banque centrale d'Eswatini
Taïwan	Commission de surveillance financière — Taïwan
Émirats arabes unis	Autorité des services financiers de Dubaï (DFSA)
Émirats arabes unis	Marché mondial d'Abu Dhabi (ADGM)
Royaume-Uni	Autorité des pratiques financières (FCA)
Couronne britannique : Guernesey	Commission des services financiers de Guernesey (GFSC)
Couronne britannique : Île de Man	Autorité des services financiers de l'Île de Man (IOMFSA)
Couronne britannique : Jersey	Commission des services financiers de Jersey (JFSC)
États-Unis	Bureau de protection financière des consommateurs (CFPB)
OI et forums	Financiarisation de l'Afrique (FSD Africa)
OI et forums	Banque européenne pour la reconstruction et le développement (BERD)
OI et forums	Groupe consultatif d'assistance aux plus pauvres (CGAP)
OI et forums	Fonds monétaire international (FMI)

Source : (Global Financial Innovation Network et Financial Conduct Authority, 2019[58])

Encadré 2.8. Cadres réglementaires des Fintech : « bacs à sable » réglementaires et autres mesures

Dans de nombreux pays, les autorités ont mis en place des programmes afin de soutenir et de réglementer les Fintech lors de la phase de mise en œuvre, c'est-à-dire lorsque les idées sont testées sur le marché (OCDE, 2018[59]). Les « bacs à sable » établissent ainsi un périmètre réglementaire qui permet aux entreprises de tester leurs idées innovantes dans un environnement contrôlé. Cette démarche participe d'une logique qui vise à donner aux acteurs concernés les moyens d'expérimenter des services financiers innovants (généralement à petite échelle) avec davantage de souplesse. Les entreprises sont soumises à certaines conditions afin de garantir la protection des consommateurs, dont les commentaires (tant en ce qui concerne l'idée que la réglementation) constituent un élément essentiel du dispositif.

En plus de la mise en place d'un « bac à sable », l'assouplissement des obligations réglementaires peut passer par des procédures d'agrément moins contraignantes, comme c'est le cas aux Pays-Bas et au Royaume-Uni (OCDE, 2018[59]). En contrepartie, les entreprises qui bénéficient de tels dispositifs peuvent être soumises à un plafond de chiffre d'affaires ou de nombre de clients, comme en Australie par exemple (OCDE, 2018[59]). Dans certaines conditions, si l'expérimentation ne s'avère pas concluante, l'entreprise peut aussi être dispensée de certaines exigences légales. La plupart du temps, les conditions relatives à la protection des consommateurs sont relativement strictes, et prévoient entre autres l'obligation de désigner un point de contact ou un conseiller réservé, avec qui les régulateurs pourront échanger tout au long du processus.

Source : (Global Financial Innovation Network et Financial Conduct Authority, 2019[58])

Conclusions

Au cours de la décennie qui a suivi la crise financière mondiale, les politiques publiques en matière de financement des PME et de l'entrepreneuriat ont été profondément transformées. Les activités de prêt direct et les dispositifs de garantie d'emprunt ont souvent être étendus et développés juste après la crise. L'objectif était de contrer l'impact cyclique de la crise et d'atténuer les conséquences potentielles fortuites d'un durcissement de la réglementation bancaire. Avec l'assouplissement des conditions de crédit, ces politiques ont été pour l'essentiel maintenues en place et souvent axées plus explicitement sur certains segments de l'écosystème des PME. L'accès des PME aux financements est devenu un volet permanent des politiques publiques de nombreux pays, comme l'illustrent les Principes de haut niveau du G20 et de l'OCDE relatifs au financement des PME et le Plan d'action du G20 à l'appui du financement des PME, salués par les dirigeants des pays du G20 en novembre 2015.

Plus récemment, de nombreux pays ont réorienté leurs politiques afin de réduire la dépendance excessive des PME vis-à-vis de l'endettement bancaire traditionnel, dans le but d'améliorer l'accès des PME aux instruments financiers les mieux adaptés à leurs besoins à différents stades de leur cycle de vie, et d'accroître leur résilience face au risque de récession à l'avenir. Les programmes de soutien au capital-investissement sont devenus le deuxième instrument d'aide au financement des PME le plus utilisé dans les pays couverts par le Tableau de bord.

Dans la période qui a immédiatement suivi la crise, la réglementation financière s'est attachée à réformer le secteur bancaire de manière à contenir le risque systémique. L'adoption à grande échelle de la fintech et d'instruments de financement alternatifs en ligne au cours de la deuxième moitié de la décennie a conduit les autorités de réglementation à revoir leur approche. Les instruments ont eux aussi évolué, passant de mesures macroprudentielles générales à de nouveaux dispositifs réglementaires tels que la technique du « bac à sable » réglementaire et l'assouplissement des critères d'octroi d'autorisations.

Les autorités publiques de nombreux pays ont agi ces dernières années pour mettre à profit le potentiel de l'innovation financière, mais d'autres initiatives sont attendues, et on pourrait bien assister, au cours de la décennie à venir, à une transformation profonde des modalités d'accès des PME au financement. En outre, l'expérience acquise à la faveur de la crise financière éclaire la riposte des pouvoirs publics face aux crises actuelles et futures pesant sur l'accès des PME au financement. Cela inclut les conséquences économiques de l'épidémie de coronavirus (COVID-19) du premier semestre de 2020. Ce Tableau de bord continuera de suivre de près les tendances et évolutions des politiques de financement, en s'appuyant sur son vaste réseau d'experts.

Notes

[1] Les investisseurs institutionnels, en particulier, se sont montrés plutôt frileux face au risque.

[2] Le Groupe de travail du G20 sur l'investissement et les infrastructures et le Sous-groupe sur le financement des PME du Partenariat mondial du G20 pour l'inclusion financière (GPFI) ont uni leurs efforts dans le domaine de la promotion du financement des PME et défini un ensemble d'actions prioritaires, qui ont été approuvées par les Dirigeants du G20 en 2015. Ces actions recouvrent des réformes prioritaires des infrastructures des marchés financiers ainsi que la poursuite d'un programme d'action pour l'acquisition de connaissances permettant de combler les déficits de données sur le financement des PME, sur l'innovation dans le domaine des politiques de financement des PME et sur les instruments de financement à long terme des PME (PMIF, 2015[60]).

[3] Ces données font référence au nombre de pays figurant dans le Tableau de bord qui ont fait état de mesures relevant des diverses catégories mentionnées dans les éditions successives du Tableau de bord. Dans chaque édition, la liste des pays est présentée dans le chapitre consacré aux tendances du financement des PME. Les catégories varient peu au fil du temps. La liste complète comporte les catégories suivantes : (i) garanties de prêts accordées par l'État ; (ii) garanties spéciales et prêts aux start-ups ; (iii) garanties de l'État pour le financement des exportations, crédits commerciaux ; (iv) cofinancement par l'État/des fonds de pension ; (v) prêts directs aux PME ; (vi) taux d'intérêt bonifiés ; (vii) capital-risque, financement par apport de fonds propres, tutorat-investissement (*business angels*) ; (viii) co-investissement par des investisseurs-tuteurs (ajouté en 2019) ; (ix) banques spécialisées dans les PME ; (x) conseil aux entreprises, services de conseil ; (xi) exonérations fiscales, reports d'impôts ; (xii) médiation/révision/code du conduite du crédit ; (xiii) objectifs de prêts aux PME fixés aux banques, taux d'intérêt négatifs sur les dépôts auprès de la banque centrale ; (xiv) financement des banques auprès de la Banque centrale en fonction de leur taux débiteur net.

[4] Nous avons considéré que le rapport avait effectivement été publié en novembre et modifié le temps en conséquence.

Références

Alliance pour l'inclusion financière (2017), *Sex-disaggregated data toolkit: how to leverage sex-disaggregated financial inclusion data to accelerate women's financial inclusion*, http://info.worldbank.org/etools/docs/library/192862/introductorymaterials/Glossary. [27]

ASEAN (2015), *ASEAN Strategic Action Plan for SME Development 2016-2025*, ASEAN, http://www.asean.org (consulté le 4 septembre 2019). [20]

Autorité bancaire européenne (2016), *EBA Report on SMES and SME supporting factor*, https://eba.europa.eu/documents/10180/1359456/EBA-Op-2016-04++Report+on+SMEs+and+SME+supporting+factor.pdf (consulté le 27 août 2019). [68]

Banco de España (2017), « Report on the financial and banking crisis in Spain, 2008-2014 ». [67]

Bank of Japan (2019), *Tankan Survey - June 2019*. [18]

Banque centrale européenne (2019), *Survey on the access to finance of enterprises (SAFE)*, 2018/19, https://www.ecb.europa.eu/stats/ecb_surveys/safe/html/index.en.html (consulté le 22 juillet 2019). [19]

BBB (2019), *Enterprise Finance Guarantee: Quarterly Statistics for Q2 FY 2019-20*. [9]

Boschmans, K. et L. Pissareva (2017), « Fostering Markets for SME Finance: Matching Business and Investor Needs », *OECD SME and Entrepreneurship Papers*, n° 6, Éditions OCDE, Paris, https://dx.doi.org/10.1787/0bd38639-en. [46]

Brassell, M. et K. Boschmans (2018), *OECD SME and Entrepreneurship Papers: Fostering the use of intangibles to strengthen SME access to finance*, https://www.oecd-ilibrary.org/economics/fostering-the-use-of-intangibles-to-strengthen-sme-access-to-finance_729bf864-en (consulté le 4 septembre 2019). [26]

Chen, W., M. Mrkaic et M. Nabar (2019), « The Global Economic Recovery 10 Years After the 2008 Financial Crisis », *Documents de travail du FMI*, n° 19/83, FMI, Washington D.C., https://www.imf.org/en/Publications/WP/Issues/2019/04/26/The-Global-Economic-Recovery-10-Years-After-the-2008-Financial-Crisis-46711 (consulté le 19 juillet 2019). [2]

Claessens, S. et al. (2018), « Les marchés du crédit fintech à travers le monde : taille, moteurs et enjeux de politique publique », https://www.bis.org/publ/qtrpdf/r_qt1809e_fr.htm (consulté le 25 juillet 2019). [56]

Commission européenne / OCDE (2019), *Policy brief on incubators and accelerators that support inclusive entrepreneurship*, http://dx.doi.org/10.2767/092345. [48]

Commission européenne, PwC et IHS (2015), *Effectiveness of tax incentives for venture capital and business angels to foster the investment of SMEs and start-ups*, http://dx.doi.org/10.2778/51300. [36]

Conférence ministérielle de l'OCDE sur les PME (2018), *Séance plénière 2 – Renforcer l'accès des PME à des instruments de financement diversifiés*, OCDE, Mexico, http://www.oecd.org/cfe/smes/ministerial/documents/2018-Conference-Ministerielle-PME-Session-Pleniere-2.pdf. [30]

Cusmano, L. (2018), « SME and Entrepreneurship Financing: The Role of Credit Guarantee Schemes and Mutual Guarantee Societies in supporting finance for small and medium-sized enterprises », *OECD SME and Entrepreneurship Papers*, n° 1, Éditions OCDE, Paris, https://dx.doi.org/10.1787/35b8fece-en. [10]

Data2X et al. (2016), *Catalyzing Inclusive Financial Systems: Chile's Commitment to Women's Data*, https://data2x.org/wp-content/uploads/2019/05/Chile-Case-study_English_Final.pdf. [28]

DG GROW et al. (2015), *Ex-post evaluation of the Late Payment Directive*, Commission européenne, http://dx.doi.org/10.2873/016503. [52]

Dietsch, M. et al. (2019), « Lower bank capital requirements as a policy tool to support credit to SMEs: evidence from a policy experiment », *EconomiX*, https://economix.fr/pdf/dt/2019/WP_EcoX_2019-12.pdf (consulté le 17 septembre 2019). [54]

FMI (2019), *World Economic Outlook (April 2019) - Real GDP growth*, https://www.imf.org/external/datamapper/NGDP_RPCH@WEO/OEMDC/ADVEC/WEOWORLD. [5]

FMI (s.d.), *World Economic Outlook (April 2019) - Real GDP growth*, 2019, https://www.imf.org/external/datamapper/NGDP_RPCH@WEO/OEMDC/ADVEC/WEOWORLD (consulté le 22 juillet 2019). [66]

Forum économique mondial (2014), *The Competitiveness Repository Finland-The VIGO Venture Accelerator Programme*, http://www.weforum.org/gcr. [65]

FSB (2019), *Evaluation of the effects of financial regulatory reforms on small and medium-sized enterprise (SME) financing*, https://www.fsb.org/wp-content/uploads/P291119-1.pdf. [55]

FSB (2017), *Financial Stability Implications from FinTech: Supervisory and Regulatory Issues that Merit Authorities' Attention*, http://www.fsb.org/emailalert. [43]

FSB (2016), « Time to Act: The Economic Impact of Poor Payment Practices ». [51]

Global Financial Innovation Network (2019), *GFIN One year on Report 2019*, Global Financial Innovation Network, http://dfsa.ae/Documents/Fintech/GFIN-One-year-on-FINAL-20190612.pdf (consulté le 26 août 2019). [57]

Global Financial Innovation Network et Financial Conduct Authority (2019), *GFIN cross-border testing pilot – next steps*, https://www.fca.org.uk/firms/gfin-cross-border-testing-pilot-next-steps (consulté le 26 août 2019). [64]

Global Financial Innovation Network et Financial Conduct Authority (2019), *Global Financial Innovation Network (GFIN)*, https://www.fca.org.uk/firms/global-financial-innovation-network (consulté le 26 août 2019). [58]

Groupe de Montréal (2019), *The Montreal Group: Small and medium entreprise development banks*, http://www.themontrealgroup.org/fr/a-propos.html (consulté le 4 septembre 2019). [40]

Groupe de travail sur les petites et moyennes entreprises (PME) et l'entrepreneuriat, OCDE (2010), *Assessment of Government Support Programmes for SMEs' and Entrepreneurs' Access to Finance in the Global Crisis*, http://www.oecd.org/cfe/smes/Assessment_Government_Support_Programmes.pdf. [63]

GTPMEE (2010), *Assessment of Government Support Programmes for SMEs' and Entrepreneurs' Access to Finance in the Global Crisis*, http://www.oecd.org/cfe/smes/Assessment_Government_Support_Programmes.pdf. [8]

Halme, K. et al. (2018), *Startups, accelerators and the role of Tekes - Evaluation Report TEKES – EVALUATION REPORT*, Tekes, https://www.businessfinland.fi/globalassets/julkaisut/startups_accelerators_and_role_of_tekes_1_2008.pdf. [50]

ICCR (2018), *Use of Alternative Data to Enhance Credit Reporting to Enable Access to Digital Financial Services by Individuals and SMEs operating in the Informal Economy*, https://www.gpfi.org/sites/gpfi/files/documents/Use_of_Alternative_Data_to_Enhance_Credit_Reporting_to_Enable_Access_to_Digital_Financial_Services_ICCR.pdf. [42]

Instituição Financeira de Desenvolvimento (2019), *Sobre a IFD - Instituição Financeira de Desenvolvimento*, http://www.ifd.pt/pt/ (consulté le 3 septembre 2019). [39]

Koreen, M., A. Laboul et N. Smaini (2018), « G20/OECD Effective Approaches for Implementing », *OECD SME and Entrepreneurship Papers*, n° 9, Éditions OCDE, Paris, https://dx.doi.org/10.1787/329168b6-en. [4]

Kraemer-Eis, H., S. Signore et D. Prencipe (2016), « The European venture capital landscape: an EIF perspective Volume I: The impact of EIF on the VC ecosystem », *EIF Research & Market Analysis*, n° 2016/34, Fonds européen d'investissement (FEI), Luxembourg, http://www.eif.org/news_centre/research/index.htm (consulté le 27 août 2019). [29]

NEFI (2019), *NEFI - Network of European Financial Institutions for SMEs: NEFI*, http://www.nefi.eu/nefi/ (consulté le 3 septembre 2019). [62]

OCDE (2019), *Financing SMEs and Entrepreneurs 2019: An OECD Scoreboard*, Éditions OCDE, Paris, https://doi.org/10.1787/23065265. [15]

OCDE (2019), *Panorama de l'entrepreneuriat*, https://stats.oecd.org/Index.aspx?DataSetCode=VC_INVEST. [1]

OCDE (2019), *Perspectives de l'OCDE sur les PME et l'entrepreneuriat 2019*, Éditions OCDE, Paris, https://dx.doi.org/10.1787/dfc3ab17-fr. [3]

OCDE (2018), *Enhancing SME access to diversified financial instruments*, https://www.oecd.org/cfe/smes/ministerial/documents/2018-SME-Ministerial-Conference-Plenary-Session-2.pdf. [23]

OCDE (2018), *Financial Markets, Insurance and Private Pensions: Digitalisation and Finance*, OCDE. [59]

OCDE (2018), *Financing SMEs and Entrepreneurs 2018: An OECD Scoreboard*, Éditions OCDE, Paris, https://doi.org/10.1787/fin_sme_ent-2018-en. [47]

OCDE (2017), *Financing SMEs and Entrepreneurs 2017: An OECD Scoreboard*, Éditions OCDE, Paris, https://dx.doi.org/10.1787/fin_sme_ent-2017-en. [32]

OCDE (2017), « France », dans *Financing SMEs and Entrepreneurs 2017 : An OECD Scoreboard*, Éditions OCDE, Paris, https://dx.doi.org/10.1787/fin_sme_ent-2017-23-en. [37]

OCDE (2017), « Royaume-Uni », dans *Financing SMEs and Entrepreneurs 2017 : An OECD Scoreboard*, Éditions OCDE, Paris, https://dx.doi.org/10.1787/fin_sme_ent-2017-48-en. [38]

OCDE (2016), *Financing SMEs and Entrepreneurs 2016: An OECD Scoreboard*, Éditions OCDE, Paris, https://doi.org/10.1787/fin_sme_ent-2016-en. [11]

OCDE (2015), *Financing SMEs and Entrepreneurs 2015: An OECD Scoreboard*, Éditions OCDE, Paris, https://dx.doi.org/10.1787/fin_sme_ent-2015-en. (consulté le 28 août 2019). [31]

OCDE (2015), *New Approaches to SME and Entrepreneurship Financing: Broadening the Range of Instruments*, Éditions OCDE, Paris, https://dx.doi.org/10.1787/9789264240957-en. [13]

OCDE (2015), *Principes de haut niveau du G20 et de l'OCDE sur le financement des PME*, https://www.oecd.org/finance/G20-OECD-High-Level-Principles-on-SME-Financing.pdf (consulté le 4 septembre 2019). [21]

OCDE (2014), *Financing SMEs and Entrepreneurs 2014: An OECD Scoreboard*, Éditions OCDE. [61]

OCDE (2014), *Italy: Key Issues and Policies*, OECD Studies on SMEs and Entrepreneurship, Éditions OCDE, Paris, https://dx.doi.org/10.1787/9789264213951-en. [35]

OCDE (2014), *Le financement des PME et des entrepreneurs 2013 : Tableau de bord de l'OCDE*, Éditions OCDE, Paris, https://dx.doi.org/10.1787/9789264190573-fr. [22]

OCDE (2013), *Le financement des PME et des entrepreneurs 2012 : Tableau de bord de l'OCDE*, Éditions OCDE, Paris, https://dx.doi.org/10.1787/9789264169159-fr. [7]

OCDE (2012), « Bâle III et les prêts aux PME : chapitre thématique », *Financing SMEs and Entrepreneurs 2012: An OECD Scoreboard*. [53]

OCDE (2012), *Le financement des PME et des entrepreneurs 2012 : Tableau de bord de l'OCDE*, Éditions OCDE, https://doi.org/10.1787/9789264169159-fr. (consulté le 27 août 2019). [14]

OCDE/Commission européenne (2019), « Policy Brief on Incubators and Accelerators that Support Inclusive Entrepreneurship », http://dx.doi.org/10.2767/092345. [49]

OCDE/Commission européenne (2014), *Accès au financement pour la création d'entreprise dans le cadre de l'entrepreneuriat inclusif. L'activité entrepreneuriale en Europe*, https://op.europa.eu/en/publication-detail/-/publication/cfb2ed19-96bf-4fef-a503-30af58886097/language-fr. [24]

OCDE/INFE (2015), *OECD/INFE Policy Handbook: National Strategies For Financial Education*, http://www.oecd.org/finance/National-Strategies-Financial-Education-Policy-Handbook.pdf (consulté le 18 juillet 2019). [45]

Ollivaud, P. et al. (2015), « The Effect of the Global Financial Crisis on OECD Potential Output », *OECD Journal : Economic Studies*, n° Volume 2014, Éditions OCDE, Paris, https://www.oecd.org/eco/growth/The-effect-of-the-global-financial-crisis-on-OECD-potential-output-OECD-Journal-Economic-Studies-2014.pdf (consulté le 22 juillet 2019). [6]

Óskarsdóttir, M. et al. (2019), « The value of big data for credit scoring: Enhancing financial inclusion using mobile phone data and social network analytics », *Applied Soft Computing Journal*, vol. 74, pp. 26-39, http://dx.doi.org/10.1016/j.asoc.2018.10.004. [41]

Pavlova, E. et S. Signore (2019), *EIF Research & Market Analysis Working Paper 2019/55: The European venture capital landscape: an EIF perspective Volume V: The economic impact of VC investments supported by the EIF*, FEI, http://www.eif.org/news_centre/research/index.htm. [34]

PMIF (2017), *G20 Action Plan on SME Financing: Credit Infrastructure Country Self-Assessment Consolidated Report*, Groupe de la Banque mondiale, Washington, http://www.gpfi.org/sites/gpfi/files/documents/GPFI%20-%20G20%20AP%20SME%20Financing%20Self%20Assessment%20Consolidated%20Report.pdf (consulté le 19 juillet 2019). [44]

PMIF (2015), *G20 Action Plan on SME Financing.* [60]

Prencipe, D. (2017), *EIF Research & Market Analysis Working Paper*, Fonds européen d'investissement, Luxembourg, http://www.eif.org/news_centre/research/index.htm. [33]

Rogers, S. (2016), *Assessing the potential for EU investment in venture capital and other risk capital fund of funds*, Commission européenne, Bruxelles, http://dx.doi.org/10.2777/997836. [16]

Rosca, O. (2018), *EBRD partners with Turkey's credit guarantee fund to expand financing for women-led firms*, https://www.ebrd.com/news/2018/ebrd-partners-with-turkeys-credit-guarantee-fund-to-expand-financing-for-womenled-firms-.html. [25]

UK Finance (2018), *SME finance in the UK: past, present and future*, UK Finance. [17]

Wehinger, G. (2014), *SMEs and the credit crunch: Current financing difficulties, policy measures and a review of literature*, https://www.oecd.org/finance/SMEs-Credit-Crunch-Financing-Difficulties.pdf (consulté le 24 juillet 2019). [12]

3 Profils de pays membres et partenaires de l'OCDE

Cette partie présente des données sur le financement par octroi de prêts et prise de participations dans 5 pays : Belgique, Canada, France, Luxembourg, Suisse. Les profils pays pour les 43 pays restants sont disponibles dans la version complète de l'anglais. Chaque profil par pays propose des définitions des principaux indicateurs nationaux spécifiques permettant de suivre l'accès des PME à des financements, et analyse leur évolution sur la période de 2007-2018. Les données statistiques sont complétées par une description des politiques menées par les pouvoirs publics pour prendre en compte les contraintes de financement auxquelles les PME sont actuellement confrontées.

Belgique

Données essentielles sur le financement des PME

En 2016, les PME dominaient le paysage des entreprises commerciales en Belgique puisqu'elles représentaient 99.85 % de l'ensemble des entreprises.

L'encours des prêts aux PME a augmenté de 4.5 % en 2018, soit une hausse inférieure de 2.6 points à celle de l'année précédente.

Les taux d'intérêt appliqués aux PME ont maintenu leur tendance à la baisse pour s'établir à 1.6 % en moyenne en 2018. L'écart entre les taux d'intérêt des prêts aux grandes entreprises et aux PME s'élevait à 25 points de base en 2018.

Les données d'enquête montrent que les conditions du crédit se sont assouplies entre 2013 et la fin de 2015 et qu'elles sont restées relativement stables jusqu'à la fin de l'année 2018. Une dégradation des conditions de crédit a été observée au quatrième trimestre de 2018 et au premier trimestre de 2019.

Après un léger repli en 2017 (-3.49 %), les volumes de crédit-bail ont augmenté de 4.62 % en 2018. Dans l'ensemble, les entreprises belges privilégient toujours l'affacturage ; celui-ci a fortement progressé en 2018, gagnant 9.62 % au cours de l'année, à l'image de toute la période comprise entre 2012 et 2017 où il a augmenté de plus de 10 % chaque année entre (à l'exception de 2016, où le taux de croissance était de 2.74 %). L'affacturage représentait près de 17 % du PIB belge en 2018, contre seulement 6.3 % en 2008.

Les apports de capital-risque et de capital-développement continuent de présenter des variations considérables en raison du petit nombre d'opérations réalisées chaque année. Au total, ils ont reculé de 5.38 % en 2018, après une contraction de 9 % en 2017.

En moyenne, les retards de paiements interentreprises ont diminué progressivement au cours de la décennie écoulée, passant d'une moyenne de 17 jours en 2009 à 8 jours en 2017, pour remonter à 9 jours en moyenne en 2018.

Le nombre de faillites, en baisse constante sur la période 2014–16, est reparti à la hausse (+ 8.7 %) pour ressortir à 9 968, en 2017, avant de retomber à 9 860 (-1.08 %) en 2018.

Les autorités fédérales et régionales prennent des mesures visant à faciliter l'accès des PME au financement.

Dans la Région flamande, la formule Co-financering+ permet aux entreprises d'emprunter jusqu'à quatre fois leur apport personnel, dans la limite d'un seuil de 350 000 EUR et d'un plafond de 700 000 EUR.

La Région de Bruxelles-Capitale a lancé le dispositif Bruseed. Il s'agit d'un nouvel outil de financement qui propose aux jeunes entreprises innovantes au stade du démarrage des prêts, des prises de participations et des prêts convertibles d'un montant maximal de 250 000 EUR.

Le gouvernement fédéral a soutenu la signature d'un nouveau Code de conduite en matière de financement des PME qui contribue à améliorer l'information fournie aux entrepreneurs qui contractent des prêts et relève le seuil de plafonnement de « l'indemnité de remploi » (indemnité de remboursement anticipé) aux prêts allant jusqu'à deux millions d'euros.

Tableau 3.1. Tableau de bord de la Belgique

Indicateur	Unit	2007	2008	2009	2010	2011	2012	2013	2014	2015	2016	2017	2018
Endettement													
Encours des prêts aux PME	Milliards EUR	82.8	89.1	88.9	93.9	100.0	109.6	109.5	100.7	104.4	108.0	115.7	121.0
Encours des prêts aux entreprises, total	Milliards EUR	134.2	149.4	141.8	150.6	153.7	167.6	162.0	151.7	164.6	163.4	173.6	180.3
Part de l'encours des prêts aux PME	% de l'encours total des prêts aux entreprises	61.72	59.62	62.73	62.35	65.07	65.43	67.60	66.39	63.44	66.12	66.66	67.09
Encours des prêts à court terme, total	Milliards EUR	37.4	40.4	34.1	35.4	36.5	34.5	33.8	31.4	30.9	32.0	33.6	36.4
Encours des prêts à long terme, total	Milliards EUR	59.7	66.1	72.2	77.2	79.3	82.5	83.9	80.3	84.8	90.8	97.8	103.8
Part des prêts à court terme, total	% du total des prêts aux entreprises	38.52	37.91	32.08	31.45	31.50	29.48	28.74	28.08	26.71	26.05	25.58	25.95
Garanties de prêts accordées par l'État, PME	Millions EUR	..	156.5	411.9	553.9	317.5	266.0	480.2	265.6	448.2	398.3	458.4	612.2
Prêts garantis par l'État, PME	Millions EUR	..	312.7	832.7	888.4	561.7	484.3	826.1	476.7	805.6	735.9	828.3	1130.3
Prêts directs de l'État, PME	Millions EUR	..	113.7	142.2	141.9	148.3	170.5	235.6	..	..	..	..	..
Taux d'intérêt, PME	%	5.45	5.70	3.01	2.51	2.88	2.32	2.06	2.09	1.83	1.72	1.66	1.60
Taux d'intérêt, grandes entreprises	%	4.72	5.05	2.09	1.70	2.22	1.74	1.76	1.77	1.60	1.34	1.40	1.35
Écarts de taux d'intérêt	Points de %	0.73	0.65	0.92	0.81	0.66	0.58	0.30	0.32	0.23	0.38	0.26	0.25
Garanties, PME	% de PME tenues de fournir des garanties pour obtenir un prêt bancaire	..	..	..	74.30	71.90	78.60	..	..	..	..	..	..
Taux de demandes de prêts, PME	Demandes de prêts des PME / nombre total de PME	..	..	22.22	26.46	30.20	29.33	29.36	39.33	36.61	36.71	37.18	35.38
Taux de rejet	1- (prêts aux PME accordés / demandés)	..	..	0.52	5.13	6.44	10.40	10.91	5.88	5.71	6.13	5.07	5.51
Taux d'utilisation	Prêts aux PME utilisés / accordés	77.80	79.05	80.69	80.07	80.16	77.45	77.79	79.76	79.62	80.11	79.63	80.48
Financement non bancaire													
Capital-risque et capital-développement	Millions EUR	502.26	507.83	618.05	363.60	411.11	445.36	438.09	580.86	548.18	843.14	767.18	725.89
Capital-risque et capital-développement (variation)	Taux de croissance en glissement annuel, %	..	1.11	21.70	-41.17	13.07	8.33	-1.63	32.59	-5.63	53.81	-9.01	-5.38
Crédit-bail et location-vente	Millions EUR	4405.9	4856.4	3756.4	4005.5	4439.0	4450.2	4121.7	4356.9	4800.5	6009.6	5800.1	6 068.4
Affacturage et escompte de factures	Millions EUR	19.2	22.5	23.9	32.2	36.9	42.4	47.7	55.4	61.2	62.8	69.6	76.3
Autres indicateurs													
Retards de paiement interentreprises	Nombre de jours	..	..	17	17	15	19	18	19	13	10	8	9
Faillites, total	Nombre	7 680	8 476	9 420	9 570	10 224	10 587	11 740	10 736	9 762	9 170	9 968	9878

Indicateur	Unit	2007	2008	2009	2010	2011	2012	2013	2014	2015	2016	2017	2018
Faillites, total (variation)	Taux de croissance en glissement annuel, %	..	10.36	11.14	1.59	6.83	3.55	10.89	-8.55	-9.07	-6.06	8.77	-0.90
Faillites, PME	Nombre	7 652	8 443	9 391	9 531	10 187	10 526	11 680	10 675	9 728	9 134	9 935	9 860
Faillites, PME (variation)	Taux de croissance en glissement annuel, %		10.34	11.23	1.49	6.88	3.33	10.96	-8.60	-8.87	-6.11	8.77	-0.75

Source : voir tableau 3.6.

Les PME dans l'économie nationale

En 2016, les PME dominaient le paysage des entreprises commerciales en Belgique puisqu'elles représentaient 99.85 % de la population des entreprises. Les micro-entreprises comptant jusqu'à neuf salariés représentaient 94.73 % de l'ensemble des entreprises belges, tandis que la part des grandes entreprises de plus de 250 salariés n'était que de 0.15 %.

Tableau 3.2. Ventilation des entreprises en Belgique, 2016

Par taille

Taille de l'entreprise (effectif salarié)	Nombre	%
Ensemble des entreprises	607 982	100
PME (1-249)	607 070	99.85
Micro-entreprises (1-9)	575 915	94.73
Petites entreprises (10-49)	26 990	4.44
Moyennes entreprises (50-249)	4 165	0.69
Grandes entreprises (250+)	912	0.15

Source : OCDE (2016) CITI rév. 4.

Prêts aux PME

Les statistiques sur les crédits aux PME prennent uniquement en compte les sociétés non financières ayant déposé au moins un jeu de comptes annuels au cours des 60 derniers mois, c'est-à-dire celles pour lesquelles on dispose de variables liées à la taille. Les sociétés non financières sont classées comme suit, à partir des comptes annuels déposés :

Sont considérées comme des « petites entreprises », les entreprises ayant déposé un modèle de comptes annuels abrégé ou un modèle micro[1].

Sont considérées comme des « entreprises de taille moyenne », celles qui ont déposé un modèle complet, mais dont le chiffre d'affaires n'excède pas 45 000 000 EUR pendant deux exercices consécutifs.

Sont considérées comme des « grandes entreprises », celles qui ont déposé un modèle complet et dont le chiffre d'affaires est supérieur à 45 000 000 pendant deux exercices consécutifs.

L'encours de prêts aux PME a progressé de 46.1 % entre 2007 et 2018. À l'exception d'un léger recul en 2009, cet indicateur n'a cessé d'augmenter entre 2007 et 2012, la hausse cumulée s'élevant à 32.4 %. Les crédits aux PME ont toutefois légèrement reculé en 2013 et chuté de 8 % en 2014. Entre 2015 et 2018, l'encours de prêts aux PME est reparti à la hausse, gagnant 15.9 % à 121 millions EUR. La croissance des crédits a été stimulée par la faiblesse des taux d'intérêt appliqués aux nouveaux prêts bancaires et par un regain de la confiance des entreprises au cours de la période de référence[2].

L'évolution de l'encours des prêts aux entreprises est à l'image de celle de l'encours total des prêts aux PME – l'année 2016, où la croissance de l'encours total a enregistré une baisse de 0.75 % avant de remonter à 6.2 % en 2017 et à 3.8 % en 2018 pour s'établir à 180.3 millions EUR, faisant exception. La part des crédits aux PME se situe entre 59.6 % à 67.6 % de l'encours total des prêts, avec une moyenne de 64.3 % pour l'ensemble de la période de référence.

Conditions de crédit

Le taux d'intérêt moyen accordé aux PME est en baisse depuis près de dix ans. EN 2018, il s'élevait à 1.6 %, en recul par rapport aux 5.7 % enregistrés en 2008. Si les taux d'intérêt facturés aux petites entreprises restent systématiquement plus élevés que ceux accordés aux grandes entreprises, l'écart n'a cessé de se réduire, s'établissant à 25 points de base en 2018 contre 65 en 2008.

Dans son enquête trimestrielle (Bank Landing Survey), la Banque centrale européenne fait une synthèse des changements intervenus dans les critères d'octroi appliqués par les principales institutions financières. Elle met en évidence un resserrement général des conditions de prêt pour la période 2008-09, ainsi que pour 2012. Ces conditions se sont assouplies entre 2013 et 2018 dans la zone euro, et en particulier en Belgique. On a toutefois observé une dégradation des conditions de crédit au quatrième trimestre de 2018.

Graphique 3.1. Évolution des critères d'octroi de crédit pour les PME en Belgique et dans la zone euro

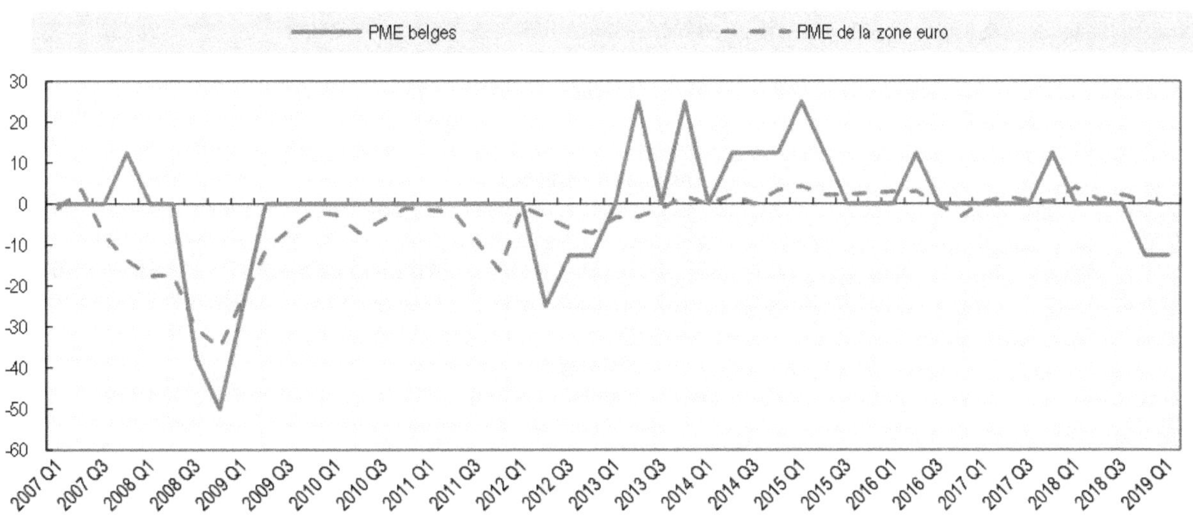

Source : Banque nationale de Belgique, BCE – *Bank Lending Survey.*

StatLink https://doi.org/10.1787/888934132982

Autres sources de financement des PME

Crédit-bail

Le crédit-bail et l'affacturage sont deux sources importantes de financement pour les entreprises belges. En 2008, la production totale de crédit-bail a atteint 4 856 millions EUR, ce qui correspond à 8.6 % de la formation brute de capital fixe. Après une baisse de 22.7 % en 2009, à 3 756 millions EUR, la production totale de crédit-bail s'est redressée pour atteindre 4 800 millions EUR en 2015. En 2016, elle s'établissait à 6 009 millions EUR, en hausse de 25 %, avant de refluer à 5 800 millions EUR en 2017 (- 3.49 % en glissement annuel). En 2018, le crédit-bail, qui a connu un rebond à 6 068 millions EUR, représentait 8.21 % de la formation brute de capital fixe.

Affacturage

Le chiffre d'affaires de l'affacturage a enregistré une croissance soutenue puisqu'il a été multiplié par trois pendant la période de référence. Le montant total de ce poste s'est élevé à 74 340 EUR fin 2018 soit une hausse de 9.61 %. Ces activités ont maintenu leur contribution au PIB à hauteur de près de 17 % en 2018 contre seulement 6.4 % en 2008.

Tableau 3.3. Production totale de crédits-bails et volumes d'affacturage en Belgique

En millions EUR

	2008	2009	2010	2011	2012	2013	2014	2015	2016	2017	2018
Production totale de crédit-bail											
Crédit-bail non immobilier (financement et exploitation)	4 293.3	3 365.8	3 590.8	4 083.2	4 087.9	3 683.4	3 765.5	4 184.9	5 116.4	5 020.7	5366.7
Crédit-bail immobilier	563.1	390.6	414.7	355.8	362.3	438.3	591.4	615.5	893.3	779.3	701.7
Production totale	4 856.4	3 756.4	4 005.5	4 439.0	4 450.2	4 121.7	4 356.9	4 800.5	6 009.6	5 800.1	6068.4
Croissance en glissement annuel, %	10.2	- 22.7	6.6	10.8	0.3	- 7.4	5.7	10.2	25.2	-3.49	4.63
Formation brute de capital fixe	56 315	51 463	51 415	56 705	57 823	57 962	61 868	64 311	67 690	70 657	73 882
Importance relative du crédit-bail dans la formation de capital	8.6	7.3	7.8	7.8	7.7	7.1	7.04	7.46	8.88	8.21	8.21
Encours de crédit-bail											
Crédit-bail non immobilier	8 570.7	7 779.8	7 988.7	8 142.9	8 531.8	8 613.7	8 729.9	9 179.7	9 845.4	10 188.2	11 132.4
Crédit-bail immobilier	3 641.1	3 857.6	3 969.4	4 071.3	4 123.7	4 170.2	4 269.9	4 326.9	4 713.5	4 930.7	5041.2
Encours de crédit-bail (en fin d'année)	12 211.8	11 637.4	11 958.1	12 214.2	12 655.5	12 783.9	12 999.8	13 506.6	14 558.9	15 118.9	16 173.6
Affacturage											
Chiffre d'affaires de l'affacturage (domestique et international)	22 500	23 921	32 200	36 871	42 352	47 684	55 374	61 169	62 846	69 641	76 340
Croissance en glissement annuel, %	17.2	6.3	34.6	14.5	14.9	12.6	16.1	10.5	2.7	10.8	9.6
PIB	354 057.0	348 781.0	365 101.0	379 106.0	387 500.0	392 340.0	400 087.0	411 103	424 605	439 175	450 506
Part de l'affacturage dans le PIB	6.4	6.9	8.8	9.7	10.9	12.2	13.8	14.9	14.8	15.9	16.9

Source : BLV-ABL, EUF Factoring & Commercial Finance.

Capital-risque et capital-développement

En Belgique, le capital-risque et ses différents sous-segments présentent des variations significatives d'une année sur l'autre. Cette volatilité peut s'expliquer, entre autres, par le nombre limité de transactions enregistrées pour ce type de financement, ce qui le rend particulièrement sensible aux valeurs extrêmes.

Les apports de capital-risque et de capital-développement se sont élevés au total à 725.9 millions EUR en 2018, soit une baisse de 5.4 %. Ce montant est supérieur au volume annuel moyen de la période de référence, qui ressort à 562.63 millions EUR. Le capital-risque et le capital-développement peuvent être divisés en plusieurs sous-segments, en fonction du stade de développement de l'entreprise bénéficiaire :

- **Les capitaux d'amorçage** (qui constituent généralement la première injection de capitaux dans une entreprise) ont connu un coup d'arrêt en 2015, aucune opération n'ayant été enregistrée. Ils ont repris en 2016, puis plus fermement en 2017, avant de céder de nouveau du terrain pour s'établir à 39.9 millions EUR en 2018. Les évolutions récentes montrent que, au sein du capital-risque, le segment des capitaux d'amorçage est celui qui connaît les plus fortes variations annuelles. Pendant la période de référence, le volume annuel moyen de capitaux d'amorçage s'est élevé à environ 11.06 millions EUR.
- **Le capital de démarrage a grimpé en flèche** (+109.5 %) en 2018, pour atteindre 178.6 millions EUR. L'investissement annuel moyen s'établit à 75.53 millions EUR sur la période de référence.
- **Le financement du stade ultérieur a reculé** de 50.5 % en 2018, pour ressortir à 36.45 millions EUR à la fin d'année. L'investissement moyen dans cette catégorie pour la période de référence s'élève à environ 57.8 millions EUR.
- **Les apports de capital-développement** se sont élevés à 216 millions EUR en 2018, soit une baisse de 39.7 % par rapport à 2017. L'investissement annuel moyen dans cette catégorie se monte à 273.88 millions EUR pour la période étudiée.

Tableau 3.4. Volumes de capital-risque en Belgique

En millions EUR

Stade	2007	2008	2009	2010	2011	2012	2013	2014	2015	2016	2017	2018
Amorçage	5.28	9.32	6.87	5.02	0.51	2.25	1.38	4.28	0	12.45	45.43	39.89
Démarrage	69.59	50.5	77.4	69.36	75.72	57.77	61.59	58.1	65.25	57.19	85.24	178.59
Stade ultérieur	121.33	62.82	69.86	19.25	43.75	34.55	55.81	61.36	33.15	81.58	73.6	36.45
Total, capital-risque	196.2	122.63	154.12	93.63	119.98	94.57	118.78	123.73	98.4	151.22	204.27	254.93
Capital-développement	109.85	262.57	309.81	176.35	171.16	256.21	200.53	333.39	351.39	540.7	358.63	216.02
Capital-risque et capital-développement	502.26	507.83	618.05	363.6	411.11	445.36	438.09	580.86	548.18	843.14	767.18	725.89
Redressement/retournement	0.69	7.76	48.32	10.93	1.53	11.94	1.25	0.18	9.77	1.38	0	0.65
Capital-remplacement	161.43	13.15	118.68	47.08	2.41	36.43	40.82	17.95	9.14	8.04	6.5	0
Transmission	859.73	342.23	494.44	667.5	302.43	1066.24	451.08	610.62	1373.94	626.43	1352.26	1483.35
Capital-investissement, total	1327.89	748.34	1125.37	995.49	597.51	1465.39	812.47	1085.87	1842.64	1327.77	1921.67	1954.96

Source : Invest Europe, Investments: market statistics.

Au total, le capital-investissement a connu une hausse de 1.73 % en 2018, à 1 955 millions EUR, qui tient uniquement à la progression du capital transmission, lequel a augmenté de 9.7 % pour atteindre 1 483.35 millions EUR.

Graphique 3.2. Ventilation sectorielle du capital-risque et de l'ensemble du capital-investissement en Belgique

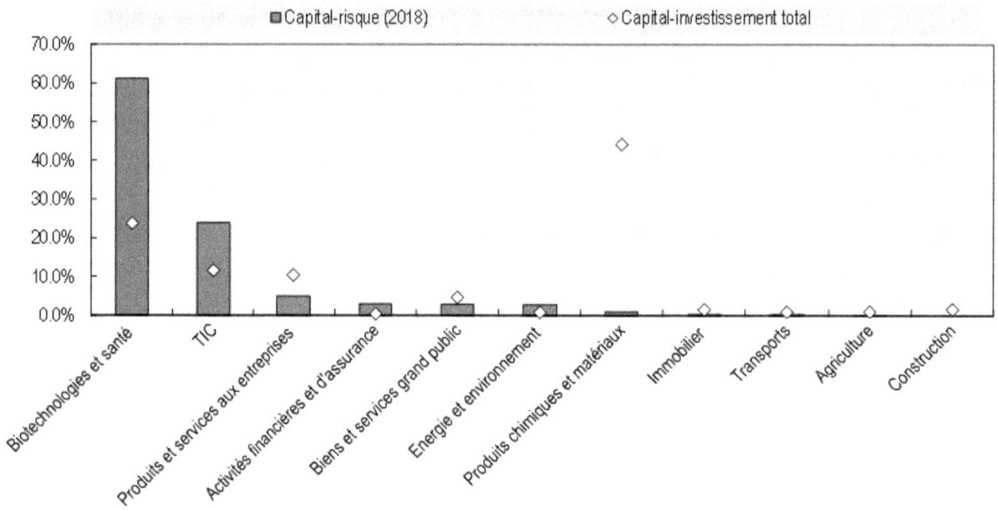

Source : Invest Europe, Investments, Market statistics.

StatLink https://doi.org/10.1787/888934133001

Le diagramme ci-dessus présente la ventilation sectorielle du capital-risque et de l'ensemble du capital-investissement en Belgique. L'activité de capital-risque est principalement axée sur le secteur des biotechnologies et de la santé et, dans une moindre mesure, sur le secteur des TIC. Le premier a absorbé 61.2 % des apports de capital-risque en 2018, ce qui représente 156 millions EUR, et les TIC 24 %, soit 61.2 millions EUR.

Les autres secteurs ayant bénéficié d'investissements de capital-risque sont, dans l'ordre décroissant : les produits et services destinés aux entreprises (4.9 %), les activités financières et d'assurances (2.9 %), les produits et services grand public (2.9 %), l'énergie et l'environnement (2.6 %) et les produits chimiques et matériaux (0.9 %).

Ce dernier secteur se distingue pour ce qui est du montant total des apports de capital-investissement puisqu'il a absorbé 44.1 % de la totalité du capital-investissement en 2018, soit 863 millions EUR[3].

Parmi les autres secteurs ayant attiré une grande part de l'ensemble des apports de capital-investissement, citons le secteur de la biotechnologie et de la santé, avec 23.7 % (463 millions EUR), les TIC avec 11.6 % (225.8 millions EUR), les produits et services destinés aux entreprises avec 10,3 % (202 millions EUR) et les biens et services grand public avec 4.6 % (89.1 millions EUR).

Autres indicateurs

Retards de paiement

Intrum Justitia publie une enquête annuelle sur les retards de paiement en Europe. Les retards de paiement moyens en Belgique pour le segment interentreprises étaient de 9 jours en 2018, ce qui représente une amélioration considérable en 10 ans, sachant qu'entre 2009 et 2018, le délai de paiement moyen était estimé à 14.5 jours.

Faillites

Après une augmentation régulière du nombre de faillites au cours de la période 2008-13, la tendance s'est inversée entre 2014 et 2016. Les années 2017 et 2018 ont été marquées par une augmentation du nombre de faillites (environ + 7.7 % en deux ans) avec 9 878 cas comptabilisés à la fin de la période de référence.

L'évolution des faillites de PME est à l'image de celle de la population totale des entreprises, avec une hausse de 7.9 % au cours des deux années précédentes et un total de 9 860 faillites.

Mesures prises par les pouvoirs publics

Segmentation régionale

Les mesures prises par les pouvoirs publics dans le domaine du financement des PME se déclinent en programmes fédéraux et régionaux. Les programmes de garantie protègent les sûretés engagées par les entrepreneurs et les PME. Ils font également office de filet de sécurité pour les banques disposées à donner une suite favorable aux demandes de prêts de la part d'entreprises dont les garanties ne sont pas jugées suffisantes au regard des critères traditionnels. L'insuffisance des garanties est l'un des principaux motifs de rejet des demandes de crédits.

Depuis que le « Fonds de participation » a été régionalisé, le 1er juillet 2014, l'administration des prêts et des garanties publiques est désormais assurée par les régions. Les critères d'octroi des prêts et des garanties sont donc susceptibles de varier en fonction des priorités régionales.

Tableau 3.5. Segmentation régionale du soutien financier aux PME en Belgique

En millions EUR

Indicateur	2008	2009	2010	2011	2012	2013	2014	2015	2016	2017	2018
Région Bruxelles-Capitale											
Garanties d'emprunt de l'État, PME	12.0	15.4	14.0	14.4	12.5	9.4	8.3	8.4	12.3	26.5	15.5
Prêts garantis par l'État, PME	18.0	23.8	21.0	22.0	26.1	17.5	14.9	16.0	19.2	40.1	28.6
Prêts directs de l'État, PME	12.3	17.9	12.5	12.3	8.3	6.3	..	..	..	..	..
Région wallonne											
Garanties d'emprunt de l'État, PME	44.4	68.2	52.8	68.7	67.0	68.0	80.5	93.0	111.1	130.4	143.0
Prêts garantis par l'État, PME	114.9	157.2	138.4	179.7	163.2	166.0	189.8	228.3	246.6	286.5	308.6
Prêts directs de l'État, PME	89.5	92.5	113.2	113.4	132.3	186.5	206.5	200.3	195.6	197.4	227.9
Région flamande											
Garanties d'emprunt de l'État, PME	100.1	328.4	487.1	234.4	186.5	402.8	176.8	346.8	275.0	301.5	453.8
Prêts garantis par l'État, PME	179.8	651.7	729.0	360.1	295.0	642.6	272.1	561.3	470.1	501.7	793.0
Prêts directs de l'État, PME	11.9	31.8	16.2	22.6	29.9	42.8	37.1	50.4	83.5	62.2	63.1
Total Belgique											
Garanties d'emprunt de l'État, PME	156.5	411.9	553.9	317.5	266.0	480.2	265.6	448.2	398.3	458.4	612.2
Prêts garantis par l'État, PME	312.7	832.7	888.4	561.7	484.3	826.1	476.8	805.6	735.9	828.3	1130.3
Prêts directs de l'État, PME	113.7	142.2	141.9	148.3	170.5	235.6	..	..	..	..	..

Source : PMV, Sowalfin, Brupart

Mesures adoptées

Région flamande

PMV / z lance une nouvelle solution de financement destinée aux PME : Cofinancering+

En complément de son offre de financement existante, PMV/z a lancé un nouveau produit, Cofinancering+, qui permet aux entreprises stables d'emprunter jusqu'à quatre fois leur apport personnel, dans la limite d'un seuil de 350 000 EUR et d'un plafond de 700 000 EUR. Les conditions de prêt sont comparables celles du produit existant, *Cofinancering,* à la différence près que cette nouvelle formule s'adresse spécifiquement aux PME en activité en mesure de présenter un historique de flux de trésorerie positif. Dans cette formule, d'autres institutions financières, banques ou fonds d'investissement, cofinance une partie du crédit. D'une durée de trois à dix ans le prêt est assorti d'un taux d'intérêt de 5.5 %. Ce produit a été lancé en novembre 2018.

Nouvelle dotation pour le réseau d'investisseurs-tuteurs flamand

Les autorités flamandes ont conclu une nouvelle convention de subvention avec l'organisme à but non lucratif BAN (*Business Angels Network*) Vlaanderen. En sa qualité de réseau d'investisseurs-tuteurs, BAN Vlaanderen met en relation de petites et moyennes entreprises au stade du démarrage ou en croissance et des investisseurs privés non professionnels (des investisseurs-tuteurs). Ce faisant, BAN n'intervient pas en tant qu'investisseur, mais plutôt comme une plateforme visant à faciliter la rencontre des entreprises et de bailleurs de fonds potentiels. Au vu des résultats positifs déjà obtenus, les autorités ont décidé de soutenir BAN Vlaanderen pendant quatre années supplémentaires en lui accordant une dotation de 1 920 000 EUR euros, bien supérieure à la précédente (1 232 000 EUR). De son côté, BAN Vlaanderen s'est engagé à multiplier par trois le nombre de dossiers traités, à augmenter de 50 % le nombre de projets lancés dans le cadre du réseau et à augmenter le nombre d'opérations de 15 % par an. La convention est entrée en vigueur en janvier 2019.

Nouvel accord de coopération avec nv Limburgse Reconversie Maatschappij

Parallèlement, les autorités flamandes ont conclu un nouvel accord de coopération avec *Limburgse Reconversie Maatschappij* (LRM) qui court sur une période de cinq ans à compter du 5 avril 2019. LRM est une société d'investissement qui a pour but de promouvoir et de dynamiser l'économie de la province du Limbourg, en apportant aux entreprises et aux projets des bases solides qui les aident à se développer.

Région de Bruxelles-Capitale

Bruseed

Bruseed est nouvel outil de financement destiné aux jeunes entreprises innovantes au stade du démarrage, qui vient compléter la palette des instruments publics existants et renforcer une offre privée jugée insuffisante. Il s'inscrit ainsi dans la stratégie déployée par la région pour intensifier les transferts de technologie et développer un entrepreneuriat innovant. L'entreprise doit être une jeune PME en activité depuis moins de cinq ans et être installée dans la Région de Bruxelles-Capitale. Le dispositif propose des prêts, des prises de participation ou des prêts convertibles d'un montant maximal de 250 000 EUR. *Finance.brussels* cofinance les projets à concurrence de 50 % des besoins de financement. Le porteur du projet devra donc faire appel à une source privée pour compléter son financement.

Administration fédérale

Signature d'un nouveau Code de conduite en matière de financement des PME

- Le 27 février 2018, les organisations représentatives des classes moyennes (UCM, UNIZO et SNI) et la Fédération belge du secteur financier (Febelfin), avec l'appui du ministère des Classes moyennes, des Indépendants, des PME, de l'Agriculture et de l'Intégration sociale, ont présenté une nouvelle version du Code de conduite en matière de financement des PME. Ce nouveau Code contribuera entre autres à améliorer l'information fournie aux entrepreneurs qui contractent un emprunt. En vigueur depuis le 1er mars 2018, il vise à renforcer la relation de crédit notamment au moyen des mesures suivantes : les principaux dispositifs de garanties publiques et les mesures d'accompagnement et de soutien sont recensés sur le site www.financementdesentreprises.be.; ils doivent être présentés à tout entrepreneur sollicitant un prêt. Dans la mesure où cela s'avère pertinent, un complément d'explication sera donné concernant les garanties publiques.
- L'entrepreneur est informé des principales modalités des sûretés ou garanties requises par le prêteur et de leur incidence sur le dossier de crédit. Des fiches d'information sur les garanties et les sûretés les plus courantes sont disponibles sur www.financementdesentreprises.be. On y trouve aussi des explications sur les raisons pour lesquelles des sûretés peuvent être exigées.
- Le prêteur doit informer par écrit l'entreprise des raisons pour lesquelles la levée des sûretés ou de garanties est refusée. Le Code de conduite prévoit une liste non exhaustive des raisons pouvant être invoquées par le prêteur. Si l'entreprise le demande, le prêter doit fournir des explications supplémentaires, verbalement ou par écrit, sur le motif pour lesquels une ou plusieurs des raisons précitées sont spécifiquement invoquées.
- En cas de remboursement anticipé, l' « indemnité de remploi » était plafonnée à six mois d'intérêts pour les prêts contractés depuis le 10 janvier 2014 d'un montant maximal de 1 million EUR – cette limite est portée à 2 millions EUR.

Graphique 3.3. Tendances du financement des PME et de l'entrepreneuriat en Belgique

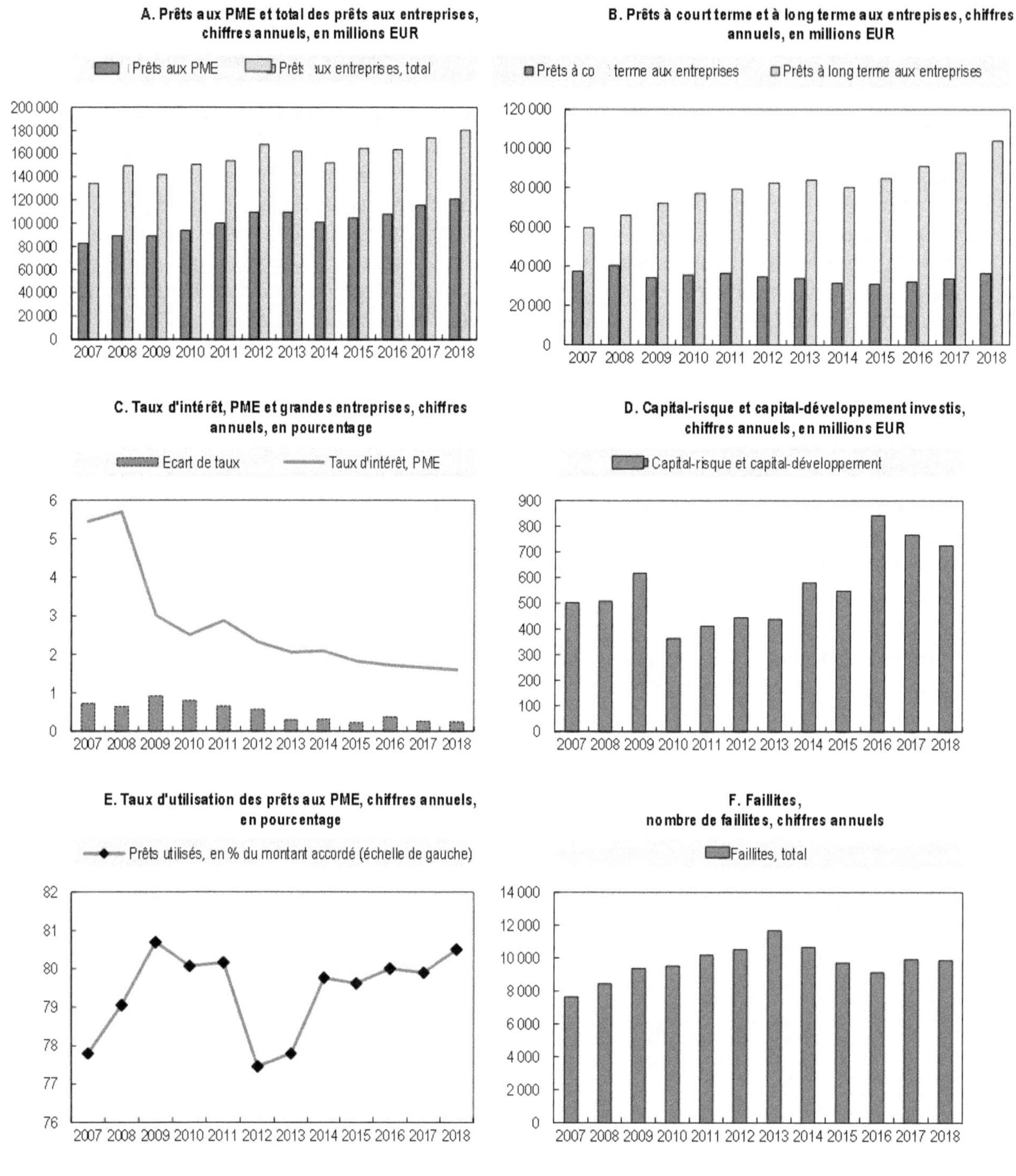

Source : voir tableau 3.6.

StatLink https://doi.org/10.1787/888934133020

Tableau 3.6. Définitions et sources des indicateurs du Tableau de bord de la Belgique

Indicateur	Définition	Source
	Endettement	
Encours des prêts aux PME	Crédits octroyés à des sociétés non financières résidentes d'après la Centrale des crédits aux entreprises (facilités de crédit ouvertes), somme des petites, moyennes et grandes entreprises	Banque nationale de Belgique
Encours des prêts aux entreprises, total	Crédits octroyés à des sociétés non financières résidentes d'après la Centrale des crédits aux entreprises (facilités de crédit ouvertes), somme des petites, moyennes et grandes entreprises	Banque nationale de Belgique
Part de l'encours des prêts aux PME		Banque nationale de Belgique
Encours des prêts à court terme, PME	Crédits octroyés à des sociétés non financières (Bilan consolidé des établissements de crédit - Schéma A) - montant de l'encours, jusqu'à un an	Banque nationale de Belgique
Encours des prêts à long terme, PME	Crédits octroyés à des sociétés non financières (Bilan consolidé des établissements de crédit - Schéma A) - montant de l'encours, jusqu'à un an	Banque nationale de Belgique
Part des prêts à court terme aux PME	..	Banque nationale de Belgique
Garanties d'emprunt de l'État, PME	..	Régions
Prêts garantis par l'État, PME	..	Régions
Prêts directs de l'État, PME	..	Régions
Taux d'intérêt, PME	Prêts (autres que les découverts bancaires) - jusqu'à 1 million EUR - taux révisable et maturité égale ou inférieure à un an	Banque nationale de Belgique - MIR
Taux d'intérêt, grandes entreprises	Prêts (autres que les découverts bancaires) - plus d'1 million EUR – taux révisable et maturité égale ou inférieure à un an	Banque nationale de Belgique - MIR
Écart de taux d'intérêt		Banque nationale de Belgique - MIR
Taux de demandes de prêts, PME	..	BCE, Enquête SAFE
Taux de rejet	..	BCE, Enquête SAFE
Taux d'utilisation	Prêts aux PME utilisés / Prêts aux PME mobilisés - Centrale des crédits aux entreprises	Banque nationale de Belgique
	Financements non bancaires	
Capital-risque et capital-développement	Investissements - statistiques du marché (par pays ou société de portefeuille)	Invest Europe
Capital-risque et capital-développement (variation)	Investissements - statistiques du marché (par pays ou société de portefeuille)	Invest Europe
Crédit-bail et location-vente	BLV - ABL	BLV - ABL – Rapport annuel 2018
Affacturage et escompte de factures	Volume d'affacturage total	EU Federation - Factoring and Commercial Finance
	Autres indicateurs	
Retards de paiement interentreprises	Délai moyen de paiement effectif - conditions de paiement moyennes accordées aux clients	Intrum Justitia - European Payment Report 2019
Faillites, total et PME	Données des tribunaux de commerce	SPF Économie
Faillites, total et PME (variation)	Données des tribunaux de commerce	SPF Économie

Références

Banque nationale de Belgique, Statistiques en ligne, Centrale des crédits aux entreprises, https://www.nbb.be/fr/centrales-des-credits/la-centrale-des-credits-aux-entreprises.

Banque nationale de Belgique, Statistiques en ligne, Enquêtes mensuelles sur la conjoncture, https://stat.nbb.be.

BCE, Entrepôt de données statistiques de la BCE, Étude Safe, https://sdw.ecb.europa.eu.

BLV-ABL – Association belge de Leasing, *Rapport annuel 2018*, p. 32-41, http://www.blv-abl.be/fr/concernant-labl/rapport-annuel.

EU Federation – Factoring and Commercial Finance, EUF Statistics, 28 mai 2019, https://euf.eu.com/total-factoring.html.

Intrum Justicia, *European Payment Report 2019*, p. 24, https://www.intrum.com/media/2772/epr-2018.pdf.

Invest Europe, European Private Equity Activity Data 2018, https://www.investeurope.eu/research/activity-data/annual-activity-statistics/.

OCDE (2015), *Panorama de l'entrepreneuriat 2015*, Éditions OCDE, Paris, https://doi.org/10.1787/entrepreneur_aag-2015-fr.

SPF Économie, Direction générale Statistique, Statbel, https://bestat.statbel.fgov.be/bestat/index.xhtml

Canada

Données essentielles sur le financement des PME

En 2018, les petites entreprises canadiennes (entre 1 et 99 salariés) représentaient 98.0 % de l'ensemble des entreprises et employaient 8.4 millions de personnes, soit 69.8 % de la main-d'œuvre du secteur privé.

Les données issues des enquêtes portant sur les acteurs de l'offre montrent que l'encours de prêts à l'ensemble des entreprises s'élevait à 898 milliards CAD en 2018. Les prêts aux petites entreprises ont augmenté pour atteindre 105.1 milliards CAD. La part de l'encours concernant les petites entreprises s'est établie à 11.7 %.

Pour les petites entreprises, les conditions de crédit ont relativement peu changé depuis 2011. Le taux d'intérêt moyen facturé aux petites entreprises en 2018 est en hausse, à 5.7 %, et le taux de base moyen du crédit aux entreprises est de 3.6 %. La prime de risque a renoué avec son niveau de 2014, à 2.1 %, qui est aussi le plus bas depuis la récession de 2009, signe d'un assouplissement de l'accès au financement des petites entreprises au Canada.

Le taux d'incidents de paiement des petites entreprises à 90 jours a retrouvé ses niveaux d'avant la récession. Il atteignait 0.55 % en 2018.

Après plus de huit années consécutives de croissance, les investissements de capital-risque au Canada ont atteint 3.8 milliards CAD en 2017 avant de faiblir légèrement en 2018, à 3.7 milliards CAD. Il s'agit des niveaux d'investissements en capital-risque les plus élevés jamais enregistrés au Canada depuis 2001.

En 2018-19, le Gouvernement du Canada a maintenu les mesures de soutien en faveur de l'entrepreneuriat et de la croissance des PME.

La Banque de développement du Canada est une société de la Couronne, chargée de soutenir l'entrepreneuriat. À ce titre, elle avait engagé au 31 mars 2018 31 milliards CAD envers 56 000 entrepreneurs sur l'ensemble du territoire canadien.

Les autorités canadiennes ont également mis 450 millions CAD à la disposition de l'Initiative de catalyse du capital de risque (ICCR), afin d'accroître le capital-risque accessible aux entreprises canadiennes à un stade avancé de leur développement. L'ICCR injectera également plus de 1.5 milliard CAD sur le marché canadien du capital-innovation en mobilisant des fonds après du secteur public et du secteur privé.

Futurpreneur Canada, organisation sans but lucratif proposant financement, tutorat et différents outils de soutien aux jeunes entrepreneurs, a également reçu un financement de 38 millions CAD sur cinq ans, à compter de 2019-20, afin de continuer à soutenir la nouvelle génération d'entrepreneurs du Canada.

Le soutien aux femmes entrepreneurs est resté l'un des domaines d'action prioritaires des autorités canadiennes. Le Budget 2018 prévoit de consacrer quelque 2 milliards CAD à la nouvelle Stratégie pour les femmes en entrepreneuriat, qui a pour objet de leur faciliter l'accès au financement, aux talents, aux réseaux et aux compétences spécialisées, en vue d'encourager davantage de femmes à créer et développer leur propre entreprise, mais aussi de les aider à se tourner vers l'exportation.

Tableau 3.7. Tableau de bord du Canada

Indicateur	Unité	2007	2008	2009	2010	2011	2012	2013	2014	2015	2016	2017	2018
Endettement													
Encours des prêts aux PME	Milliards CAD	83.4	83.4	86.4	85.7	89.1	87.2	91.1	94.0	96.1	99.2	102.5	105.1
Encours des prêts aux entreprises, total	Milliards CAD	479.8	534.0	482.3	489.5	503.2	548.0	592.6	642.9	716.2	772.4	823.7	897.5
Part de l'encours des prêts aux PME	% de l'encours total des prêts aux entreprises	17.39	15.61	17.92	17.50	17.71	15.90	15.38	14.62	13.42	12.84	12.45	11.71
Nouveaux prêts aux entreprises, total	Milliards CAD	..	..	..	..	126.2	141.6	151.0	168.7	188.4	204.0	233.9	269.7
Nouveaux prêts aux PME	Milliards CAD	..	..	..	..	20.2	21.7	22.8	23.2	24.0	22.8	25.2	27.2
Part des nouveaux prêts aux PME	% du total des nouveaux prêts	..	..	..	..	15.99	15.30	15.10	13.74	12.73	11.16	10.78	10.1
Encours des prêts à court terme, PME	Milliards CAD	15.1	..			6.9	..	..	15.6	..	..	24.2	..
Encours des prêts à long terme, PME	Milliards CAD	21.1	..	..	..	12.8	..	..	12.4	..	..	32.4	..
Part des prêts à court terme, PME	% du total des prêts aux PME	41.62	..	43.40	36.30	35.13	39.00	46.00	55.71	47.20	36.20	42.8	30.10
Garanties de prêts accordées par l'État aux PME	Milliards CAD	1.20	1.30	1.20	1.30	1.30	1.10	1.10	1.50	1.20	1.3	1.4	1.8
Prêts publics directs, PME	Milliards CAD	4.40	4.10	5.50	4.70	6.00	5.80	4.60	6.50	6.70	7.9	8.0	8.4
Taux d'intérêt, PME	%	7.50	..	6.20	5.80	5.30	5.40	5.60	5.10	5.10	5.30	5.20	5.70
Taux d'intérêt, grandes entreprises	%	6.10	..	3.10	2.60	3.00	3.00	3.00	3.00	2.80	2.70	2.90	3.64
Écart de taux d'intérêt	Points de %	1.40	..	3.10	3.20	2.30	2.40	2.60	2.10	2.30	2.60	2.30	2.06
Garanties fournies, PME	% des PME tenues de fournir des garanties pour obtenir un prêt bancaire	47.7	..	56.1	66.7	64.8	76.0	56.0	66.6	80.0	74.0	64.1	70.0
Taux de demandes de prêts, PME	Demandes de prêts des PME / nombre total de PME	17.0	..	14.0	18.0	24.0	26.0	30.0	27.0	23.0	26.0	26.0	27.0
Taux de rejet	1-(prêts aux PME accordés/demandés)	..	..	..	9.0	8.0	7.0	9.0	12.8	7.0	9.0	9.5	9.0
Financement non bancaire													
Capital-risque et capital-développement	Milliards CAD	..	..	..	..	..	..	1.88	2.06	2.24	3.19	3.78	3.69
Capital-risque et capital-développement (variation)	Taux de croissance en glissement annuel, %	..	..	..	..	..	..	..	9.7	8.7	42.3	18.4	-2.4
Autres indicateurs													
Taux d'incidents de paiement à 90 jours, petites entreprises	%	0.71	1.13	1.52	0.87	0.62	0.55	0.41	0.41	0.60	0.55	0.52	0.55
Taux d'incidents de paiement à 90 jours, moyennes entreprises	%	0.03	0.05	0.3	0.13	0.02	0.01	0.01	0.03	0.03	0.03	0.03	0.07
Taux de demandes de crédits-bails	%	20.8	..	1.00	2.00	7.00	8.00	11.0	7.90	8.00	9.00	7.2	9.00

Indicateur	Unité	2007	2008	2009	2010	2011	2012	2013	2014	2015	2016	2017	2018
Taux d'acceptation des crédits-bails	%	93	..	76	97	97.3	95	95	98.6	94	94	97.6	96.0
Faillites, PME	Pour 1000 entreprises employant des salariés	7.00	6.60	5.90	4.60	4.30	3.80	3.60	3.40	3.30	3.10	2.84	2.79
Faillites, PME (variation)	Taux de croissance en glissement annuel, %	..	-5.71	-10.6	-22.0	-6.52	-11.6	-5.26	-5.56	-2.94	-6.06	-8.39	-1.76

Source :voir Tableau 3.11.

Les PME dans l'économie nationale

En 2018, les petites entreprises (de 1 à 99 salariés) représentaient 98.0 % de la population des entreprises canadiennes et employaient 8.4 millions de personnes, soit 69.8 % des travailleurs du secteur privé. Parmi ces derniers, 76.8 % travaillaient dans le secteur des services et 23.2 % dans le secteur des biens.

Tableau 3.8. Ventilation des entreprises au Canada, 2018

Par taille

Taille de l'entreprise (effectif salarié)	Nombre d'entreprises	% des entreprises employant des salariés
1-4	718 551	56.0
5-9	239 077	18.6
10-19	160 395	12.5
20-49	104 610	8.1
50-99	35 249	2.7
100-199	15 421	1.2
200-499	7 461	0.6
500 +	3 025	0.2
Total	**1 283 789**	**100**

Source : Ventilation des entreprises au Canada, 2018.

Prêts aux PME

Le graphique 3.4 présente les principaux bailleurs de fonds des petites entreprises en 2018. La majeure partie du financement des petites entreprises (83.9 %) a été fournie par les banques (nationales et étrangères), les coopératives d'épargne et de crédit et les caisses populaires. Le solde a été apporté par des sociétés de financement, des fonds d'investissement et des compagnies d'assurances.

Graphique 3.4. Financement par la dette, par source de financement au Canada, 2018

Par source de financement, en pourcentage

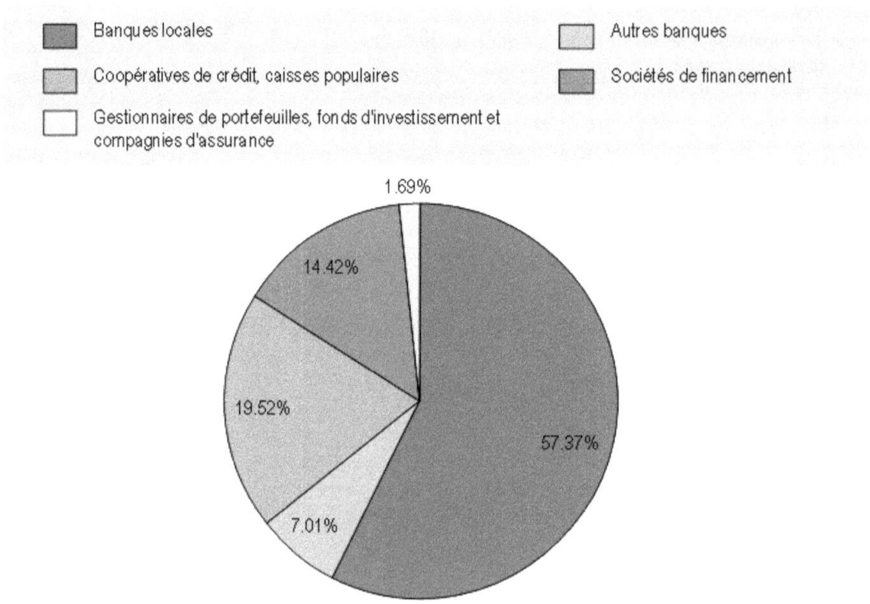

Source : Statistique Canada, Enquête auprès des fournisseurs de services de financement aux entreprises 2018.

StatLink https://doi.org/10.1787/888934133039

Les données des enquêtes menées auprès des acteurs de l'offre montrent que l'encours des prêts à l'ensemble des entreprises a augmenté de 9.0 % en 2018 pour atteindre 898 milliards CAD, et que les prêts aux petites entreprises sont également en hausse (2.5 %), à 105.1 milliards CAD (graphique 3.5). La part des petites entreprises dans l'encours total s'est contractée de 0.7 point, pour ressortir à 11.7 % en 2018, son plus bas niveau depuis 2000. Ce recul s'explique par le fait que l'encours de l'endettement des petites entreprises a augmenté plus lentement que celui des moyennes et grandes entreprises. Sur la période 2007-18, l'encours des prêts aux petites, moyennes et grandes entreprises s'est respectivement accru de 25.9 %, 70.4 % et 109.1%. Sur la période plus longue comprise entre 2000 et 2018, il a respectivement augmenté en moyenne annuelle de 1.3 %, 4.7 % et 6.8 % (voir graphique 3.5). Logiquement, la part des PME dans l'encours total des prêts aux entreprises a diminué pendant cette période.

Graphique 3.5. Encours des prêts aux entreprises au Canada

En millions CAD (échelle de gauche) et en pourcentage (échelle de droite)

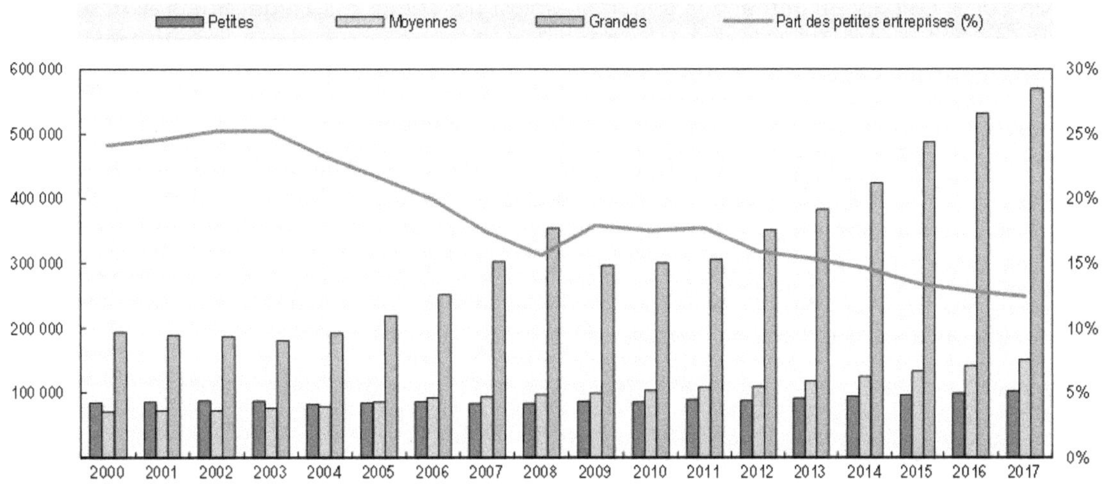

Note : La taille des entreprises est estimée à partir du montant de l'emprunt accordé – les petites entreprises étant celles qui obtiennent un accord pour un montant inférieur à 1 million CAD, les entreprises moyennes celles dont l'accord porte sur un montant compris entre 1 million et moins de 5 millions CAD, et les grandes entreprises celles dont les prêts autorisés peuvent dépasser 5 millions CAD.
Source : Statistique Canada, Enquête auprès des fournisseurs de services de financement aux entreprises, 2000–2018 ; et Innovation, Science et Développement économique Canada.

StatLink https://doi.org/10.1787/888934133058

L'enquête menée auprès des acteurs de l'offre montre que l'activité de crédit aux entreprises (toutes tailles confondues) s'est accrue au cours des deux semestres de 2018. Au second semestre, les bailleurs de fonds ont accordé quelque 105 milliards CAD de nouveaux prêts aux grandes entreprises, ce qui représente une hausse de 7.5 % des décaissements par rapport au premier trimestre. Les moyennes entreprises et les petites entreprises en ont bénéficié également, avec des décaissements respectivement en augmentation d'environ 0.5 % et 2.0 %. Entre 2017 et 2018, l'activité de prêt a progressé de 15.3 % au total, et de 17.8 % pour les grandes entreprises, de 8.5 % pour les moyennes et 7.8 % pour les petites entreprises.

Tableau 3.9. Montant des décaissements au Canada

En millions CAD

Taille de l'entreprise	1S 2017	2S 2017	1S 2018	2S 2018
Grande (accord ≥ 5 millions CAD)	82 988	88 450	97 402	104 698
Variation en %	11.2	6.6	10.1	7.5
Moyenne (accord entre 1 million CAD et 5 millions CAD)	18 032	19 252	20 172	20 265
Variation %	3.4	6.8	4.8	0.5
Petite (accord < 1 million CAD)	12 248	12 969	13 460	13 725
Variation %	5.8	5.9	3.8	2.0
Total	**113 267**	**120 672**	**131 034**	**138 689**
Variation %	9.3	6.5	8.6	5.8

Source : Statistique Canada, Enquête auprès des fournisseurs de services de financement aux entreprises, 2018 ; et Innovation, Science et Développement économique Canada.

Conditions de crédit

Il ressort de l'Enquête sur les conditions de crédit 2018 que les conditions de crédit sont restées stables en 2018, comme elles le sont depuis 2011, année où s'est amorcée la reprise intervenue après la récession de 2009. Le taux de demandes de financement par l'emprunt a légèrement augmenté en 2018 pour s'établir à 27 %, contre 26 % en 2016 et 2017. En 2018, le rapport entre les montants accordés et les montants demandés était de 88 % proche de la moyenne de la période 2010-2017 (89 %).

Le taux d'intérêt moyen facturé aux petites entreprises en 2018 est passé à 5.7 % contre 5.2 % en 2017. Le taux de base moyen du crédit aux entreprises (taux proposé aux emprunteurs les plus solvables), qui s'est maintenu à 3.0 % entre 2011 et 2014, a été porté à 3.6 % en 2018 contre 2.9 % en 2017. La prime de risque (c'est-à-dire la différence entre le taux d'intérêt moyen appliqué aux petites entreprises et le taux de base du crédit aux entreprises) a retrouvé son niveau de 2014, 2.1 %, niveau le plus bas atteint pour la seconde fois depuis la récession de 2009. Ce dernier indicateur témoigne d'un assouplissement du financement des petites entreprises au Canada, du point de vue des prêteurs.

Près de 70 % des petites entreprises ont été priées d'apporter des garanties pour obtenir un prêt en 2018.

Autres sources de financement des PME

Crédit-bail

Depuis 2011, le taux de demande de crédit-bail oscille entre 7 % et 11 % et le taux d'acceptation est systématiquement supérieur à 94 %.

Apports de fonds propres

Après plus de huit années consécutives de croissance, les investissements de capital-risque au Canada ont atteint 3.8 milliards CAD en 2017 avant de faiblir légèrement en 2018, à 3.7 milliards CAD. Il s'agit des niveaux d'investissements en capital-risque les plus élevés jamais enregistrés au Canada depuis 2001.

Entre 2017 et 2018, le volume des capitaux d'amorçage a augmenté de 28.4 %, à 0.3 milliard CAD, celui des capitaux de démarrage a fléchi de 21.7 % pour atteindre 1.5 milliard CAD et le volume des capitaux investis à un stade ultérieur a progressé de 17.5 % pour s'établir à 1.8 milliard CAD.

Tableau 3.10. Capital-risque et capital-développement au Canada

En millions CAD

Stade	2013	2014	2015	2016	2017	2018
Amorçage	85	136	159	212	236	303
Démarrage	657	860	1 210	1 578	1 986	1 555
Ultérieur	1 139	1 068	8 75	1 403	1 558	1 831
Total	1 881	2 064	2 244	3 193	3 780	3 689

Source : Canadian Venture Capital Private Equity Association, 2018.

Autres indicateurs

La tendance à la baisse de l'incidence des faillites d'entreprises s'est poursuivie en 2018. Plus précisément, le taux d'incidence est passé de 2.84 % en 2017, à 2.79 % en 2018. Le taux de base du crédit aux entreprises reste faible, ce qui permet aux petites entreprises de continuer de se financer à moindre coût et de conserver des bilans sains et plus faciles à gérer.

Le taux d'incidents de paiement des petites entreprises à 90 jours a retrouvé ses niveaux d'avant la récession. En 2018, il s'établissait à 0.55 %, en baisse par rapport au 0.71 % observés en 2007. Plus précisément, il est passé de 0.7 % au premier trimestre de 2007 à 1.1 % au troisième trimestre de 2008, avant de marquer un pic à 1.6 % aux deuxième et troisième trimestres de 2009 quand l'économie s'est contractée. À la faveur de la reprise, il est revenu à 0.6 % au quatrième trimestre de 2010 et a continué de baisser lentement pour atteindre 0.4 % à la fin de 2014. Après une hausse en 2015, le taux d'incidents de paiement à 90 jours a reculé à 0.5 % à la fin de l'année 2018.

Graphique 3.6. Taux d'incidents de paiement à 90 jours (%) et PIB du Canada, 2007-18

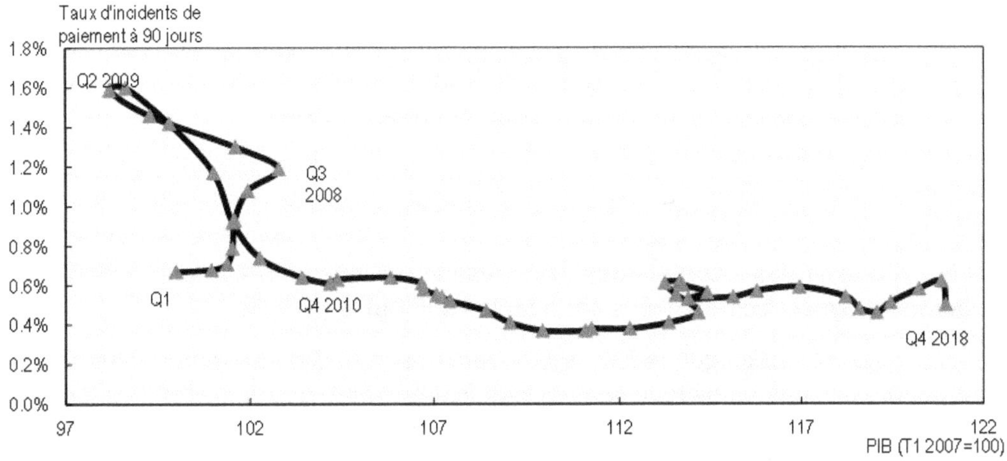

Source : PayNet Inc., calculs de Statistiques Canada et Innovation, Science et Développement économique Canada.

StatLink https://doi.org/10.1787/888934133077

Mesures prises par les pouvoirs publics

En 2018-19, le Gouvernement du Canada a maintenu les mesures de soutien en faveur de l'entrepreneuriat et de la croissance des petites et moyennes entreprises.

La Banque de développement du Canada (BDC), société de la Couronne, est chargée de soutenir l'entrepreneuriat au Canada, et en particulier les PME. Elle offre des prêts directs, du capital-développement et de transition, du capital-risque des services de titrisation et de conseil. Ses produits de financement et ses services de conseil viennent compléter l'offre des acteurs privés. Au titre de l'exercice 20018, BDC avait engagé 31 milliards CAD envers 56 000 entrepreneurs présents dans tous les secteurs d'activité et sur l'ensemble du territoire canadien.

Après plus de huit années consécutives de croissance, les investissements de capital-risque au Canada ont atteint 3.8 milliards CAD en 2017 avant de faiblir légèrement en 2018, à 3.7 milliards CAD. Il s'agit des niveaux d'investissements en capital-risque les plus élevés jamais enregistrés au Canada depuis 2001. Cet essor tient en partie au succès du « Plan d'action sur le capital de risque » lancé par le Gouvernement du Canada en 2012, aux investissements directs et indirects de capital-risque réalisés par BDC par l'intermédiaire d'un portefeuille d'environ 1.3 milliard CAD, mais aussi à un secteur du capital-risque canadien qui achève de se développer.

Parallèlement, les récents budgets ont prévu de consacrer 450 millions CAD à l'Initiative de catalyse du capital de risque (ICCR), afin d'accroître le capital-risque mis à la disposition des entrepreneurs canadiens à un stade avancé du développement de leur entreprise. Grâce à l'ICCR, le gouvernement cherche à bâtir un portefeuille en utilisant trois canaux : de grands fonds de fonds, des modèles alternatifs qui renforcent et élargissent l'écosystème canadien du capital-risque ; des fonds de capital-risque principalement ciblés sur le secteur des technologies propres. En mobilisant les fonds du secteur public et du secteur privé, l'ICCR injectera plus de 1.5 milliard CAD sur le marché canadien du capital-innovation.

Le Fonds stratégique pour l'innovation (FSI) a été créé au titre du Budget 2017 afin de regrouper et de simplifier les programmes d'innovation existants. Toutes sources confondues, le programme est doté d'une capacité de financement de plus de 2 milliards CAD sur plusieurs années. Le Fonds a pour objectif d'accélérer les innovations qui apportent aux Canadiens de réels avantages économiques et sociaux. Le programme compte cinq volets poursuivant chacun leurs propres objectifs :

- Volet 1 : Favoriser les activités de recherche-développement qui accéléreront le transfert de technologie et la commercialisation de produits, processus et services novateurs.
- Volet 2 : Faciliter la croissance et l'expansion des entreprises au Canada.
- Volet 3 : Attirer et conserver des investissements de grande envergure au Canada.
- Volet 4 : Faire progresser la recherche industrielle, le développement et la démonstration de technologies grâce à la collaboration entre le secteur privé, les chercheurs et les organisations à but non lucratif.
- Volet 5 : Soutenir les écosystèmes d'innovation nationaux à grande échelle grâce à des collaborations ayant des retombées importantes sur tout le territoire.

En complément d'initiatives telles que le FSI, le Gouvernement du Canada renforce les programmes mis en œuvre par les organismes de développement régional en vue d'accorder une plus grande place à la croissance et la productivité des entreprises et aux écosystèmes d'innovation régionaux, à l'aide du programme Croissance économique régionale par l'innovation (CERI). Le programme CERI a pour objectif de répondre aux objectifs définis à l'échelle nationale tout en veillant à ce que les programmes de financement des organismes de développement régional soir adapté aux besoins locaux. Les financements accordés dans ce cadre s'articuleront autour de deux nouveaux axes : soutien à l'expansion des entreprises afin de favoriser la conquête de nouveaux marchés à l'échelle nationale et mondiale ; et développement d'écosystèmes d'innovation régionaux.

Le Programme de financement des petites entreprises continue d'améliorer l'accès des petites entreprises au financement. Au cours des dernières années, un certain nombre de modifications ont été apportées à ce programme afin d'en accroître l'intérêt pour les prêteurs et de mieux répondre aux besoins des petites entreprises. Elles se sont traduites par une augmentation des volumes et des montants des prêts. En 2018-19, le programme a enregistré plus de 6 000 prêts pour un montant total de 1.3 milliard CAD. En 2019-20, le programme procédera à un examen quinquennal complet qui donnera lieu à des recommandations sur la marche à suivre pour poursuivre l'amélioration de l'accès au financement.

Futurpreneur Canada, organisme sans but lucratif proposant aux jeunes entrepreneurs financement, tutorat et différents outils de soutien, a également reçu un financement de 38 millions CAD sur cinq ans, à compter de 2019-20, afin de continuer à soutenir la nouvelle génération d'entrepreneurs du Canada. L'organisme offre aux jeunes de 18 à 39 ans des prêts à concurrence de 20 000 CAD pour lancer leur entreprise. Ces prêts d'une durée de trois à cinq ans bénéficient de modalités souples et s'accompagnent obligatoirement de services de tutorat pendant au moins deux ans. Les bénéficiaires peuvent également demander un prêt complémentaire de 40 000 CAD auprès de la BDC.

Le soutien aux femmes entrepreneurs reste l'un des domaines d'action prioritaires des autorités canadiennes. Le Budget 2018 prévoyait de consacrer environ 2 milliards CAD à la nouvelle Stratégie pour les femmes en entrepreneuriat, qui a pour objet de leur faciliter l'accès au financement, aux talents, aux réseaux et aux compétences spécialisées, en vue d'encourager davantage de femmes à créer et développer leur propre entreprise, et de les aider à se tourner vers l'exportation. Le Canada a pour objectif de doubler le nombre de PME majoritairement détenues par des femmes d'ici 2025. Dans le cadre de cette stratégie, la BDC apporte 1.4 milliard CAD de financement sur trois ans à des entreprises dont l'actionnaire majoritaire est une femme, et le Fonds pour les femmes en technologie a engagé 200 millions CAD sur cinq ans en faveur des entreprises technologiques dirigées par des femmes. À ce financement s'ajoutent d'autres initiatives du gouvernement fédéral, notamment une enveloppe de 105 millions CAD destinée à des investissements adaptés à l'échelle régionale mais coordonnés à l'échelle nationale afin de soutenir les femmes entrepreneurs et de renforcer les écosystèmes régionaux d'innovation sur lesquels elles peuvent s'appuyer.

Par ailleurs, dans l'Énoncé économique de l'automne 2018, publié en novembre 2018, le Gouvernement a annoncé son intention de lancer une stratégie de diversification des exportations. Au total, 1.1 milliard CAD seront investis à compter de 2018-2019 au cours des six prochaines années, ce qui préservera le soutien apporté aux PME par les stratégies et programmes publics, afin d'aider les entreprises à tirer pleinement avantage des débouchés qui s'offrent à elles après la signature de nouveaux accords commerciaux. La stratégie met l'accent sur trois volets : investir dans les infrastructures, fournir aux entreprises canadiennes les ressources nécessaires pour concrétiser leurs projets d'exportation, et accroître les services commerciaux. Dans le cadre de cette Stratégie, le Gouvernement consacrera 10 millions CAD sur trois ans à des initiatives de préparation des PME à l'exportation par des activités de sensibilisation et de renforcement des capacités d'exportation. Il investira en outre 50 millions CAD sur cinq ans afin d'aider les PME à explorer de nouveaux débouchés à l'exportation. La Stratégie prévoit par ailleurs d'octroyer 100 millions CAD sur six ans à CanExport et aux programmes de financement connexes, afin d'aider les PME à la recherche de nouveaux marchés à l'étranger. Ce financement vient s'ajouter à la dotation initiale de 50 millions CAD sur cinq ans attribuée à CanExport lors de son lancement en 2016.

Enfin, en avril 2018, le Canada a dévoilé sa nouvelle Stratégie en matière de propriété intellectuelle. Le Gouvernement du Canada investit 85.3 millions CAD sur cinq ans pour faire en sorte que les entreprises, les créateurs, les entrepreneurs et les innovateurs du pays aient accès aux meilleures ressources en matière de propriété intellectuelle. Cette stratégie se décline en plusieurs volets : sensibilisation à la propriété intellectuelle ; éducation et conseils ; outils stratégiques axés sur la croissance ; et législation. Elle prévoit également le déploiement d'un projet pilote de collectif de brevets, une nouvelle équipe de spécialistes de la propriété intellectuelle pour guider les bénéficiaires des programmes, un marché de la propriété intellectuelle, et des modifications en matière d'enregistrement et d'application des droits de propriété intellectuelle.

Graphique 3.7. Tendances du financement des PME et de l'entrepreneuriat au Canada

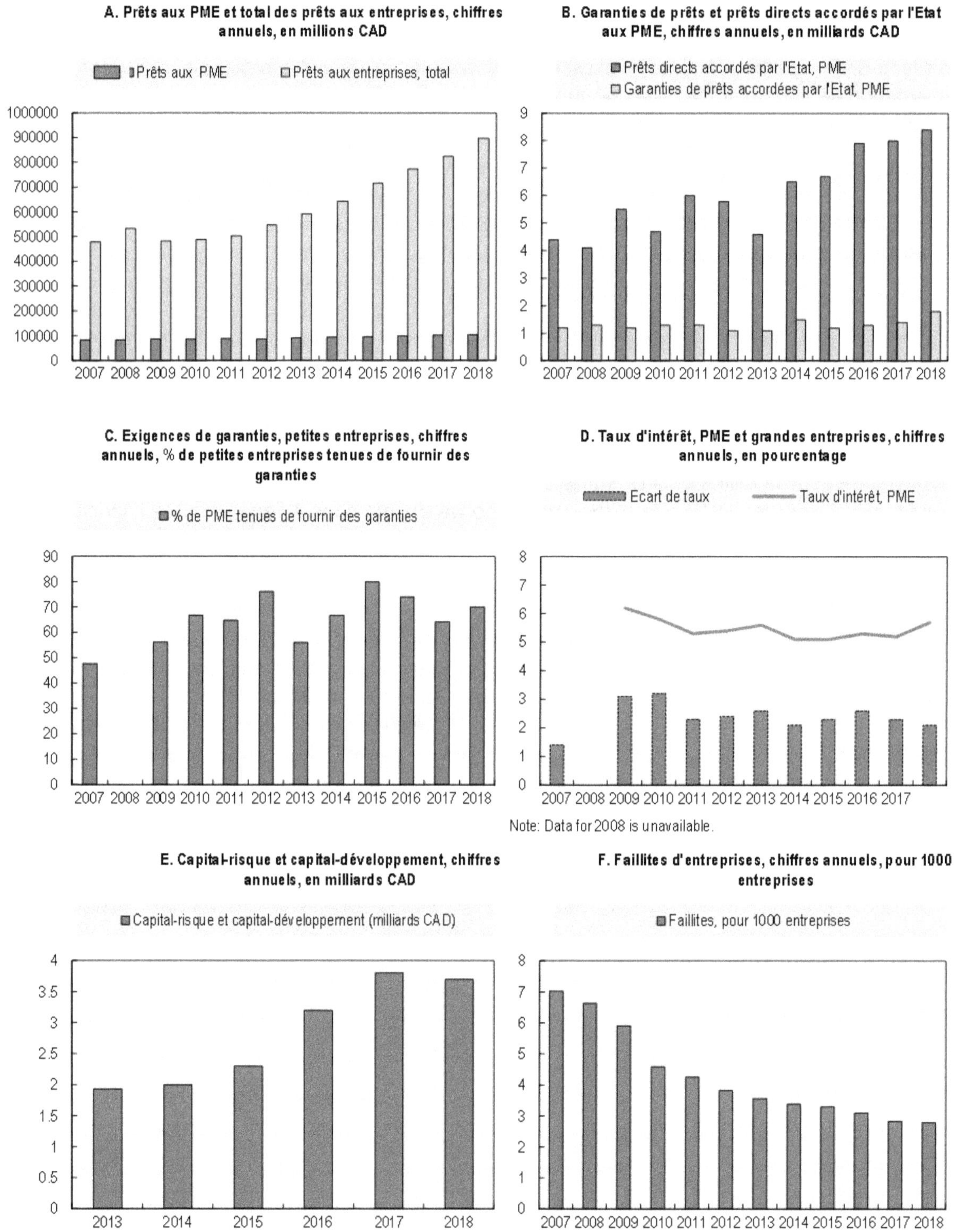

Source : voir Tableau 3.11.

StatLink https://doi.org/10.1787/888934133096

Tableau 3.11. Définitions des indicateurs du Tableau de bord du Canada

Indicateur	Définition	Source
	Endettement	
Encours des prêts aux PME	Prêts commerciaux aux PME (prêts accordés d'un montant inférieur à 1 million CAD), encours (stocks). Inclut les prêts à terme, les prêts hypothécaires, les facilités de crédit, les cartes de crédit. Exclut les crédits-bails, les crédits accordés aux filiales/entreprises affiliées, l'affacturage. Exclut les entreprises sans salariés.	Statistique Canada, Enquête auprès des fournisseurs de services de financement aux entreprises, 2007-2018
Encours des prêts aux entreprises, total	Prêts commerciaux à l'ensemble des entreprises, encours (stocks). Inclut les prêts à terme, les prêts hypothécaires, les facilités de crédit, les cartes de crédit. Exclut les crédits-bails, les crédits accordés aux filiales/entreprises affiliées, l'affacturage. Exclut les entreprises sans salariés.	Statistique Canada, Enquête auprès des fournisseurs de services de financement aux entreprises, 2007-2018
Nouveaux prêts aux entreprises, total	Grandes entreprises (accord supérieur ou égal à 5 millions CAD), entreprises moyennes (accord compris entre 1 million et 5 millions CAD) et petites entreprises (accord inférieur à 1 million CAD)	Statistique Canada, Enquête auprès des fournisseurs de services de financement aux entreprises, 2007-2018
Nouveaux prêts aux PME	Grandes entreprises (accord supérieur ou égal à 5 millions CAD), entreprises moyennes (accord compris entre 1 million et 5 millions CAD) et petites entreprises (accord inférieur à 1 million CAD).	Statistique Canada, Enquête auprès des fournisseurs de services de financement aux entreprises, 2007-2018
Encours des prêts à court terme, PME	Crédit de fonctionnement (prêts à court terme, d'une durée inférieure ou égale à 12 mois, facilités de crédit, cartes de crédit), flux. Les petites entreprises sont les entreprises qui emploient entre 1 et 99 salariés.	Statistique Canada, Enquête sur le financement des petites et moyennes entreprises 2007 ; et Industry Canada, Enquête supplémentaire sur les conditions de crédit 2009, 2010, 2012, 2013, 2015, 2016 et 2018 ; et Statistique Canada, Enquête sur le financement et la croissance des petites et moyennes entreprise 2011, 2014 et 2017
Encours des prêts à long terme, PME	Prêt à terme (plus de 12 mois) ou prêt hypothécaire, flux. Les petites entreprises sont celles qui emploient entre 1 et 99 salariés.	Statistique Canada, Enquête sur le financement des petites et moyennes entreprises 2007 ; et Industry Canada, Enquête supplémentaire sur les conditions de crédit 2009, 2010, 2012, 2013, 2015, 2016 et 2018 ; et Statistique Canada, Enquête sur le financement et la croissance des petites et moyennes entreprise 2011, 2014 et 2017
Garanties de prêts accordées par l'État, PME	Prêts garantis aux PME, flux de l'administration centrale, prêts garantis par le Programme de financement des petites entreprises du Canada (PFPEC), Exportation et développement Canada (EDC) et Banque de développement du Canada (BDC).	Données administratives d'Exportation et développement Canada, de la Banque de développement du Canada et du Programme de financement des petites entreprises du Canada
Prêts publics directs, PME	Prêts directs aux PME, flux de l'administration centrale.	Données administratives d'Exportation et développement Canada et de la Banque de développement du Canada
Taux d'intérêt, PME	Taux annuel moyen de l'ensemble des nouveaux prêts à terme aux petites entreprises et hypothèque commerciale, taux de base plus prime de risque ; hors cartes de crédit.	Statistique Canada, Enquête sur le financement des petites et moyennes entreprises 2007 ; et Industry Canada, Enquête supplémentaire sur les conditions de crédit 2009, 2010, 2012, 2013, 2015, 2016 et 2018 ; et Statistique Canada, Enquête sur le financement et la croissance des petites et moyennes entreprise 2011, 2014 et 2017
Taux d'intérêt, grandes entreprises	Les taux de base pratiqués par les banques à charte sur les prêts aux entreprises sont les taux d'intérêt réservés aux emprunteurs les plus solvables.	Banque du Canada, Statistiques bancaires et financières
Écart de taux d'intérêt	Différence entre le taux d'intérêt appliqué aux petites entreprises et le taux de base.	
Garanties fournies, PME	Pourcentage de petites entreprises tenues de fournir une garantie pour obtenir leur dernier prêt. Les petites entreprises sont celles qui emploient entre 1 et 99 salariés.	Statistique Canada, Enquête sur le financement des petites et moyennes entreprises 2007 ; et Industry Canada, Enquête supplémentaire sur les

		conditions de crédit 2009, 2010, 2012, 2013, 2015, 2016 et 2018 ; et Statistique Canada, Enquête sur le financement et la croissance des petites et moyennes entreprise 2011, 2014 et 2017
Taux de demandes de prêts, PME	Taux de demande de prêts. Nombre d'entreprises faisant une demande de prêts divisé par le nombre total d'entreprises.	Statistique Canada, Enquête sur le financement des petites et moyennes entreprises 2007 ; et Industry Canada, Enquête supplémentaire sur les conditions de crédit 2009, 2010, 2012, 2013, 2015, 2016 et 2018 ; et Statistique Canada, Enquête sur le financement et la croissance des petites et moyennes entreprise 2011, 2014 et 2017
Taux de rejet	Nombre de demandes de prêts des entreprises rejetées divisé par le nombre de demandeurs.	Statistique Canada, Enquête sur le financement des petites et moyennes entreprises 2007 ; et Industry Canada, Enquête supplémentaire sur les conditions de crédit 2009, 2010, 2012, 2013, 2015, 2016 et 2018 ; et Statistique Canada, Enquête sur le financement et la croissance des petites et moyennes entreprise 2011, 2014 et 2017
Taux d'utilisation	Montant total du prêt accordé divisé par le montant total demandé.	Statistique Canada, Enquête sur le financement des petites et moyennes entreprises 2007 ; et Industry Canada, Enquête supplémentaire sur les conditions de crédit 2009, 2010, 2012, 2013, 2015, 2016 et 2018 ; et Statistique Canada, Enquête sur le financement et la croissance des petites et moyennes entreprise 2011, 2014 et 2017
	Financement non bancaire	
Capital-risque et capital-développement	Montant du capital-risque et du capital-développement effectivement investis. Comprend les stades suivants : amorçage, démarrage, stade initial et développement. Ensemble des entreprises	Canada Venture Capital Association (CVCA)
Taux de demande de crédits-bails	Pourcentage d'entreprises sollicitant un crédit-bail	Statistique Canada, Enquête sur le financement des petites et moyennes entreprises, 2007 ; Industry Canada, Enquête supplémentaire sur les conditions de crédit, 2009, 2010, 2012, 2013, 2015, 2016 et 2018 et Statistique Canada, Enquête sur le financement et la croissance des petites et moyennes entreprises, 2011, 2014 et 2017
Taux d'acceptation des crédits-bails	Pourcentage d'entreprises ayant obtenu un crédit-bail	Statistique Canada, Enquête sur le financement des petites et moyennes entreprises 2007 ; et Industry Canada, Enquête supplémentaire sur les conditions de crédit 2009, 2010, 2012, 2013, 2015, 2016 et 2018 ; et Statistique Canada, Enquête sur le financement et la croissance des petites et moyennes entreprise 2011, 2014 et 2017
	Autres indicateurs	
Taux d'incidents de paiement à 90 jours	La taille de l'entreprise est définie selon le plafond d'encours (c'est-à-dire le montant maximal d'encours qu'a pu avoir une entreprise selon la base de données Paynet). Les petits emprunteurs sont ceux dont le plafond d'encours est inférieur à 500 000 CAD et les emprunteurs moyens ceux dont le plafond est compris entre 500 000 CAD et 2 millions CAD. Le calcul du taux d'incidents de paiement à 90 jours se fait en divisant le montant des intérêts et du principal dus depuis plus de 90 jours par le total de l'encours de prêts.	Paynet Inc.
Faillites, PME	L'insolvabilité est définie comme le nombre de faillites déclarées et proposées. Ensemble des entreprises.	Bureau du Surintendant des faillites, Canada

Références

Banque du Canada, Enquête auprès des responsables du crédit, https://www.banqueducanada.ca/content_type/publication/enquete-aupres-des-responsables-du-credit/.

Industrie Canada, Enquête sur les conditions de crédit, http://www.ic.gc.ca/eic/site/061.nsf/fra/h_02192.html.

PayNet Inc., Canadian Business Delinquency Index, http://www.paynetonline.ca/issues-and-solutions/all-paynet-products/paynet-canadian-business-delinquency-index-cbdi/

Statistique Canada, Enquête semestrielle auprès des fournisseurs de services de financement aux entreprises, http://www.ic.gc.ca/eic/site/061.nsf/fra/h_01569.html.

Statistique Canada, Enquête sur le financement et la croissance des petites et moyennes entreprises, http://www.ic.gc.ca/eic/site/061.nsf/fra/h_02774.html.

France

Données essentielles sur le financement des PME

La France compte environ 4 millions de petites et moyennes entreprises (PME), qui représentent 99.9 % de l'ensemble des entreprises.

L'encours de prêts aux PME a augmenté de plus de 4.3 % entre 2017 et 2018, pour atteindre 254 135 millions EUR en 2018. Après avoir diminué entre 2014 et 2017, l'écart entre les taux appliqués aux PME et ceux appliqués aux grandes entreprises s'est creusé en 2018, à 0.45 point de pourcentage. En outre, l'accès des PME au prêt bancaire reste fluide, 88 % des PME ayant obtenu la totalité ou presque des crédits de trésorerie demandés au dernier trimestre de 2018.

Les apports de capital-investissement dans les entreprises françaises ont poursuivi leur progression en 2018, à 14.7 milliards EUR, soit une hausse de 2.8 % par rapport à 2017. Le taux de croissance annuelle moyen sur la période 2013-2018 se situe autour de 16.4 %.

L'affacturage connaît une croissance continue en France depuis 2009.

Après avoir atteint 13.3 jours en 2015, le niveau le plus élevé depuis la crise, les retards de paiement ont diminué régulièrement pour ressortir juste en-deçà de 11 jours en 2018.

Pour la troisième fois depuis la reprise, le nombre de faillites de PME s'est maintenu sous la barre des 60 000, se stabilisant autour de 54 000 en 2017-2018.

Parmi les mesures prises par les pouvoirs publics pour remédier aux difficultés de financement des PME, notons qu'en 2018, le dispositif de médiation de crédit a continué à venir en aide aux entreprises françaises via une plateforme en ligne. Dans le prolongement de la tendance amorcée en 2017, le nombre de demandes confirme son recul par rapport aux années précédentes, à la faveur d'une croissance économique plus dynamique et de l'assouplissement général de l'accès au financement bancaire observé au niveau mondial. La proportion de demandes de médiation acceptées s'est stabilisée autour de 66 % en 2018.

Le gouvernement s'emploie par ailleurs à réduire les retards de paiement interentreprises. La loi relative à la transparence, à la lutte contre la corruption et à la modernisation de la vie économique adoptée en décembre 2016 renforce le cadre législatif en la matière. L'amende maximum en cas de non-respect des délais de paiement légaux a été portée à 2 millions EUR, et le nom de l'établissement mauvais payeur est dorénavant rendu public. Les décisions relatives aux amendes administratives font désormais l'objet d'une publication systématique sur le site du ministère de l'Économie et des Finances. En 2018, trois entreprises ont dû s'acquitter d'amendes records de plus de 500 000 EUR. Les retards de paiement les plus importants restent le fait des plus grandes entreprises. Si les retards les plus importants (plus de 30 jours) sont moins nombreux depuis 2017, la proportion d'entreprises affichant des paiements dans les délais a baissé, passant de 44 % à 41.8 %.

L'action publique a également mis l'accent sur l'amélioration de l'accès des très petites entreprises au financement. Depuis 2016, Bpifrance a octroyé en ligne des « prêts de croissance » destinés au financement des projets des TPE de 3 à 50 salariés désireuses de réaliser des investissements matériels ou immatériels. Initialement mis en œuvre dans certaines régions françaises, ce dispositif a été élargi. En outre, en 2016, la Banque de France a mis en place un réseau de correspondants dans chaque région afin de rompre l'isolement des entrepreneurs et de résoudre leurs problèmes de financement.

Tableau 3.12. Tableau de bord de la France

Indicateur	Unité	2007	2008	2009	2010	2011	2012	2013	2014	2015	2016	2017	2018
Endettement													
Encours des prêts aux PME	Milliards EUR	180.5	189.1	189.6	199.7	210.3	214.0	216.5	219.2	224.2	232.8	243.7	254.1
Encours des prêts aux entreprises, total	Milliards EUR	868.5	927.1	938.4	974.0	1012.2	1009.6	1025.9	1036.0	1078.2	1130.0	1193.7	1257.2
Part de l'encours des prêts aux PME	% de l'encours total des prêts aux entreprises	20.78	20.40	20.21	20.50	20.77	21.20	21.11	21.16	20.80	20.60	20.41	20.21
Nouveaux prêts aux entreprises, total	Milliards EUR	86.4	67.6	-9.5	9.1	34.6	7.8	1.6	18.9	35.0	43.8	56.1	58.7
Encours des prêts à court terme aux PME	Milliards EUR	43.1	42.7	37.5	38.1	40.3	41.1	42.8	43.3	43.5	43.9	44.7	44.9
Encours des prêts à long terme aux PME	Milliards EUR	115.2	123.3	127.8	134.4	142.6	146.5	146.3	148.6	151.9	158.6	166.7	175.8
Part des prêts à court terme aux PME	% du total des prêts aux PME	27.20	25.70	22.70	22.09	22.05	21.91	22.65	22.55	22.27	21.66	21.15	20.33
Garanties de prêts accordées par l'État, PME	Milliards EUR	5.9	6.9	11.3	11.9	9.8	8.5	8.9	7.8	8.0	8.4	8.9	8.7
Prêts garantis par l'État, PME	Milliards EUR	2.7	3.2	5.8	5.3	4.2	4.2	4.4	4.8	5.0	5.2	5.1	3.7
Prêts improductifs, total	% de l'ensemble des prêts aux entreprises	3.70	3.66	4.71	4.56	3.96	4.06	4.25	4.14	4.05	3.90	3.62	3.28
Taux d'intérêt, PME	%	5.10	5.42	2.86	2.48	3.11	2.43	2.16	2.08	1.78	1.50	1.40	1.48
Taux d'intérêt, grandes entreprises	%	4.52	4.76	1.96	1.57	2.23	1.72	1.46	1.30	1.19	1.14	1.10	1.03
Écart de taux d'intérêt	Points de %	0.58	0.66	0.90	0.91	0.89	0.71	0.70	0.78	0.59	0.35	0.30	0.45
Garanties fournies, PME	% des PME tenues de fournir des garanties pour obtenir un prêt bancaire	..	..	..	..	..	9.42	8.52	7.28	6.33	5.17	4.34	4.22
Taux de demandes de prêts, PME	Demandes de prêts des PME / nombre total de PME, en %	..	..	..	..	..	38.42	35.64	35.73	37.88	37.90	37.17	36.72
Taux de rejet	1-(prêts aux PME accordés/demandés)	..	..	..	..	..	11.12	8.00	6.61	7.55	6.21	5.14	4.36
Taux d'utilisation	Prêts aux PME utilisés/accordés	87.69	87.77	87.17	86.37	87.03	87.64	87.32	87.49	87.17	86.98	86.76	86.85
Financement non bancaire													
Capital-risque et capital-développement	Milliards EUR	2.0	2.4	2.4	2.9	3.5	2.4	2.5	3.2	4.6	4.7	4.4	5.1
Capital-risque et capital-développement (variation)	Taux de croissance en glissement annuel, %	24.73	21.34	-1.08	22.22	21.34	-32.46	3.35	30.98	42.55	2.54	-7.38	15.87
Crédit-bail et location-vente	Milliards EUR	9.3	9.5	9.0	8.5	8.1	6.6	6.1	5.7	7.1	7.7	7.8	8.1
Affacturage et escompte de factures	Milliards EUR	21.2	22.5	18.8	20.7	22.5	22.6	24.8	25.6	28.0	31.0	36.1	37.6
Autres indicateurs													
Retards de paiement interentreprises	Nombre de jours	12.18	11.90	11.80	11.98	12.18	11.83	12.08	12.21	13.28	11.90	11.12	10.79
Faillites, PME	Nombre (en milliers)	51.3	55.5	63.2	60.3	59.4	61.1	62.5	62.4	63.0	58.0	54.4	54.0
Faillites, PME (variation)	Taux de croissance en glissement annuel, %	..	8.23	13.75	-4.53	-1.39	2.71	2.37	-0.22	0.99	-7.90	-6.14	-0.81

Source :voir Tableau 3.18.

Les PME dans l'économie nationale

La France compte environ 4 millions de petites et moyennes entreprises (PME), soit 99.9 % de l'ensemble des entreprises. Les micro-entreprises dominent le paysage puisqu'elles comptaient pour 97.4 % des PME et 97.2 % de l'ensemble de la population des entreprises en 2016. Les PME françaises représentaient 48.2 % de la main d'œuvre salariée et réalisaient 42.8 % de la valeur ajoutée en 2016[4].

Tableau 3.13. Ventilation des entreprises en France, 2016

Par taille d'entreprise

Taille de l'entreprise (effectif salarié)	Nombre d'entreprises	%
Ensemble des entreprises	3 995 731	100
PME (1-249)	3 989 837	99.9
Micro-entreprises (1-9)	3 855 237	96.5
Petites entreprises (10-249)	134 600	3.4
Grandes entreprises (250+)	5 629	0.1

Note : Les sociétés financières autres que les holdings ne sont pas prises en compte. Hors entreprises sans salariés.
Source : INSEE, Les entreprises en France, Édition 2018.

Prêts aux PME

Le Service central des risques de la Banque de France collecte tous les mois les données sur les prêts de plus de 25 000 EUR accordés aux entreprises (unités légales). Ces données couvrent aussi bien les prêts mobilisés (utilisés) que mobilisables (non utilisés) par les entreprises résidentes en France. Il existe des données sur les prêts à l'ensemble des entreprises et aux seules PME (indépendantes ou appartenant à un groupe, mais hors entrepreneurs individuels).

L'encours des prêts aux PME a progressé de manière régulière entre 2007 et 2018, d'environ 3.2 % par an en moyenne, avec des hausses plus marquées en fin de période. Le taux de croissance annuel était supérieur à 3 % en 2018, pour la troisième année consécutive. La part des prêts aux PME dans l'encours total (20.2 % en 2018) s'est maintenue autour de 20 % sur la période 2012-2018, malgré une baisse légère, mais régulière depuis 2014. La part des prêts à court terme dans le total des prêts aux PME a légèrement reculé en 2018, passant de 21.2 % à 20.3 %.

Conditions de crédit

La France dispose de données détaillées sur les prêts mobilisés et mobilisables. Une hausse de la part des prêts mobilisés dans l'ensemble des prêts (qui correspond à la somme des prêts mobilisés et mobilisables) est le signe d'une plus grande utilisation et, partant, d'un resserrement des conditions du crédit, ainsi que d'une détérioration de la disponibilité du crédit comparable à celle observée en 2008-09, et, dans une moindre mesure, en 2011. Depuis 2012, cependant, les conditions de crédit mesurées par le biais de ces tendances affichent une relative stabilité. Le taux d'utilisation est resté constant en 2018, à 86.8 %.

Comme dans la plupart des pays européens, les taux d'intérêt ont fortement chuté pour l'ensemble des entreprises en 2009, sous l'effet de la politique d'assouplissement monétaire de la Banque centrale européenne (BCE). Après une légère remontée en 2011, les taux sont repartis à la baisse jusqu'en 2017. La baisse générale des taux d'intérêt sur la période a été beaucoup plus prononcée pour les grandes entreprises que pour les micro-entreprises (10 salariés maximum) et l'écart entre les taux d'intérêt facturés aux PME et aux grandes entreprises est resté important jusqu'en 2014. Il s'est réduit depuis, passant de 0.8 % en 2014 à 0.4 % en 2018, année où il s'est légèrement creusé, passant de 0.3 % à 0.4 %, à la suite d'une légère remontée des taux appliqués aux PME. En ce qui concerne les grandes entreprises, les taux d'intérêt (1.0 % en 2018) ont confirmé la tendance à la baisse observée depuis 2011.

Graphique 3.8. Taux d'intérêt des crédits octroyés aux entreprises en France

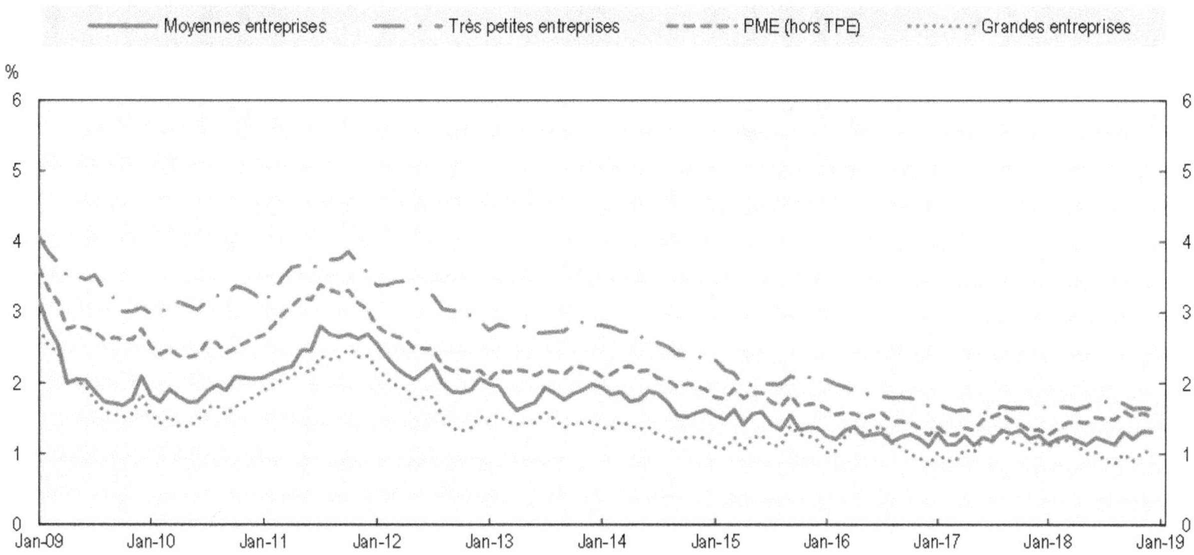

Source : Banque de France.

StatLink https://doi.org/10.1787/888934133115

La situation des PME et des très petites entreprises (TPE) françaises au regard de l'accès au financement bancaire continue de s'améliorer, comme c'était le cas les années précédentes : l'accès des PME au crédit bancaire a été satisfaisant, comme en témoignent la progression continue des prêts et l'assouplissement global des conditions de crédit, malgré la légère remontée des taux appliqués aux PME en 2018. Le taux de rejet, actuellement à 4.36 %, a poursuivi la baisse amorcée en 2012. Au quatrième trimestre de 2018, environ 88 % des crédits de trésorerie sollicités par les PME ont été accordés en totalité ou en partie, ce qui représente le plus haut niveau jamais atteint par cet indicateur. Parallèlement, plus de 95 % des demandes de prêts d'investissement des PME ont été intégralement ou presque satisfaites, un chiffre stable depuis le début de 2017[5].

Graphique 3.9. Suite donnée aux demandes de prêts bancaires des PME en France

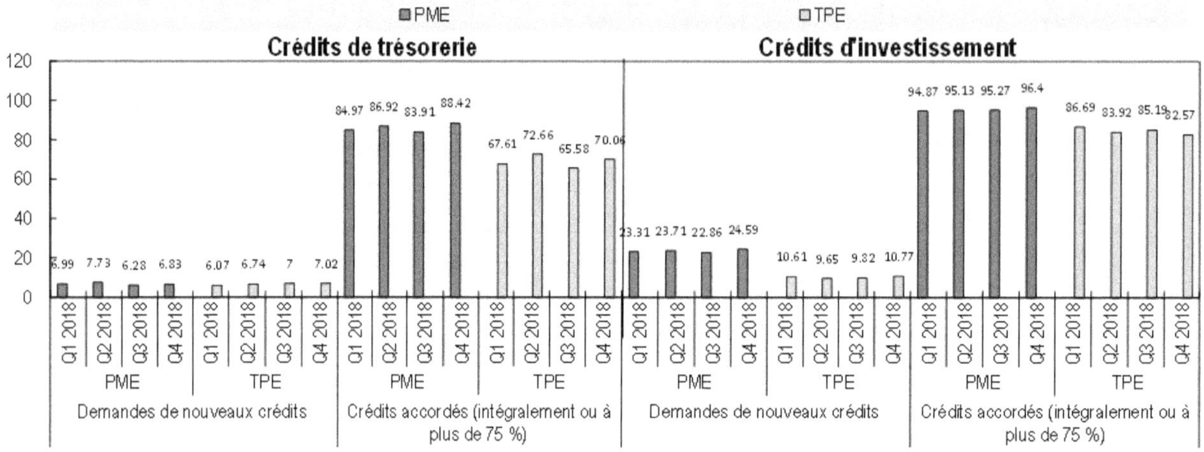

Source : Banque de France.

StatLink https://doi.org/10.1787/888934133134

Autres sources de financement des PME

Les apports de capital-investissement dans les entreprises françaises ont continué de croître en 2018 pour atteindre 14.7 milliards EUR, soit une hausse de + 2.8 % par rapport à 2017, et un montant bien supérieur aux niveaux moyens enregistrés avant la crise financière (10 milliards EUR en moyenne entre 2005 et 2008). Le taux de croissance annuel moyen sur la période 2012-2018 se situe autour de 16 %, ce qui témoigne de la forte expansion de ce secteur. Le nombre d'entreprises financées par des fonds de capital-risque a augmenté pour la troisième année consécutive, passant de 2 142 en 2017 à plus de 2 200 en 2018. Plus de la moitié (53 %) des montants investis l'ont été dans des entreprises ayant ouvert leur capital pour la première fois en 2018. Parmi celles-ci 78 % sont des PME ou des start-ups.

Le financement par appel au marché reste marginal pour les PME. En 2017, il y a eu 13 admissions à la cote sur Euronext et Euronext Growth (contre 18 en 2016). Cela étant, on dénombrait une vingtaine d'introductions en bourse par an en moyenne entre 2010 et 2017. Au total, 3.18 milliards EUR ont été levés sur ces deux marchés en 2017 (Observatoire du financement des entreprises par le marché, Rapport annuel 2017).

Malgré la hausse du nombre d'investisseurs-tuteurs depuis 2017 (plus de 12 000 en 2018, contre environ 11 000 en 2017), le nombre d'opérations de tutorat-investissement a baissé de 11 % (à 455, contre 509 en 2017). En 2018, ces acteurs ont investi 37 millions EUR (contre 48 millions EUR en 2017) ; ce niveau, le plus faible depuis 2014, est insuffisant pour couvrir les besoins de financement des PME[6].

Tableau 3.14. Le capital-investissement en France

Par stade d'investissement, en millions EUR

Stade	2007	2008	2009	2010	2011	2012	2013	2014	2015	2016	2017	2018
Capital-risque	677	758	587	605	597	443	642	626	758	874	1 224	1 619
Capital-développement	1 310	1 653	1 798	2 310	2 940	1 946	1 827	2 608	3 852	3 853	3 154	3 454
Sous-total	**1 987**	**2 411**	**2 385**	**2 915**	**3 537**	**2 389**	**2 469**	**3 234**	**4 610**	**4 727**	**4 378**	**5073**
Capital-transmission	10 340	7 399	1 605	3 512	6 015	3 568	3 910	5 452	6 116	7 621	9 882	9 612
Capital-retournement	84	99	84	90	118	115	103	41	22	47	19	26
Total des investissements	12 554	10 009	4 100	6 598	9 738	6 072	6 482	8 727	10 749	12 395	14 278	14 711

Source : France Invest/Grant Thornton, mars 2019.

Tableau 3.15. Nombre d'entreprises bénéficiant de capital-investissement en France

Stade	2007	2008	2009	2010	2011	2012	2013	2014	2015	2016	2017	2018
Capital-risque	416	428	401	458	371	365	469	438	499	634	847	877
Capital-développement	557	707	779	916	960	871	802	923	866	922	932	948
Sous-total	**973**	**1 135**	**1 180**	**1 374**	**1 331**	**1 236**	**1 271**	**1 361**	**1 365**	**1 556**	**1 779**	**1 825**
Capital-transmission	462	388	231	264	292	292	272	272	261	324	342	384
Capital-retournement	38	28	31	25	17	20	17	15	19	13	21	9
Total des investissements	1 558	1 595	1 469	1 685	1 694	1 548	1 560	1 648	1 645	1 893	2 142	2 218

Source : France Invest/Grant Thornton, mars 2019.

Le financement participatif se développe de plus en plus en France et a connu un essor notable en 2018. Les fonds levés sur les plateformes de financement participatif ont plus que doublé entre 2015 et 2018, passant de 167 millions EUR à 402 millions EUR (avec une hausse de 20 % en 2018), dont 294 millions EUR pour les PME et 30 millions EUR pour les start-ups. En 2018, les capitaux ainsi obtenus ont permis de financer 33 381 projets, soit 38 % de plus qu'en 2017[7]. Les plateformes de financement participatif bénéficient depuis 2014 d'un statut spécial qui leur permet d'exercer leur activité sans être soumis à des conditions de fonds propres minimum. Leur activité est toutefois réglementée de façon à garantir la transparence et la protection des investisseurs. D'autres acteurs financiers peuvent exercer par l'intermédiaire de plateformes en ligne sans disposer de ce statut spécial ; ils doivent alors se conformer à la réglementation classique encadrant le secteur financier.

Tableau 3.16. Projets financés et montants levés par le biais du financement participatif en France, en millions EUR

Année	2015	2016	2017	2018
Nombre de projets	17 775	21 375	24 126	33 381
Montants levés	167	234	336	402

Note : Les données englobent le financement participatif et les prêts participatifs.
Source : KPMG, Baromètre du crowdfunding en France 2018, 2019.

Les volumes d'affacturage ont augmenté de 10.2 % en 2018, pour atteindre 320.4 milliards EUR. Le nombre d'opérations en cours (+ 12.8 %) est aussi ressorti en hausse en 2018 par rapport à 2017. Cette évolution reflète toujours l'effort collectif des prestataires de services d'affacturage pour s'adresser aux PME en proposant des solutions plus simples, sans contrainte de temps, et qui offrent la possibilité de ne couvrir qu'une partie de leurs créances clients.

Tableau 3.17. Évolution des activités d'affacturage en France

Stade	Unit	2008	2009	2010	2011	2012	2013	2014	2015	2016	2017	2018
Production	Millions EUR	133.0	128.3	153.2	173.3	186.5	200.5	226.5	248.2	268.2	290.8	320.4
Transactions internationales	%	14.2	14.5	17.0	18.2	18.1	19.3	25.0	27.0	25.7	26.2	30.2
Opérations en cours	Millions EUR	24.8	21.1	24.2	26.9	27.6	30.4	33	37.3	41.1	48.3	54.6
Nombre de clients	Milliers	29.0	32.2	35.3	36.9	37.9	38.9	40.5	39.9	41.2	43.0	41.1

Source : ASF 2018

Autres indicateurs

Les retards de paiement, qui désignent tout paiement effectué au-delà de la date d'échéance prévue au contrat, et mesurés en jours de retard, y compris pour les paiements effectués à échéance (retard = 0), ont peu évolué entre 2008 et 2014 (12 jours en moyenne). Il existe toutefois une certaine hétérogénéité dans les délais de paiement, qui tient à la taille des entreprises ou au secteur. On observe qu'en moyenne, les retards de paiement sont proportionnels à la taille de l'entreprise. En 2015, l'écart entre la date d'échéance et la date de paiement effectif a atteint 13.3 jours, le chiffre le plus élevé depuis la crise, puis s'est resserré entre 2016 et 2018 pour s'établir à 10.8 jours.

Le nombre de faillites de PME a atteint des niveaux record pendant la crise, pour diminuer ensuite en 2010 et 2011, avant de remonter légèrement en 2012 et 2013, et de maintenir cette orientation à la hausse. À partir de 2015, le nombre de faillites de PME a baissé (-14 %). En effet, en 2015, 62 984 entreprises ont fait faillite, contre 54 004 en 2018.

En 2009, pendant la crise, 4.7 % de l'ensemble des prêts aux entreprises étaient improductifs. Ce chiffre a baissé de manière régulière pour atteindre 3.3 % en 2018.

Mesures prises par les pouvoirs publics

Deux grandes structures : la Médiation du crédit et Bpifrance

Afin de remédier aux difficultés de financement que rencontrent les PME, deux grandes structures publiques ont été mises en place : la Médiation du crédit et Bpifrance.

La Médiation du crédit : un acteur décisif pour aider les PME à faire face à leurs difficultés de trésorerie

Adossé à la Banque de France, le dispositif de médiation du crédit, créé en novembre 2008, reste un élément central du paysage du financement des PME françaises.

Les entreprises rencontrant des difficultés avec leur banque ou leur établissement d'assurance-crédit peuvent constituer un dossier en ligne pour engager une procédure de médiation. Les services de médiation situés à Paris, épaulés par les médiateurs départementaux de la Banque de France, évaluent la recevabilité des demandes et contribuent à la recherche d'une solution entre les entreprises demandeuses et les établissements financiers, au niveau local, voire national.

En 2018, 1 322 dossiers ont été instruits et clos, et 208 millions EUR de crédit ont été débloqués, ce qui a permis d'aider 757 entreprises employant au total 10 565 salariés. Toutefois, le nombre de demandes a baissé par rapport à la moyenne des années précédentes, ce qui s'explique en partie par la conjoncture économique ainsi que par l'assouplissement de l'accès au financement bancaire observé au niveau mondial.

Depuis sa création en 2008, le service de médiation du crédit a reçu 50 000 dossiers, dont 61.5 % ont connu une issue favorable. Dans l'ensemble, le dispositif a accompagné 23 000 entreprises de toutes tailles, débloqué 6.7 milliards EUR de crédit et préservé 414 000 emplois (Médiation du Crédit, 2019).

La Médiation du crédit a signé, en 2015, un accord avec Financement Participatif France, l'association qui regroupe les plateformes de financement participatif. En vertu de cet accord, les entreprises en médiation seront informées de la possibilité d'utiliser le financement participatif pour répondre à leurs besoins de financement, et les plateformes informeront les entreprises qui n'ont pas été retenues sur leur site Internet de la possibilité pour elles de se tourner vers la Médiation du crédit.

Le Médiateur national du crédit, qui préside l'Observatoire du financement des entreprises, est une structure légère créée en 2011 pour observer et rassembler des informations sur la situation financière des petites et moyennes entreprises en France. L'Observatoire réunit des représentants d'institutions financières, du monde des affaires, des administrations et des statisticiens pour débattre des évolutions de l'accès des PME et des ETI au financement ou réaliser des études sur des aspects précis en lien avec ce sujet.

Bpifrance accompagne les PME dans leurs besoins de financement et d'investissement

Les aides publiques aux PME sont principalement gérées par le biais de Bpifrance, la nouvelle banque publique de développement créée début 2013 par fusion de plusieurs opérateurs publics (OSEO, CDC Entreprises, Fonds stratégique d'investissement). Bpifrance est en mesure de proposer aux entreprises un service de financement local s'appuyant sur un portefeuille étendu d'instruments financiers et de possibilités de conseils mobilisables à tout moment du cycle de développement de l'entreprise. Bpifrance offre des garanties, des cofinancements, des prêts directs, et gère au nom de l'État les aides publiques concernant l'innovation et les services. La banque se charge aussi de garantir le capital-risque. En ce qui concerne le renforcement du haut de bilan, Bpifrance gère plusieurs fonds de fonds et des fonds directs ciblant principalement les besoins des PME. Son champ d'action a été élargi récemment, pour englober les garanties de crédit à l'exportation. Bpifrance est désormais l'organisme public en charge des garanties à l'exportation.

En 2018, grâce à l'intermédiation de Bpifrance, les PME ont eu accès à quelque 8.7 milliards EUR de prêts garantis, à 7.5 milliards EUR de crédits d'investissement, à 10.3 millions EUR de crédits à court terme et à 1.2 milliard EUR d'aides à l'innovation. Du côté des capitaux propres, Bpifrance a directement injecté 536 millions EUR dans des ETI et grandes entreprises, et 196 millions EUR dans des petites entreprises via son activité de capital-développement, 328 millions EUR dans des PME innovantes par l'intermédiaire de sa branche de capital-risque, et a investi indirectement plus de 962 millions EUR dans des entreprises via ses activités de fonds de fonds.

Priorités spécifiques des politiques publiques récemment mises en place pour répondre aux difficultés de financement des PME

Les pouvoirs publics continuent de promouvoir un meilleur accès des petites entreprises au financement, une utilisation judicieuse des dispositifs de financement privés et publics destinés à stimuler l'investissement, et la mise en place de mesures d'accompagnement visant à améliorer l'information des PME et leur préparation en matière d'accès au financement.

Depuis l'année dernière, la volonté d'instaurer des conditions-cadres propres à stimuler l'investissement est au centre de l'action publique en matière de financement. Afin de stimuler l'investissement, d'inciter les entreprises, grandes ou petites, à se lancer dans de nouveaux projets plus risqués, ou encore de répondre aux besoins des start-ups, des entreprises à croissance rapide, ou des PME plus traditionnelles confrontées à la transformation numérique et à de nouveaux modèles économiques, les acteurs financiers et économiques, notamment publics, doivent revoir leurs solutions de financement classiques : il faut augmenter les apports de fonds propres et les prêts (tout en réduisant les exigences en termes de garanties) afin de donner la possibilité de financer des investissements immatériels, des projets d'exportation, ainsi que la formation ou encore la modernisation des processus de production.

Citons deux exemples de mesures illustrant cette orientation de l'action publique au cours des dernières années.

Réduction des retards de paiement

Les pouvoirs publics s'emploient à réduire les retards de paiements entre les entreprises. La loi relative à la transparence, à la lutte contre la corruption et à la modernisation de la vie économique adoptée en décembre 2016 renforce les dispositions encadrant les retards de paiement interentreprises. Ainsi, l'amende maximale encourue par les entreprises ne respectant pas le délai de paiement légal (qui est de 60 jours) a été portée à 2 millions EUR. Une procédure visant à communiquer le nom des mauvais payeurs a été introduite. En outre, la publication de la sanction sur le site du ministère de l'Économie des finances est désormais systématique. Dans ce contexte, en 2018, 377 procédures de sanction ont été engagées, pour un montant total de près de 29.1 millions EUR (amendes notifiées et non notifiées) et 98 ont fait l'objet d'une publication sur le site du ministère de l'Économie et des Finances.

Meilleur accès des très petites entreprises au financement

Si, on l'a vu, la situation des très petites entreprises en ce qui concerne leur accès au crédit bancaire continue de s'améliorer, celles-ci n'en restent pas moins confrontées à des difficultés spécifiques dues à leur taille et, parfois, à des connaissances financières insuffisantes.

Le cas des très petites entreprises est au cœur d'une nouvelle mesure mise en place par Bpifrance pour répondre à leurs besoins de financement des investissements. Depuis 2016, Bpifrance propose des prêts de développement en ligne, compris entre 10 000 EUR et 50 000 EUR, destinés à financer un projet d'investissement global, investissements matériels et immatériels compris, ces derniers n'étant pas spontanément pris en compte par les banques en raison de la difficulté à constituer des garanties. Ces prêts s'adressent aux entreprises de 3 à 50 salariés. Ce dispositif a été mis en œuvre dans quelques régions et, avec leur soutien, a été étendu à d'autres en 2018.

Pour soutenir les TPE, la Banque de France a mis en place en 2106 un correspondant dédié dans chaque région, dont le rôle est de les conseiller et d'examiner avec elles si besoin leur situation financière, l'objectif étant d'éviter des difficultés spécifiques avant qu'elles ne se présentent. Quelque 100 conseillers ont été nommés à cet effet et concentrent leurs efforts sur les entreprises de moins de 10 salariés enregistrant un chiffre d'affaires de moins de 2 millions EUR. Le but d'une telle initiative, lancée en septembre 2016, est de rompre l'isolement des entrepreneurs et de régler les problèmes financiers avant qu'ils ne deviennent trop lourds pour une petite entreprise.

Le Plan d'action pour la croissance et la transformation des entreprises (loi PACTE)

Promulguée le 22 mai 2019, la loi PACTE, vise à donner les moyens aux petites et moyennes entreprises de grandir et de créer des emplois. Elle a également pour objet de faciliter le financement des PME au moyen de différentes mesures :

- Le fonds eurocroissance a été modernisé de façon à renforcer la place de l'assurance-vie dans le financement de l'économie. La modification du fonds devrait renforcer sa contribution au financement des PME et dynamiser le rendement des contrats pour les assurés.
- Le plan d'épargne en actions (PEA) destiné au financement des PME et des ETI est ouvert aux titres émis par des plateformes de financement participatif. Cette mesure encourage le développement des plateformes qui proposent une palette d'instruments désormais éligibles au PEA-PME.

- Les offres de jetons virtuels (*initial coin offerings* - ICO) sont désormais juridiquement encadrées, l'Autorité des Marchés Financiers (AMF) ayant la possibilité de délivrer un visa aux entreprises émettrices respectant certains critères précis de nature à protéger les épargnants. Les intermédiaires comme les plateformes d'échange de crypto-actifs peuvent solliciter un agrément auprès de l'AMF.
- L'accès des entreprises au marché des valeurs mobilières est facilité, avec le rehaussement du seuil de dispense de prospectus[8] et l'abaissement du seuil de retrait obligatoire.

Graphique 3.10. Tendances du financement des PME et de l'entrepreneuriat en France

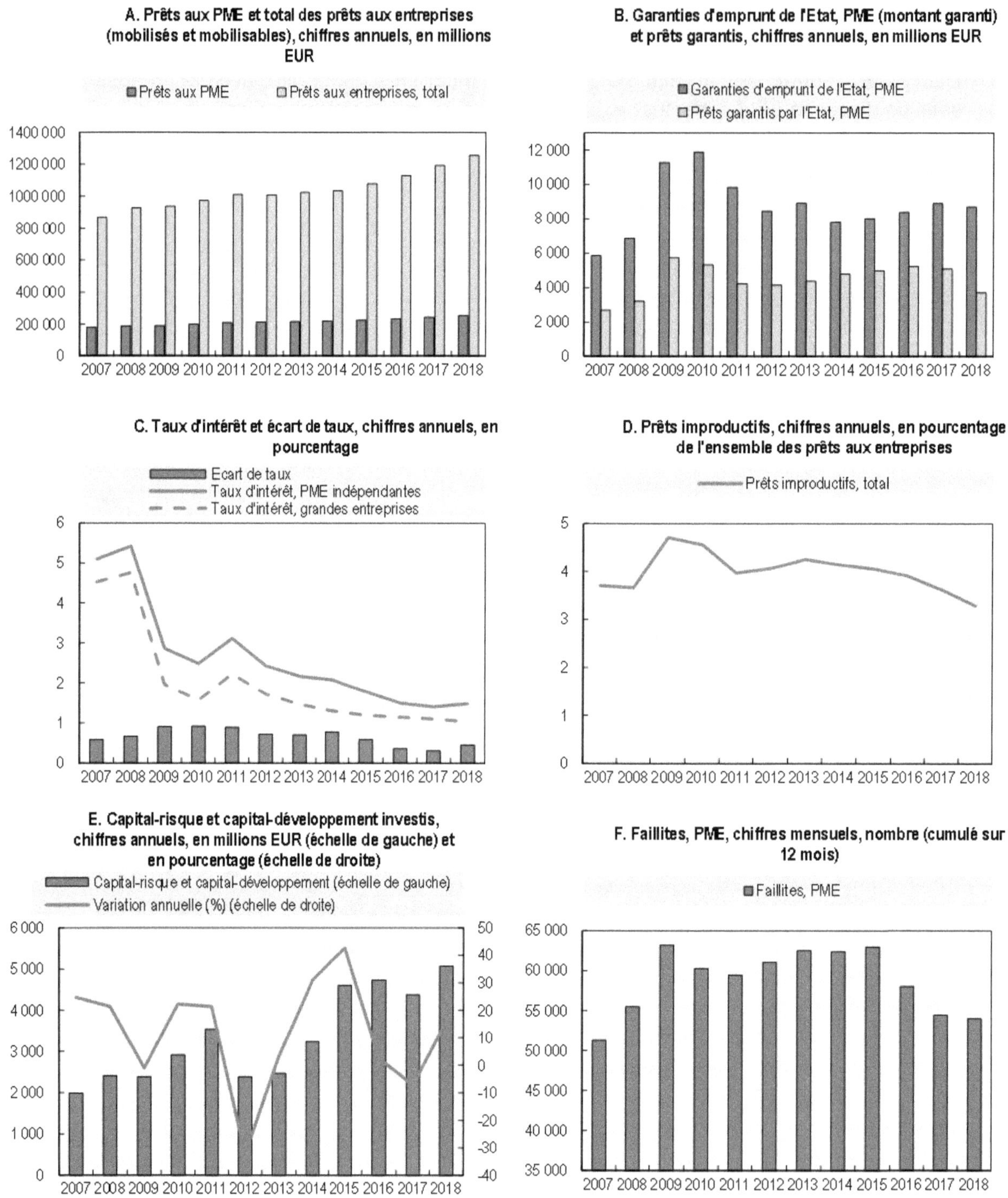

Source : voir Tableau 3.18

StatLink https://doi.org/10.1787/888934133153

Tableau 3.18. Définitions et sources des indicateurs du Tableau de bord de la France

Indicateur	Définition	Source
	Endettement	
Encours des prêts aux PME	Total des prêts aux PME (indépendantes ou appartenant à un groupe) mobilisés et mobilisables - montant de l'encours, en fin d'année	Banque de France – Service central des Risques, http://webstat.banque-france.fr/en/browse.do?node=5384961
Encours des prêts aux entreprises, total	Total des prêts mobilisés et mobilisables - montant de l'encours, en fin d'année	Banque de France - Service central des Risques
Part de l'encours des prêts aux PME	Encours des prêts aux PME en % de l'encours total des prêts aux entreprises	
Nouveaux prêts aux entreprises, total	Crédits nouveaux aux sociétés résidentes non financières - prêts corrigés des cessions et de la titrisation, toutes échéances confondues, transactions financières (flux)	Banque de France – Statistiques Agrégats monétaires, http://webstat.banque-france.fr/en/quickview.do?SERIES_KEY=246.BSI1.M.FR.N.R.A26.A.4.U6.2240.Z01.E
Encours des prêts à court terme, PME	Montant de l'encours de prêts mobilisés assortis d'une échéance inférieure ou égale à un an, en fin d'année	Banque de France - Service central des Risques
Encours des prêts à long terme, PME	Montant de l'encours de prêts mobilisés assortis d'une échéance à plus d'un an, en fin d'année	Banque de France - Service central des Risques
Part des prêts à court terme aux PME	Encours des prêts à court terme aux PME en % de l'encours total des prêts aux entreprises	
Garanties d'emprunt de l'État, PME	Montant des prêts garantis par Bpifrance	Bpifrance - Rapport financier annuel et communiqué de presse http://www.bpifrance.fr/Bpifrance/Notre-mission https://www.bpifrance.fr/content/download/62884/679173/
Prêts garantis par l'État, PME	Montant net de risques couverts par Bpifrance pour les garanties accordées à toutes les entreprises	Bpifrance - Rapport financier annuel et communiqué de presse
Prêts improductifs, total		Banque de France - Statistiques Agrégats monétaires
Taux d'intérêt, PME	Taux effectif au sens étroit (TESE) – PME	Banque de France – Direction générale des statistiques, http://webstat.banque-france.fr/en/browse.do?node=DATASETS_PME
Taux d'intérêt, grandes entreprises	Taux effectif au sens étroit (TESE) – grandes entreprises	Banque de France - Direction générale des statistiques
Écart de taux d'intérêt	Écart de taux d'intérêt, en points de pourcentage entre le taux d'intérêt, grandes entreprises, et le taux d'intérêt, PME	
Garanties, PME	% de PME déclarant que de nouvelles garanties leur ont été imposées pour leurs nouvelles demandes de crédit - données d'enquête trimestrielle, moyenne sur l'année	Banque de France - Enquête trimestrielle auprès des entreprises sur leur accès au crédit http://webstat.banque-france.fr/en/browse.do?node=5384962
Taux de demandes de prêts, PME	% de PME déclarant avoir sollicité l'ouverture de nouveaux crédits (lignes de crédit, crédits à court terme ou crédits d'investissement) - données d'enquête trimestrielle, moyenne sur l'année	Banque de France - Enquête trimestrielle auprès des entreprises sur leur accès au crédit
Taux de rejet	% de PME déclarant que leur demande d'ouverture de crédit a été refusée, ou avoir renoncé à solliciter un nouveau crédit par crainte d'un refus - données d'enquête trimestrielle, moyenne sur l'année	Banque de France - Enquête trimestrielle auprès des entreprises sur leur accès au crédit
Taux d'utilisation	Ratio : prêts mobilisés / (prêts mobilisés + mobilisables)	Banque de France - Service central des Risques
	Financement non bancaire	
Capital-risque et capital-développement	..	France Invest (Association des investisseurs pour la croissance), http://www.franceinvest.eu/fr/etudes-statistiques/les-statistiques-du-capital-investissement.html
Crédit-bail et location-vente	Montant de l'encours en fin d'année	Banque de France – Crédits et dépôts en région, http://webstat.banque-france.fr/en/browseSelection.do?node=DATASETS_CEFIT&BS_ITEM=A20FRCL&DETAIL_AREA=N01
Affacturage et escompte de factures	Affacturage uniquement : Créances prises en charge au cours de l'année, hors opérations de «	Association Française des Sociétés Financières (ASF), http://www.asf-france.com/2017/04/13/statistiques/

	floor plan » et de forfaitage. Affacturage domestique : Opérations d'affacturage dans lesquelles l'organisme d'affacturage, le client et l'acheteur sont en France.	
	Autres indicateurs	
Retards de paiement interentreprises	Retard de paiement moyen en nombre de jours, y compris les paiements à échéance (retard = 0). Est considéré comme retard de paiement tout paiement effectué au-delà de l'échéance contractuelle.	Étude trimestrielle des comportements de paiement des entreprises et organismes publics en France et en Europe, DATA-Altares, dun&bradstreet https://www.altares.com/fr/publications/etudes-comportements-paiement-france-europe/
Faillites, PME	Nombre de liquidations judiciaires et de procédures de réorganisation judiciaire	Banque de France – Démographie des entreprises, http://webstat.banque-france.fr/en/browse.do?node=5385030#

Références

Association française des sociétés financières (ASF) (2018), *L'activité des sociétés d'affacturage en 2017*, http://www.asf-france.com/wp-content/uploads/Statistiques/Affacturage/201712-Activite-affacturage.pdf.

Banque de France (2018), Enquête trimestrielle sur l'accès des entreprises au crédit 2018 T2, https://www.banque-france.fr/statistiques/credit/credit/acces-des-entreprises-au-credit.

Bpifrance (2019), *Rapport annuel - Bpifrance investissement 2018,* https://www.bpifrance.fr/Espace-Investisseurs.

Bpifrance (2019), *Rapport financier annuel - Bpifrance financement 2018*, https://www.bpifrance.fr/Espace-Investisseurs.

France Angels (2018), L'investissement des Business Angels en 2017, https://gallery.mailchimp.com/48981545f014cb67c77b7ba1e/files/c4e9f9b0-dc2e-4c52-ae69-c9b0c4ef12a7/Présentation_Statistiques_2017_France_Angels_Polices_Intégrées.01.pdf.

France Invest/Grant Thornton (2019), Activité des acteurs français du capital-investissement 2018, https://www.franceinvest.eu/wp-content/uploads/Etudes/Activité/France-Invest-Etudes_Activite-2018.pdf.

Insee (2018), *Les entreprises en France*, https://www.insee.fr/fr/statistiques/3639594.

KPMG (2019), Baromètre du crowdfunding en France 2018, http://financeparticipative.org/barometres-crowdfunding/barometre-du-crowdfunding-2017/.

Médiation du crédit (2019), *Rapport d'activité 2018*, https://mediateur-credit.banque-france.fr/sites/default/files/medias/documents/mediation_du_credit_2008-2018.pdf.

Observatoire des délais de paiement (2019), *Rapport annuel de l'Observatoire des délais de paiement*, https://publications.banque-france.fr/sites/default/files/medias/documents/odp2019_book_web.pdf.

Observatoire du financement des entreprises par le marché (2018), *Rapport annuel 2017*, http://observatoire-financement-entreprises.com/rapport-annuel-2017-1?context=b5adccb

Luxembourg

Données essentielles sur le financement des PME

Les PME représentent 99.5 % des entreprises non financières au Luxembourg. En 2016, elles employaient environ 67 % de la main d'œuvre et produisaient 65 % de la valeur ajoutée totale de l'économie.

Toutes entreprises confondues, les nouveaux prêts ont augmenté en 2018 par rapport à 2017, mais sont restés bien en-deçà du niveau record de 2008. Les nouveaux prêts aux PME (à savoir les prêts de moins de 1 million EUR) ont poursuivi leur progression en 2018, mais dans une mesure moindre que les prêts à l'ensemble des entreprises. De ce fait, la part des nouveaux prêts aux PME a été ramenée à 10.89 %, contre 12.8 % en 2017.

En 2018, le taux d'intérêt appliqué aux PME s'élevait à 1.73 %, en baisse par rapport aux 5.72 % de 2008. Les taux d'intérêt des prêts aux PME sont restés systématiquement supérieurs à ceux des prêts aux grandes entreprises sur la période 2007-18, avec un écart de 46 points de base en 2018. En termes relatifs, les PME paient 36.8 % d'intérêt de plus que les grandes entreprises.

Les autres formes de financement, comme le capital-risque et l'affacturage, peuvent offrir des perspectives intéressantes pour les PME à la recherche de financement. En 2018, près de 112 millions EUR de capital-risque ont été investis dans des entreprises luxembourgeoises.

Si en 2017, 904 entreprises ont fait faillite au Luxembourg, leur nombre est passé à 1191 en 2018, un record sur la période comprise entre 2007 et 2018.

La forme simplifiée de société à responsabilité limitée (SARL-S), aussi appelée société 1-1-1 (une personne, un euro, un jour) gagne en popularité. Entre janvier et juillet 2018, ce statut concernait 10.3 % de l'ensemble des immatriculations, contre 7.7 % en 2018 et 6 % en 2017. Une SARL-S pouvant être créée plus rapidement qu'une SARL classique, l'objectif poursuivi est de faciliter le développement de nouvelles activités commerciales.

Tableau 3.19. Tableau de bord du Luxembourg

Indicateur	Unité	2007	2008	2009	2010	2011	2012	2013	2014	2015	2016	2017	2018
Endettement													
Nouveaux prêts aux entreprises, total	Millions EUR	113 817	181 792	166 287	111 898	111 568	105 854	100 444	92 349	83 076	87 809	80 264	95 853
Nouveaux prêts aux PME	Millions EUR	12 800	14 555	14 754	15 441	17 979	15 593	13 713	10 765	10 142	9 395	9 698	10 440
Part des nouveaux prêts aux PME	% du total des nouveaux prêts	11.25	8.01	8.87	13.80	16.11	14.73	13.65	11.66	12.21	10.70	12.08	10.89
Prêts improductifs, total	% de l'ensemble des prêts aux entreprises	0.12	0.18	0.44	0.48	0.64	0.59	0.52	0.41	0.40	0.27	0.38	0.40
Taux d'intérêt, PME	%	5.51	5.72	2.81	2.71	2.68	2.22	2.05	2.08	1.88	1.75	1.76	1.73
Taux d'intérêt, grandes entreprises	%	4.96	4.97	2.59	2.30	2.62	1.86	1.64	1.47	1.42	1.20	1.21	1.26
Écart de taux d'intérêt	Points de %	0.54	0.75	0.21	0.41	0.06	0.35	0.41	0.62	0.46	0.55	0.55	0.47
Taux de demandes de prêts, PME	Demandes de prêts des PME/ nombre total de PME, en %	.	.	.	.	18.20	.	25.80	16.40	23.00	26.15	18.93	32.28
Financement non bancaire													
Capital-risque et capital-développement	Milliers EUR	103 343	298 650	49 021	132 917	281 484	86 212	31 090	128 472	144 368	196 346	59 145	112 046
Capital-risque et capital-développement (variation)	Taux de croissance en glissement annuel, %	.	188.99	-83.59	171.14	111.77	-69.37	-55.23	230.97	13.00	34.10	-69.85	89.44
Affacturage et escompte de facture	Millions EUR	.	.	349	321	180	299	407	339	.	.	.	.
Autres indicateurs													
Faillites, PME	Nombre	659	574	693	918	978	1 050	1 049	850	873	961	904	1 191
Faillites, PME (variation)	Taux de croissance en glissement annuel, %	.	-12.90	20.73	32.47	6.54	7.36	-0.10	-18.97	2.71	10.08	-5.93	31.75

Source :voir tableau 3.21.

Les PME dans l'économie nationale

Le Tableau 3.20 indique que les PME représentaient 99.5 % de l'ensemble des entreprises non financières au Luxembourg en 2016 (dernière année pour laquelle on dispose de statistiques structurelles). Elles employaient 67 % de la main d'œuvre et produisaient 65 % de la valeur ajoutée totale de l'économie.

On observe par ailleurs, sur le Tableau 3.20, que la productivité du travail, définie comme la valeur ajoutée brute par salarié, augmente avec la taille de l'entreprise, sur une fourchette allant de 61 840 EUR dans les petites entreprises (10 à 19 employés) à 93 376 EUR dans les grandes entreprises (plus de 250 employés). Les micro-entreprises (0 à 9 employés) font figure d'exception à cette corrélation positive entre la taille et la productivité, puisqu'elles affichent une productivité extrêmement élevée qui s'établit à 98 347 EUR.

Il convient toutefois de lire le Tableau 3.20 avec une certaine prudence dans la mesure où il porte uniquement sur l'économie marchande non financière, alors même que le secteur financier est très important au Luxembourg puisqu'il représentait 27.2 % de la valeur ajoutée brute totale de l'économie (STATEC, 2017) et employait 46 519 personnes à fin 2016.

Tableau 3.20. Ventilation des entreprises au Luxembourg en 2016

Par taille

Taille de l'entreprise (effectif salarié)	Nombre d'entreprises	%	Nombre de salariés	%	Valeur ajoutée au coût des facteurs par classe de taille (en millions EUR)	%	Valeur ajoutée brute par salarié (en EUR)
Ensemble des entreprises	32 278	100.0	265 037	100.0	23 197.2	100.0	87 524
PME (0-249)	32 125	99.5	178 494	67.3	15 116.3	65.2	84 688
Micro-entreprises (0-9)	28 054	86.9	46 772	17.6	4 599.9	19.8	98 347
Petites entreprises (10-19)	2 164	6.7	28 973	10.9	1 791.7	7.7	61 840
Petites entreprises (20-49)	1 265	3.9	38 303	14.5	3 131.6	13.5	81 759
Entreprises moyennes (50-249)	642	2.0	64 446	24.3	5 593.1	24.1	86 787
Grandes entreprises (250 +)	153	0.5	86 543	32.7	8 081.0	34.8	93 376

Note : Les chiffres se rapportent à l'économie marchande non financière dans son ensemble.
Source : Statistiques structurelles sur les entreprises, Eurostat-.sbs_sc_sca_r2.

Prêts aux PME

Sont considérés comme des prêts aux PME les nouveaux prêts aux entreprises d'un montant inférieur ou égal à 1 million EUR. Les chiffres indiqués pour 2007-18 ont été communiqués par la Banque Centrale du Luxembourg.

Toutes entreprises confondues, les nouveaux prêts ont augmenté en 2018 par rapport à 2017, mais leur montant total reste inférieur de moitié environ à leur niveau record de 2008. Les nouveaux prêts aux PME ont poursuivi leur progression en 2018, mais à un rythme moins soutenu que l'ensemble des prêts aux entreprises. La part des nouveaux prêts aux PME a donc diminué pour atteindre 10.89 %, un niveau inférieur à celui de 2017 (12.8 %) et bien en-deçà du record de 16.1 % atteint en 2011.

Conditions de crédit

Le taux d'intérêt appliqué aux PME et l'écart de taux entre les PME et les grandes entreprises sont de bons indicateurs des conditions de crédit. Le taux d'intérêt annuel facturé aux PME correspond à la moyenne des intérêts mensuels pondérée par le montant accordé au cours d'un mois donné. L'écart de taux mesure la différence, en points de pourcentage, entre les taux d'intérêt appliqués aux PME et aux grandes entreprises. L'« écart relatif » mesure l'écart de taux entre les PME et les grandes entreprises par rapport au taux d'intérêt appliqué aux PME.

Au cours des dix dernières années, le taux d'intérêt moyen des prêts aux PME n'a pratiquement pas cessé de diminuer, à l'exception d'un léger rebond en 2014 (voir graphique 3.11). En 2018, le taux d'intérêt des prêts aux PME était de 1.73 %, un chiffre stable par rapport à l'année précédente (1.76 %), mais en nette baisse par rapport au taux record enregistré en 2008 (5.72 %).

Les taux d'intérêt facturés aux PME sont restés toutefois systématiquement supérieurs à ceux des prêts aux grandes entreprises. L'écart de taux avec les grandes entreprises a fortement fluctué, oscillant entre 0.06 point de pourcentage en 2011 à 0.75 point en 2008. En 2018, l'écart a été ramené à 0.46 point, contre 0.55 point en 2017.

L'écart relatif (représenté par une ligne continue sur le graphique 3.11) s'est globalement creusé depuis 2011. Cela étant, il a été ramené de 45.5 % en 2017 à 36.8 % en 2018, ce qui signifie concrètement que les PME ayant obtenu de prêts bancaires en 2018 payaient 36.8 % d'intérêt en plus que les grandes entreprises. Cette disparité peut provenir des frais fixes élevés supportés par les banques pour sélectionner et suivre les dossiers de crédit des PME.

Graphique 3.11. Évolution des taux d'intérêt au Luxembourg

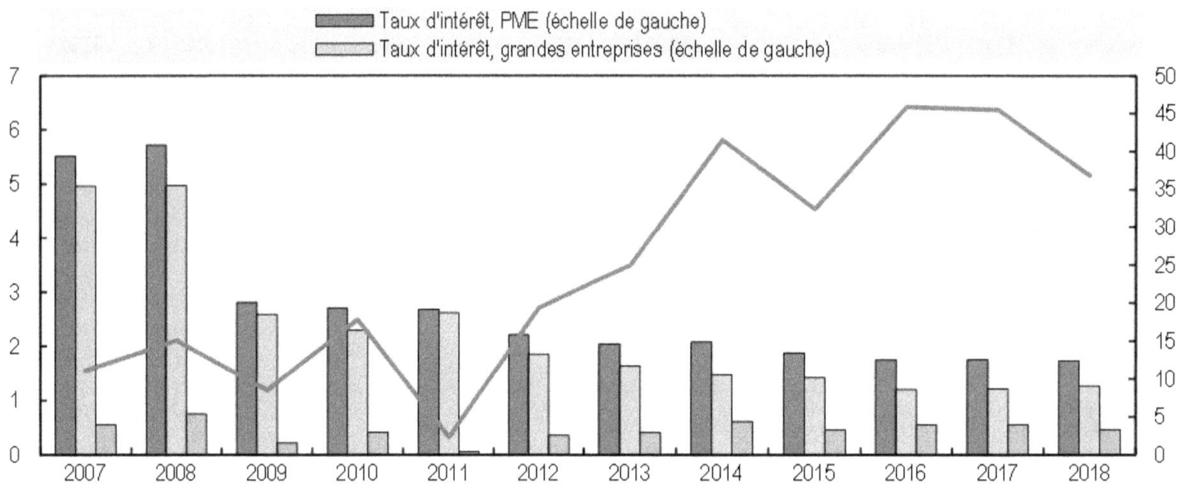

Source : Banque Centrale du Luxembourg.

StatLink https://doi.org/10.1787/888934133172

D'après l'enquête sur l'accès au financement des PME (SAFE) de la Commission européenne et de la Banque centrale européenne, 32 % des PME au Luxembourg ont sollicité un prêt en 2018, contre 18 % en 2017, ce qui témoigne d'une forte hausse de la demande de financement bancaire de la part des PME. En moyenne, près de 23 % des PME ont déposé une demande de financement bancaire au cours de la période de référence.

Autres sources de financement des PME

Capital-risque

Au Luxembourg, le capital-risque présente des variations significatives d'une année sur l'autre, en particulier parmi les entreprises en phase de croissance (voir Tableau 3.21). Cette volatilité tient peut-être au nombre limité de transactions enregistrées pour ce type de financement, ce qui le rend plus sensible aux valeurs extrêmes. Au total, les investissements de capital-risque se sont élevés à 112 millions EUR en 2018, contre 59.1 millions EUR en 2017.

Affacturage et escompte de factures

Selon les données les plus récentes, les opérations d'affacturage et d'escompte de factures au Luxembourg s'élevaient à 339 millions EUR en 2014, soit une baisse de 16.7 % par rapport à l'année précédente où elles s'établissaient à 407 millions EUR.

Autres indicateurs

Les données sur les prêts improductifs ont été communiquées par la Commission de Surveillance du Secteur Financier (CSSF). En 2017, 0.40 % de l'ensemble des prêts aux entreprises luxembourgeoises ont été déclarés improductifs, un chiffre en légère hausse par rapport aux 0.38 % enregistrés en 2017, mais qui reste supérieur au taux le plus bas enregistré au cours de la période de référence, à savoir 0.12 % en 2007.

Toutes entreprises confondues, le Luxembourg a connu 1191 faillites en 2018 (contre 904 en 2017), soit le nombre le plus élevé de toute la période de référence.

Mesures prises par les pouvoirs publics

Le *Luxembourg Future Fund* (LFF), créé en 2015, a été capitalisé à hauteur de 150 millions EUR par le Fonds européen d'investissement (30 millions EUR) et la Société nationale de crédit et d'investissement (120 millions EUR). Le LFF investit dans des PME innovantes ayant le potentiel de concourir à la diversification de l'économie luxembourgeoise et à un développement durable et soutenu. Au 31 mars 2018, le LFF avait co-investit dans la cyber-sécurité, les technologies financières et le secteur aérospatial.

Digital Tech Fund est un fonds d'amorçage créé en 2016 par des investisseurs privés et publics, doté d'un capital de 20 millions EUR. Il soutient des start-ups du secteur des TIC, notamment actives dans la cybersécurité, les technologies financières, les données massives, la santé numérique, les télécommunications, les services satellites et l'internet des objets.

Deux institutions mutualistes ont spécifiquement vocation à soutenir les PME luxembourgeoises : la Mutualité des P.M.E. (MPME) et la Mutualité de Cautionnement (MC), qui relève de la Chambre de Commerce.

La MPME a été créée par la Chambre des métiers et la Fédération des artisans dans le but d'atténuer les contraintes financières de leurs membres. La MPME se porte garante vis-à-vis des banques et autres établissements financiers pour faciliter l'accès des PME aux prêts. En 2018, elle a accordé près de 242 millions EUR de crédits et de garanties, contre 237 millions EUR en 2017.

La MC est un établissement mutualiste destiné aux membres de la Chambre de Commerce, qui a pour but de faciliter l'accès des PME au financement bancaire. Pour ce faire, elle se porte garante auprès des établissements de crédit agréés lorsque les garanties fournies par l'entrepreneur sont insuffisantes. En 2018, la MC a noué un accord de partenariat avec le Fonds européen d'investissement (FEI) dans le cadre du programme COSME (*Competitiveness of Small and Medium-sized Enterprises*). D'après le rapport annuel de la Chambre de commerce, la MC a dispensé des conseils à plus de 250 personnes sur la création, la reprise ou le financement d'entreprises (guichet unique) en 2018. Sur les 48 demandes de cautions reçues, le comité d'évaluation a approuvé 32 dossiers pour un montant total de 2.1 millions EUR.

L'Office du Ducroire est un établissement public qui propose des services aux exportateurs, notamment aux PME. Il assure les risques liés aux activités internationales et finance en partie les activités de promotion, d'exposition et de formation à l'exportation. En 2017, cet établissement a assuré de nouvelles opérations pour un montant total de 555.7 millions EUR contre 697.9 millions EUR en 2016.

Une forme simplifiée de société à responsabilité limitée (la « SARL-S ») est entrée en vigueur en janvier 2017. La SARL simplifiée, aussi appelée société 1-1-1 (une personne, un euro, un jour), peut être créée plus rapidement et avec des capitaux de démarrage moins importants qu'une SARL classique. La SARL-S ne concerne que des personnes physiques. L'idée est de faciliter le lancement et le développement de nouvelles activités commerciales. Cette forme d'entreprise gagne en popularité puisqu'entre janvier et juillet 2019, 652 entreprises ont opté pour ce statut sur un total de 66 346 immatriculations au registre du commerce et des sociétés, soit 10.3 % des nouvelles immatriculations, contre 7.7 % en 2018 et 6 % en 2017.

Graphique 3.12. Tendances du financement des PME et de l'entrepreneuriat au Luxembourg

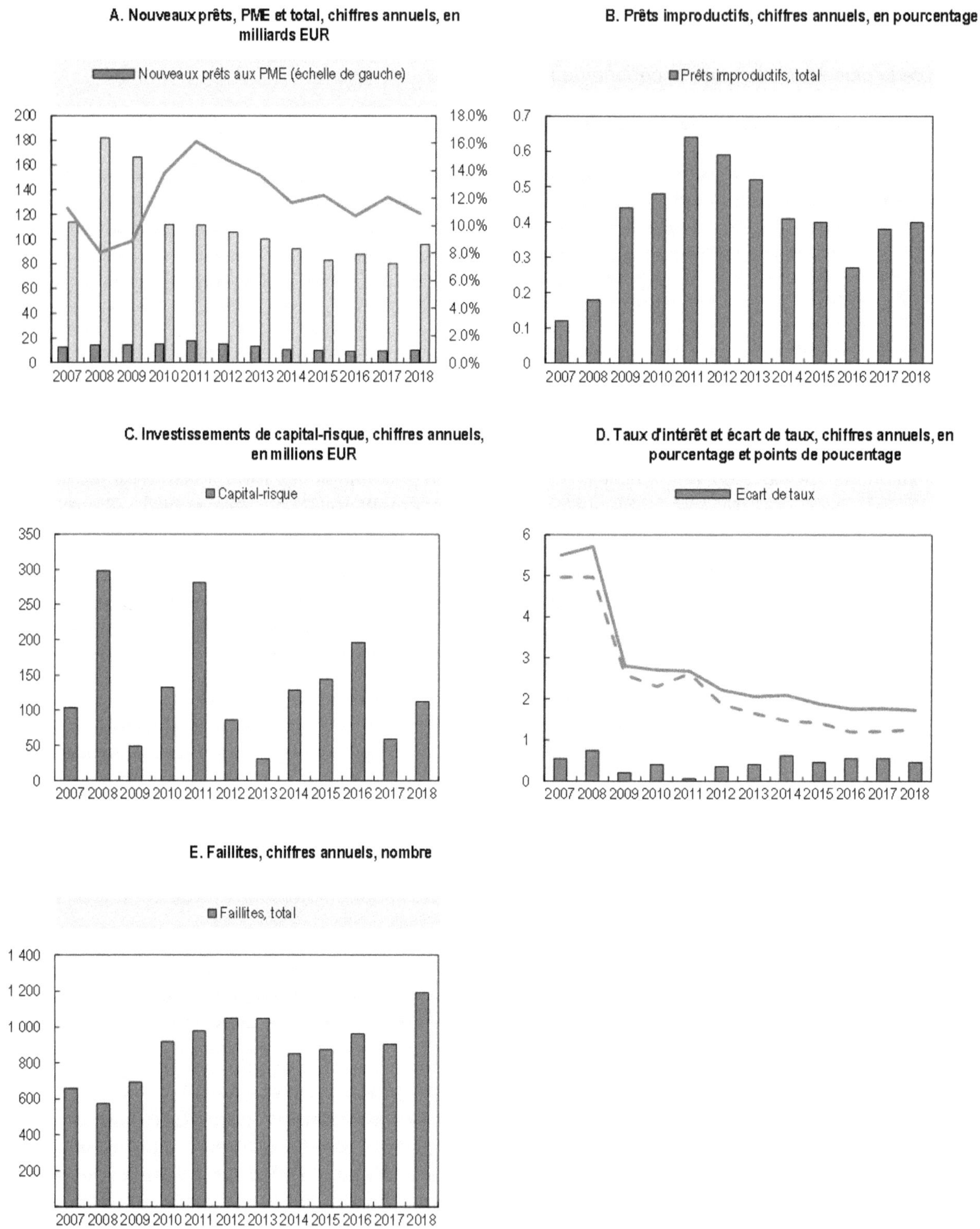

Source : voir Tableau 3.21.

StatLink https://doi.org/10.1787/888934133191

Tableau 3.21. Définitions et sources des indicateurs du Tableau de bord du Luxembourg

Indicateur	Définition	Source
	Endettement	
Nouveaux prêts aux entreprises, total	Nouveaux contrats, nouveaux prêts, somme à fin décembre,	Banque Centrale du Luxembourg: Marchés de capitaux et taux d'intérêt,
Nouveaux prêts aux PME	Nouveaux contrat, nouveaux prêts inférieurs à 1 million EUR, somme à fin décembre,	Banque Centrale du Luxembourg: Marchés de capitaux et taux d'intérêt,
Prêts improductifs, total	Prêts en souffrance depuis plus de 90 jours ou considérés comme peu susceptibles d'être remboursés	CSSF : déclaration du ratio de solvabilité, COREP, tableaux 09.01 et 09.02
Taux d'intérêt, PME	Taux d'intérêt appliqués par les établissements de crédit luxembourgeois aux dépôts et crédits en euros des résidents de la zone euro – nouveaux contrats, nouveaux prêts inférieurs à 1 million EUR, taux révisable et/ou fixation initiale du taux d'une durée inférieure ou égale à un an, à fin décembre, taux d'intérêt annuel moyen pondéré par le montant.	Banque Centrale du Luxembourg: Marchés de capitaux et taux d'intérêt,
Taux d'intérêt, grandes entreprises	Taux d'intérêt appliqués par les établissements de crédit luxembourgeois aux dépôts et crédits en euros des résidents de la zone euro – nouveaux contrats, ensemble des nouveaux prêts, taux révisable et/ou fixation initiale du taux d'une durée inférieure ou égale à un an, à fin décembre, taux d'intérêt annuel moyen pondéré par le montant.	Banque Centrale du Luxembourg: Marchés de capitaux et taux d'intérêt,
Taux de demandes de prêts, PME	Toute demande de prêt au cours des 6 derniers mois (hors découverts et facilités de crédit). Chiffres fondés sur la question q7aa du questionnaire SAFE.	SAFE question « q7aa » ; Commission européenne et Banque centrale européenne
	Financement non bancaire	
Capital-risque et capital-développement	Investissements de capital-risque et capital-développement (statistiques du marché, par pays ou société de portefeuille). Englobe les investissements d'amorçage, de démarrage, des stades ultérieurs et de développement (hors capital-remplacement, capital-retournement et capital-transmission). Données historiques d'INVEST Europe/EDC pour la période 2007-2019 révisées.	Invest Europe/European Data Cooperative
Affacturage et escompte de factures	Chiffre d'affaires de l'affacturage, intérieur et international, toutes entreprises confondues.	Factors chain international
	Autres indicateurs	
Faillites, total	Faillites prononcées par le tribunal de commerce, données annuelles	STATEC - Institut national de la statistique et des études économiques du Grand-Duché de Luxembourg – démographie des entreprises

Références

BCL (Banque centrale du Luxembourg), http://www.bcl.lu/fr/statistiques/series_statistiques_luxembourg/index.html.

Chambre de commerce (2018), RAPPORT ANNUEL 2018.

CSSF (Commission de surveillance du secteur financier), https://www.cssf.lu/.

Digital Tech Fund, http://www.snci.lu/files/68321.pdf.

Eurostat, https://ec.europa.eu/eurostat/fr/web/structural-business-statistics/data/database.

Factor Chain International, https://fci.nl/en/home.

FEI (Fonds européen d'investissement), http://www.eif.org/.

Invest Europe, https://www.investeurope.eu.

Luxembourg Future Fund, https://www.snci.lu/files/84448.pdf.

MC (Mutualité de cautionnement), http://www.cautionnement.lu/.

MPME (Mutualité des P.M.E.), http://www.mpme.lu/fr.

Office du Ducroire, http://www.ducroire.lu/.

RCS (Registre de commerce et des sociétés), www.lbr.lu.

SAFE (Survey on the Access to Finance of Enterprises), http://ec.europa.eu/growth/access-to-finance/data-surveys_en.

SNCI (Société nationale de crédit et d'investissement), http://www.snci.lu/.

STATEC (Institut national de la statistique et des études économiques du Grand-Duché de Luxembourg), « Faillites prononcées par les tribunaux de commerce », https://statistiques.public.lu/stat/TableViewer/tableView.aspx?ReportId=13310&IF_Language=fra&MainTheme=4&FldrName=1&RFPath=10835%2C13846%2C13847%2C13659 .

STATEC (2017), *Le Luxembourg en chiffres 2017*, https://statistiques.public.lu/catalogue-publications/luxembourg-en-chiffres/2017/luxembourg-chiffres.pdf

Suisse

Données essentielles sur le financement des PME

En Suisse, on ne compte que 0.8 % de grandes entreprises ; les PME continuent de dominer le paysage entrepreneurial puisqu'elles représentent 99.2 % de l'ensemble des entreprises.

Le PIB réel de la Suisse a augmenté de 2.5 % en 2018, soit 1.4 point de pourcentage de plus qu'en 2017.

Le total de l'encours de prêts aux PME a augmenté de 4.6 % en 2018, pour atteindre 441 milliards CHF, soit un taux de croissance en hausse par rapport aux 2.4 % observés en 2017.

Au cours de la période 2007-18, les prêts aux PME ont crû de 36.6 %, et les prêts toutes entreprises confondues de 45.4 %.

Les critères d'octroi des prêts sont restés inchangés en 2018 alors que la demande de crédit a connu une légère remontée.

Après la hausse constatée en 2017, le taux d'intérêt moyen facturé aux PME en 2018 a baissé pour ressortir à 1.96 %, et l'écart de taux entre les grandes et les petites entreprises a diminué, à 71 points de base.

Les investissements de capital-risque et de capital-développement ont reculé de 33.8 % en 2018, contrastant avec la flambée de 2017.

Portées par l'absence de législation spécifique en la matière, les activités de financement participatif sont en plein essor (+38 % en 2018). Les pouvoirs publics ont récemment pris des mesures visant à rendre le cadre réglementaire plus favorable au secteur, ainsi qu'aux entreprises exploitant les technologies financières en général.

Les retards de paiement dans le secteur interentreprises diminuent sensiblement depuis quelques années, passant de 12 jours en 2008 à 6 jours en 2018, ce qui indique que les problèmes de trésorerie se sont nettement atténués.

La Suisse compte quatre coopératives de cautionnement qui aident les PME prometteuses à obtenir des prêts bancaires à concurrence de 500 000 CHF. Le volume des garanties de prêts n'a cessé d'augmenter sur la période 2007-10, pour ensuite se contracter légèrement en 2011, et reprendre sa progression au cours des six années suivantes. Le Conseil fédéral a modifié la loi fédérale sur les aides financières aux organismes de cautionnement : depuis le 1er juillet 2019, la loi autorise les cautionnements à hauteur de 1 million CHF.

Tableau 3.22. Tableau de bord de la Suisse

Indicateur	Unité	2007	2008	2009	2010	2011	2012	2013	2014	2015	2016	2017	2018
							Endettement						
Encours des prêts aux PME	Millions CHF	323 093	344 840	343 866	363 566	377 630	384 438	404 793	402 346	403 681	412 005	422 065	441 332
Encours des prêts aux entreprises, total	Millions CHF	401 647	426 489	433 485	458 689	480 922	489 116	513 631	526 532	525 042	538 709	550 365	583 934
Part de l'encours des prêts aux PME	% de l'encours total des prêts aux entreprises	80.44	80.86	79.33	79.26	78.52	78.60	78.81	76.41	76.89	76.48	76.69	75.58
Garanties de prêts accordées par l'État, PME	Millions CHF	104	148	187	215	210	219	227	238	244	254	255	262
Taux d'intérêt, PME	%	.	.	2.21	2.11	2.08	2.01	1.99	2.05	2.07	2.04	2.09	1.96
Taux d'intérêt, grandes entreprises	%	.	.	1.35	1.23	1.16	1.11	1.16	1.16	1.30	1.25	1.30	1.25
Écart de taux d'intérêt	Points de %	.	..	0.86	0.88	0.92	0.90	0.83	0.89	0.78	0.79	0.79	0.71
Garanties, PME	% des PME tenues de fournir des garanties pour obtenir un prêt	..	..	76.00	75.01	76.56	76.75	74.86	78.78	79.64	79.88	81.86	81.70
Taux d'utilisation	Prêts aux PME utilisés/ accordés	71.00	70.00	71.00	70.00	69.00	71.00	72.00	72.00	71.76	71.68	70.59	70.30
							Financement non bancaire						
Capital-risque et capital-développement	Millions EUR	319.8	300.9	308.5	330.1	227.6	245.8	216.8	237.2	394.3	452.4	1195.9	790.7
Capital-risque et capital-développement (variation)	Taux de croissance en glissement annuel, en %,	..	-5.91	2.53	7.00	-31.05	8.00	-11.80	9.41	66.23	14.73	164.35	-33.88
							Autres indicateurs						
Retards de paiement, interentreprises	Nombre de jours	12	13	13	11	10	9	9	7	7	7	7	6
Faillites, PME	Nombre	4 314	4 221	5 215	6 255	6 661	6 841	6 495	5 867	6 098	6 684	6 710	6 878
Faillites, PME (variation)	Taux de croissance en glissement annuel, en %	..	-2.16	23.55	19.94	6.49	2.70	-5.06	-9.67	3.94	9.61	0.39	2.50

Source : voir Tableau 3.24.

Les PME dans l'économie nationale

Les PME, définies comme des entités des 250 salariés au maximum, représentaient 99.2 % des entreprises suisses en 2016, et employaient 67.0 % de la main d'œuvre. Les micro-entreprises comptaient pour 68.0 % du nombre total d'entreprises, employant 16.7 % des actifs du pays, tandis que les grandes entreprises ne représentaient que 0.8 % de la population totale des entreprises, mais produisaient 42 % de la valeur ajoutée.

Tableau 3.23. Ventilation des entreprises en Suisse, 2016

Par taille

Taille de l'entreprise	Nombre	%
Ensemble des entreprises	145 090	100
PME (1-249)	143 974	99.23
Micro-entreprises (1-9)	98 687	68.02
Petites entreprises (10-19)	25 471	17.56
Moyennes entreprises (50-249)	19 816	13.66
Grandes entreprises (250+)	1 116	0.77

Note : Les données concernent l'économie marchande hors activités financières et d'assurance. Les entreprises employant une ou deux personnes n'ont pas été prises en compte.
Source : OCDE, Panorama de l'entrepreneuriat (2017).

Prêts aux PME

L'économie suisse

L'économie suisse a relativement bien résisté à la crise financière mondiale ; elle n'a jamais basculé dans la récession et a connu une croissance plus rapide que la plupart des autres pays européens.

D'après les estimations du secrétariat d'État à l'Économie (SECO), la croissance du PIB réel en 2018 a atteint 2.5 %, contre 1.1 % en 2017. Si la croissance a été largement supérieure à la moyenne au cours du premier semestre de 2018, la conjoncture a considérablement ralenti au second semestre, en Suisse comme à l'échelle internationale. Sur l'ensemble de l'année, le secteur manufacturier a été le principal moteur de la croissance, à la faveur de la forte demande internationale qui s'est portée sur les produits manufacturés suisses. La plupart des autres secteurs d'activité ont aussi connu une évolution positive, avec toutefois une exception de taille : pour la première fois depuis 2011, le commerce a enregistré une baisse de la valeur ajoutée.

Du côté de la demande, c'est le commerce extérieur qui est à l'origine de la plus forte dynamique de croissance. À l'inverse, la demande intérieure s'est essoufflée. La croissance de la consommation privée, notamment, est restée inférieure à la moyenne, sous l'effet de l'évolution modeste du pouvoir d'achat réel. Les investissements dans la construction et les biens d'équipement ont marqué le pas par rapport à 2017.

Le marché du crédit

Le stock total des prêts aux entreprises et des prêts aux PME a augmenté en 2018 en glissement annuel, le premier de 6.1 % et le second de 4.6 %, contre, respectivement 2.2 % et 2.4 %.

À l'exception de 2014, les prêts aux PME ont augmenté chaque année entre 2007 et 2018, le taux de croissance total atteignant 36.6 %. De façon générale, ils ont crû moins vite que l'ensemble des prêts aux entreprises, qui ont progressé de 45.4 % sur cette période. De fait, la part des prêts aux PME dans l'ensemble des prêts aux entreprises s'est contractée, passant de 80.4 % en 2007 à 75.6 % en 2018.

Conditions de crédit

Selon l'Enquête sur l'octroi de crédit de la Banque nationale suisse, la demande de prêts de la part des ménages est restée stable en 2018, tandis que la demande de prêts de la part des entreprises s'est légèrement accrue. L'Enquête montre également que les critères de prêts se sont légèrement assouplis entre 2015 et 2017 et ont peu évolué en 2018.

Après être remontés en 2017, les taux d'intérêt appliqués aux prêts de moins de 1 million CHF ont été ramenés à 1.96 % en 2018, soit leur niveau le plus bas depuis 2009.

L'écart de taux entre les prêts aux PME et les prêts aux grandes entreprises, mesuré de manière indirecte à partir, respectivement des prêts d'un montant inférieur à 1 million CHF (prêts aux PME) et supérieur ou égal à 1 million CHF (prêts aux grandes entreprises) s'est creusé entre 2009 et 2011, à 92 points de base, avant de se resserrer pour atteindre 83 points en 2013. En 2013-14, il a augmenté jusqu'à 89 points de base, avant de décroître chaque année pour s'établir à 71 points de base en 2018.

D'après le Bulletin mensuel de statistiques bancaires de la Banque nationale suisse, le taux d'utilisation des lignes de crédit était de 70.3 % en 2018. La proportion de prêts aux PME devant être assortis de garanties a fortement augmenté, passant de 74.9 % en 2013 à 81.7 % en 2018.

Autres sources de financement des PME

Capital-risque

Le marché suisse du capital-risque et du capital-développement est en plein essor. Après une envolée en 2015 (+66.2 % par rapport à 2014), et une croissance plus modeste en 2016 (+14.7 %), les investissements de capital-risque et de capital-développement sont nettement repartis à la hausse en 2017, gagnant 164.4 %. Au total, 1196 millions EUR environ ont été investis dans les entreprises suisses, soit le montant le plus élevé enregistré sur une année au cours de la période de référence. Une contraction de 33.8 % a été constatée en 2018, ramenant le montant total de ces investissements à 791 millions EUR.

Deux investissements conséquents réalisés dans des entreprises en phase de croissance, représentant 68 % du total des investissements en capital-développement, sont à l'origine de la hausse spectaculaire enregistrée en 2017. Cette situation particulière explique le fait que la baisse de 2018 n'affecte pas l'évolution positive observée depuis 2013. Au cours des cinq dernières années, les investissements de capital-risque et de capital-développement ont augmenté de 364.8 %.

En 2018, les investissements à un stade ultérieur de développement ont reculé de 17 % par rapport à 2017, après avoir connu une hausse de 55 % l'année précédente. Le volume total de capital-risque investi à un stade de développement ultérieur a fortement chuté (-41.5 %) entre 2007 et 2018. En revanche, les investissements d'amorçage ont confirmé leur progression, gagnant 77 % en 2018 après avoir connu flambée spectaculaire de 268 % en 2017.

En 2018, le volume des investissements au stade du démarrage représentait 75.7 % du total des investissements de capital-risque, une forte hausse par rapport à l'année 2007 (où il se situait à 40.1 %). L'augmentation cumulée des investissements au stade du démarrage est de 52.9 % sur la période de référence, et de 323.7 % sur la période comprise entre 2007 et 2018.

Le marché du financement participatif en Suisse

Le marché suisse du financement participatif connaît une forte croissance depuis le lancement de la première plateforme suisse de financement participatif, Cashare, en 2008. À fin avril 2019, la Suisse comptait 37 plateformes.

En 2018, 516.6 millions CHF ont été levés par le biais du financement participatif dans le cadre de 6 521 campagnes en Suisse. Le marché a donc franchi la barre des 0.5 milliard CHF pour la première fois. Depuis la mise en place de la première plateforme en 2008, les fonds collectés par ce biais en Suisse ont atteint 1 084.9 millions, dont la moitié environ ont été levés en 2018. On observe une hausse de 38 % par rapport à 2017, année où les volumes de financement participatif avaient atteint 374.5 millions CHF. Les prêts participatifs comptent pour l'essentiel de ce volume, suivis par l'investissement participatif ; ensemble, ils ont représenté 90 % du marché suisse du financement participatif en 2018.

En 2018, c'est l'investissement participatif qui a connu la croissance la plus forte, soit 52 %, à 204.9 millions CHF, contre 40 % (à 261.9 millions CHF) pour les prêts participatifs. Le financement participatif avec contrepartie et le financement sous forme de don ont reculé de 12 % pour ressortir à 25.6 millions CHF. Le financement des créances commerciales (escomptes de factures) a affiché un volume de 24.3 millions CHF en 2018, contre à peine 0.4 million CHF trois ans auparavant. Advanon, la seule plateforme suisse de financement de créances, a débuté ses activités en mars 2015, ce qui explique son faible volume d'activité cette année-là.

Sur le plan juridique, la Suisse ne dispose pas d'une législation spécifique sur le financement participatif. C'est le droit bancaire qui s'applique principalement, ce qui ne manque pas de créer de nombreux obstacles réglementaires. Le Conseil fédéral, conscient de l'importance des technologies financières innovantes, a modifié l'Ordonnance sur les banques (OB) en 2017 de façon à faciliter l'accès au marché des entreprises utilisant les technologies financières et à renforcer la compétitivité de la place financière suisse. Il s'agit d'un pas important vers l'instauration d'un environnement propice aux entreprises de services financiers numériques en Suisse.

Une autre modification, qui concerne la loi sur les banques (LB), est entrée en vigueur en janvier 2019. Une nouvelle catégorie d'autorisation a été créée pour les établissements qui acceptent des dépôts du public à concurrence de 100 millions CHF, sans les investir ni les rémunérer. L'objectif est de rendre les conditions d'autorisation et d'exploitation des établissements entrant dans cette catégorie plus simples que celles des autres établissements (titulaires d'un agrément bancaire traditionnel), dans les domaines de la comptabilité, de l'audit et de la garantie des dépôts.

Le Conseil fédéral suivra de près l'évolution de la situation dans les domaines du numérique et des technologies financières, et examinera d'autres mesures réglementaires, notamment destinées à clarifier la qualification juridique des monnaies virtuelles.

Autres indicateurs

Selon le rapport annuel d'Intrum Justitia, les retards de paiement interentreprises se sont significativement réduits au fil de ces dernières années, passant de 12 jours en 2008 à 6 jours en 2018. Il semble donc que les problèmes de trésorerie des PME aient diminué en Suisse, contrairement à ce que l'on observe dans la plupart des autres pays européens, où ces problèmes perdurent.

Ces constatations ont été confirmées par une étude réalisée par le secrétariat d'État à l'économie (SECO) sur le marché du crédit aux PME, publiée en juin 2017. D'après les résultats d'une enquête réalisée auprès d'un échantillon représentatif de PME, le marché du crédit en général fonctionne bien et l'accès au financement en Suisse est fluide.

Le nombre de faillites a augmenté de 2.5 % en 2018 contre 0.39 % en 2017. Les variations (+23.6 % en 2009, +19.9 % en 2010 et +9.6 % en 2016) sont en partie imputables à une nouvelle réglementation entrée en vigueur en 2008, qui est venue simplifier la désimmatriculation des entreprises inactives.

Mesures prises par les pouvoirs publics

Les autorités fédérales aident les PME efficientes et viables à obtenir des prêts auprès des banques en finançant des sociétés coopératives de cautionnement. Ainsi, les PME ont plus facilement accès aux prêts bancaires. La durée maximum d'une garantie est de 10 ans et son montant maximum est de 500 000 CHF par entreprise (1 million CHF depuis le 1er juillet 2019). Le taux d'intérêt est fixé par les banques prêteuses et dépend des risques que présente le projet. Outre le taux d'intérêt, l'entreprise verse généralement une commission de 1.25 % à la coopérative de cautionnement.

Les fonds ont principalement vocation à financer le besoin en fonds de roulement, l'expansion, les investissements ou le démarrage d'une entreprise. En cas de défaillance, la Confédération recapitalise les coopératives de cautionnement à hauteur de 65 % des pertes encourues. Fin 2018, le nombre de bénéficiaires s'élevait à 1 822 entreprises pour un encours total de garantie de 262.4 millions CHF. Le programme a représenté une charge d'environ 170 millions CHF au titre de l'encours et de 4 millions CHF au titre des pertes sur cautionnement en 2018, à quoi s'ajoutent 2.1 millions CHF au titre du report de pertes précédentes, soit un ratio net de pertes de 1.6 %. La Confédération prend en outre à sa charge une partie des frais administratifs des coopératives de cautionnement, à hauteur de 3 millions CHF.

La Suisse compte quatre sociétés coopératives de cautionnement qui aident les PME prometteuses à obtenir des prêts bancaires. Trois de ces sociétés coopératives sont régionales ; la quatrième est une structure nationale s'adressant exclusivement aux femmes. Les volumes des garanties n'ont cessé d'augmenter entre 2007 et 2010, pour se contracter légèrement en 2011 ; ils ont ensuite repris leur progression jusqu'en 2016, se sont stabilisés en 2017 avant de repartir à la hausse en 2018. Au cours de la période de référence, ils ont été multipliés par 2.5, notamment à la suite de la restructuration des programmes de garantie, qui a entraîné une augmentation du montant des risques couverts par l'État, ce qui a provoqué un afflux de demandes de garanties.

Le 22 mai 2019, le Conseil fédéral a décidé l'entrée en vigueur de la révision de la loi sur les aides financières aux organisations de cautionnement en faveur des PME qui relève le plafond de cautionnement à 1 million CHF à compter du 1er juillet 2019.

Les autorités suisses prennent également des mesures pour permettre aux nouvelles technologies financières d'entrer plus facilement sur le marché. Le Conseil fédéral souhaite favoriser des formes de services financiers plus innovantes. À cet effet, trois mesures ont été mises en œuvre depuis 2017.

Deux mesures, l'extension à 60 jours (contre 7 auparavant) de la période d'acceptation des fonds à des fins d'exécution, et la mise en place d'une dispense d'autorisation au sein d'un espace favorisant l'innovation (« bac à sable réglementaire ») ont été prises par ordonnance et sont entrées en vigueur le 1er août 2017. Une troisième mesure – l'inscription dans la Loi sur les banques d'une nouvelle catégorie d'autorisation, assortie de conditions simplifiées – est entrée en vigueur le 1er janvier 2019. Depuis cette date, les établissements bénéficiant de cette autorisation spéciale peuvent accepter les dépôts du public à concurrence de 100 millions CHF, sans les investir ni les rémunérer.

Graphique 3.13. Tendances du financement des PME et de l'entrepreneuriat en Suisse

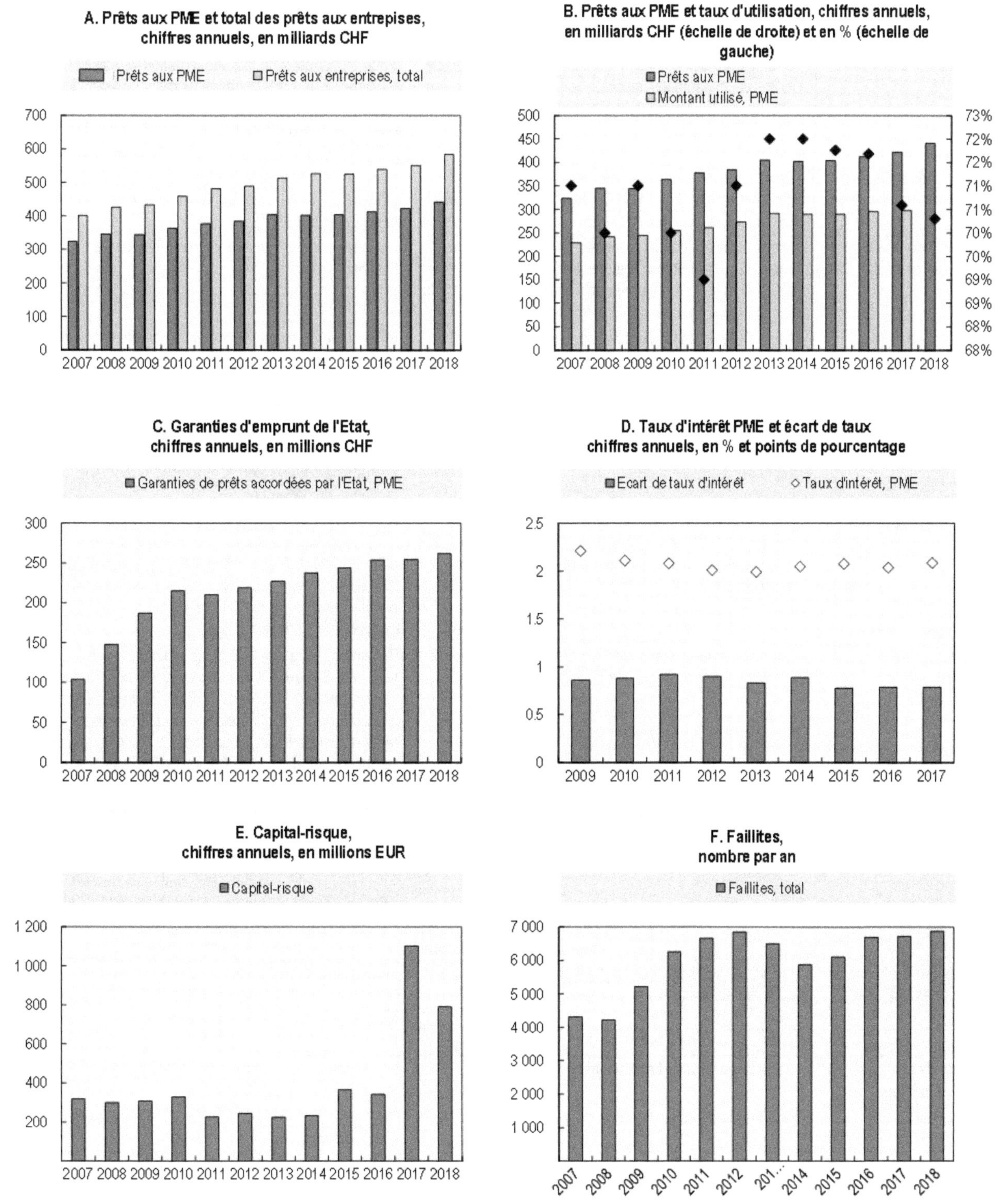

Source : voir Tableau 3.24.

StatLink https://doi.org/10.1787/888934133210

Tableau 3.24. Définitions et sources des indicateurs du Tableau de bord de la Suisse

Indicateur	Définition	Source
	Endettement	
Encours des prêts aux PME	Crédits accordés à l'ensemble des PME (entreprises de moins de 250 salariés, stocks).	Base de données de la Banque nationale suisse ; tableaux : Banques, Volumes de crédit, Crédits accordés aux entreprises, selon la taille de l'entreprise. Total des crédits accordés moins total des crédits accordés aux entreprises employant plus de 250 salariés [www.snb.ch]
Encours des prêts aux entreprises, total	Crédits accordés à l'ensemble des entreprises (stocks). Les chiffres pour 2007 et 2008 englobent les prêts aux institutions de droit public.	Base de données de la Banque nationale suisse ; tableaux : Crédits accordés aux entreprises, selon la taille de l'entreprise
Garanties de prêts accordées par l'État, PME	Quatre sociétés coopératives de cautionnement offrent des garanties pour les prêts aux PME à concurrence de 500 000 CHF. Le gouvernement fédéral couvre 65 % du risque et une partie des frais administratifs.	Données administratives des coopératives de cautionnement
Taux d'intérêt, PME	Taux d'intérêt, en fin d'année, appliqué aux nouveaux crédits d'investissement à taux fixe d'un montant inférieur à 1 million CHF.	Base de données de la Banque nationale suisse ; tableaux : Taux d'intérêt appliqués aux nouveaux contrats de crédit, selon le produit et le montant, valeur moyenne en décembre
Taux d'intérêt, grandes entreprises	Taux d'intérêt, en fin d'année, appliqué aux nouveaux crédits d'investissement à taux fixe d'un montant supérieur à 1 million CHF.	Base de données de la Banque nationale suisse ; tableaux : Taux d'intérêt appliqués aux nouveaux contrats de crédit, selon le produit et le montant, valeur moyenne en décembre
Écart de taux d'intérêt	Écart entre le taux d'intérêt, en fin d'année, appliqué aux crédits d'investissement d'un montant inférieur à 1 million CHF et à ceux d'un montant égal ou supérieur à 1 million CHF.	Base de données de la Banque nationale suisse : Taux d'intérêt appliqué aux crédits d'investissement compris entre 50 000 CHF et 1 million CHF (moyenne) moins les taux d'intérêt appliqués aux crédits d'investissement compris entre 1 million CHF et 15 millions CHF (moyenne) en décembre
Garanties, PME	Créances gagées sur la clientèle de PME par rapport à l'ensemble des créances sur la clientèle de PME.	Base de données de la Banque nationale suisse ; tableaux : Banques, Crédits accordés aux entreprises, selon la taille de l'entreprise ; créances gagées sur la clientèle (prêts hypothécaires et prêts garantis) par rapport à l'ensemble des créances sur la clientèle pour ce qui concerne les PME (moins de 250 salariés, entités publiques incluses),
Taux d'utilisation	Prêts aux PME utilisés par rapport aux prêts aux PME accordés	Base de données de la Banque nationale suisse ; tableaux : Banques, Volume crédits, Crédits accordés aux entreprises, selon la taille de l'entreprise. Total des lignes de crédit accordées et utilisées moins total des lignes de crédit accordées aux entreprises employant au moins 250 salariés [www.snb.ch]
	Financement non bancaire	
Capital-risque et capital-développement	Investissements de capitaux d'amorçage, de démarrage et de développement à divers stades	Invest Europe (anciennement EVCA Yearbook), European Private Equity Activity Data 2018, Investment-Market statistics by country
	Autres indicateurs	
Retards de paiement interentreprises	Retards de paiement entre entreprises	Intrum, Indice de paiement européen, European Payment Report Suisse 2018
Faillites, PME	Nombre de faillites	Creditreform, Presseletter 5. Juli 2019: Firmen- und Privatkonkurse

Références

Banque nationale suisse (2019), Base de données, Tableau 3, Banques, Crédits accordés aux entreprises, selon la taille de l'entreprise, disponible à l'adresse suivante : https://data.snb.ch/fr/topics/banken#!/cube/bakredbetgrbm.

Banque nationale suisse (2019), Base de données, Tableau 3, Banques, Crédits accordés aux entreprises, selon la taille de l'entreprise ; créances gagées sur la clientèle (prêts hypothécaires et prêts garantis) par rapport à l'ensemble des créances sur la clientèle pour ce qui concerne les PME (moins de 250 salariés, entités publiques incluses), disponible à l'adresse suivante : https://data.snb.ch/fr/topics/banken#!/cube/bakredbetgrbm?fromDate=2015-12&toDate=2017-12&dimSel=D0(AV1),D1(KC5A,KC5B,KC5C,KC5E),D2(T1,H,G),D3(F)

Banque nationale suisse (2019), Base de données, Tableau 3, Taux d'intérêt, Taux d'intérêt appliqués aux nouveaux contrats de crédit, Crédits d'investissement à taux fixe, selon le produit et le montant, valeur moyenne en décembre, disponible à l'adresse suivante : https://data.snb.ch/fr/topics/ziredev#!/cube/zikredvol?fromDate=2015-12&toDate=2017-12&dimSel=D0(FI),D1(K50000100000F,K100000500000F,K5000001MF,K15MF,K515MF),D2(MP0)

Banque nationale suisse (2013), *Rapport sur la stabilité financière 2013*, disponible à l'adresse suivante : https://www.snb.ch/fr/mmr/reference/stabrep_2013/source/stabrep_2013.fr.pdf.

Conseil fédéral suisse (2018), « Le Conseil fédéral adopte les dispositions d'exécution régissant l'autorisation FinTech », Berne, *Communiqué du 30.11.2018*, disponible à l'adresse suivante : https://www.admin.ch/gov/fr/start/dokumentation/medienmitteilungen.msg-id-73186.html.

Conseil fédéral suisse (2017), « Le Conseil fédéral met en vigueur de nouvelles règles pour les FinTech », Berne, *Communiqué de presse du 05.07.2017*, disponible à l'adresse suivante : https://www.sif.admin.ch/sif/fr/home/dokumentation/medienmitteilungen/medienmitteilungen.msg-id-67436.html.

Conseil fédéral suisse (2016), « Le Conseil fédéral entend réduire les obstacles à l'accès au marché pour les entreprises actives dans les technologies financières », *Communiqué du 02.11.2016*, disponible à l'adresse suivante : https://www.admin.ch/gov/fr/accueil/documentation/communiques.msg-id-64356.html.

Conseil fédéral suisse (2012), « Le capital-risque en Suisse », Berne, juin 2012, disponible à l'adresse suivante : https://www.newsd.admin.ch/newsd/message/attachments/27393.pdf

Creditreform (2019), « Firmen und Privatkonkurse 2018/2019 », *Presseletter 05.07.2019*, disponible à l'adresse suivante : https://www.creditreform.ch/nc/news/news-meldung/news-detail/presseletter-vom-5-juli-2019.html.

Institut pour les services financiers de Zoug (IFZ), *Crowdfunding Monitor Switzerland 2019*, disponible à l'adresse suivante : https://blog.hslu.ch/retailbanking/crowdfunding/.

Intrum (2018), *European Payment Report 2018*, disponible à l'adresse suivante : https://www.intrum.ch/de/losungen-fur-unternehmen/news/news-schweiz/intrum-european-payment-report-schweiz-2018/.

Invest Europe (2018), *European Private Equity Activity Data 2018*.

OCDE (2017), *Panorama de l'entrepreneuriat 2017*, disponible à l'adresse suivante : https://doi.org/10.1787/entrepreneur_aag-2017-fr

Office fédéral de la statistique, « Structure des PME suisses en 2017 », Neuchâtel, janvier 2017, disponible à l'adresse suivante : https://www.bfs.admin.ch/bfs/fr/home/statistiques/industrie-services/entreprises-emplois/structure-economie-entreprises.assetdetail.10287105.html.

SECO (2019), « Le produit intérieur brut au 4e trimestre 2018 : retour à une croissance modérée », *Communiqué de presse du 28.02.2019*, disponible à l'adresse suivante : https://www.seco.admin.ch/seco/fr/home/seco/nsb-news/medienmitteilungen-2019.msg-id-

74140.html.

Secrétariat d'État à l'économie (SECO) (2017), *Étude sur le financement des PME en Suisse en 2016*, Berne, juin 2017, disponible à l'adresse suivante : https://www.seco.admin.ch/seco/fr/home/Publikationen_Dienstleistungen/Publikationen_und_Formulare/Standortforderung/studien/studie-zur-finanzierung-der-kmu-in-der-schweiz-2016.html.

Secrétariat d'État à l'économie (SECO) (2013), *La Politique suisse en faveur des PME*, Berne, octobre 2013, disponible à l'adresse suivante : www.seco.admin.ch/dokumentation/publikation/00035/02389/index.html?lang=en.

Secrétariat d'État aux questions financières internationales (SFI) (2018), « Ouverture de la consultation concernant une modification de l'ordonnance sur les banques (autorisation FinTech) », Berne, juin 2018, disponible à l'adresse suivante : https://www.sif.admin.ch/sif/fr/home/dokumentation/medienmitteilungen/medienmitteilungen.msg-id-71239.html

Notes

[1] La plupart des entreprises sont tenues d'établir et de déposer leurs comptes annuels suivant un modèle normalisé. Quelques autres doivent, par contre, en vertu de la législation qui leur est applicable, établir et déposer leurs comptes annuels suivant un modèle spécifique. Trois modèles sont applicables en fonction de la taille de l'entreprise :

- Un modèle complet pour les « grandes » entreprises et les sociétés cotées
- Un modèle abrégé pour les petites entreprises
- Un modèle micro pour les micro-entreprises

[2] Banque nationale de Belgique – Enquête mensuelle de conjoncture auprès des entreprises.

[3] Ce chiffre provient principalement du segment « Transmission » au sein duquel le secteur des produits chimiques et des matériaux a absorbé 57.8 % de l'ensemble des apports, soit 857.7 millions EUR. Deux autres secteurs attirent une large part du capital-transmission : le secteur des biotechnologies et la santé, avec 20,7 % ou 307.3 millions EUR et le secteur des produits et services aux entreprises, avec 9,7 % ou 143.6 millions EUR. Tous les autres secteurs se situent en dessous de 5 %, voire autour de 0 % à 1 % pour la plupart.

[4] Insee, Les entreprises en France, Édition 2018.

[5] Banque de France, Enquête trimestrielle sur l'accès des entreprises au crédit, 1T 2019.

[6] France Angels, L'investissement des Business Angels en 2018, 2019.

[7] KPMG, *Baromètre du crowdfunding en France 2018*, 2019

[8] Un prospectus est un document d'information générale à l'intention des investisseurs, standardisé au niveau européen.

www.ingramcontent.com/pod-product-compliance
Lightning Source LLC
LaVergne TN
LVHW080656011026
849160LV00014B/1445

* 9 7 8 9 2 6 4 6 1 0 1 8 7 *